彭玉龙 ⊙ 著

共和国阅兵

纪事

人民出版社

图书在版编目（CIP）数据

共和国阅兵纪事／彭玉龙 著．－北京：人民出版社，2009.8
ISBN 978－7－01－008144－1

Ⅰ.共… Ⅱ.彭… Ⅲ.纪实文学－中国－当代 Ⅳ.I25

中国版本图书馆CIP数据核字（2009）第140959号

共和国阅兵纪事 GONGHEGUO YUEBING JISHI

作　　者：彭玉龙
责任编辑：侯　春
封面设计：思想工社
版式设计：思想工社
出　　版：人民出版社
发　　行：人民出版社
社　　址：北京东城区朝阳门内大街166号
邮　　编：100010
印　　刷：北京百花彩印有限公司
版　　次：2009年9月第1版
印　　次：2009年9月第1次印刷
开　　本：710×1020毫米　1/16
印　　张：24　　字　数：210千字　　插　图：195幅
书　　号：ISBN 978－7－01－008144－1
定　　价：60.00元
发行电话：（010）65266864　65268784
读者服务部电话：（010）65250042　65289539

谨以此书献给中华人民共和国成立60周年大庆

富国强兵创盛世

——热烈庆祝中华人民共和国成立60周年

盛世喜逢盛典。2009年10月1日，中华人民共和国将迎来她的60华诞，举国上下，普天同庆。

从白山黑水到南海诸岛，从雪域高原到东海之滨，13亿中华儿女喜气洋洋，满怀深情地共唱一首歌："今天是你的生日，我的中国……"

全国各族各界人民为祖国的强大、民族的复兴和光明的前程充满自豪与喜悦。中国人民从来没有像今天这样扬眉吐气，这样受到全世界的关注。

曾记否？近代中国，列强利用船坚炮利，纷纷入侵，中国成了任人宰割的羔羊；20世纪上半叶，大规模的长期战争，又使中国雪上加霜。华夏儿女背着"东亚病夫"的蔑称，生活在屏弱落后之国。"华人与狗不得入内"，这是侵略者刻在中华儿女心中永远的伤痕！

1949年中华人民共和国的诞生，是中国人民前途和命运的一个根本转折，它标志着受压迫、受欺侮的半封建半殖民地时代的终结，标志着中华民族历史新纪元的开始。

同沉重、屈辱的中国近代史相比，新中国以摧枯拉朽之势揭开了欣欣向荣的序幕。"中国人民从此站立起来了！"那响彻寰宇的声音，是东方巨人对全世界的庄严声明，那飘扬在北京天安门广场上的第一面五星红旗，是祖国母亲露出的灿烂微笑；而那通过长安街的铿锵有力的军人步伐，则是新生人民共和国走向繁荣富强的开始。

新中国60年来所发生的翻天覆地的变化，使我们的祖国从贫穷落后到繁荣昌盛，从山河破碎到强大统一，从受人欺凌到备受尊重，中国人民在中国共产党的领导下，谱写了中华民族文明史上最为光彩夺目的篇章。

记得1959年国庆节的时候，首都的少先队员曾集体朗诵过一首著名的诗歌——《第一个十年》："十年前的幼苗，长成了茂盛的大树；十年前的小河，变成了宽阔的大川；十年前的荒地，盖起了新的城市；十年前的沙漠，变成了富饶的绿洲……"这是孩子们用自己的眼光观察新中国的前10年。如今，60年过去了，人民共和国的变化已经让全世界的人为之惊叹。

图强一甲子，铿锵动地诗。60年来，经过艰苦的奋斗和探寻，新中国已开始强大，正在和平发展。我们的祖国从来没有像今天这样和谐欢乐，蒸蒸日上；我们的人民从来没有像今天这样意气风发，精神振奋，对中国的前程充满信心。面对此情此景，所有关心民族命运、为国家前途而奋斗的华夏子孙，无不从内心发出深情的欢呼：祖国万岁！

国庆盛典，是全国各族人民的盛大节日，也是检阅我们成就和力量的庄严典礼。

盛世大典，展示我赫赫军威。从1840年鸦片战争到20世纪中叶，我们这样一个大国被一次次地侵略和欺侮。神州大地沦为列强刀俎，华夏儿女惨遭鱼肉。而在1949年10月1日，军容严整的人民子弟兵从天安门前走过，步履铿锵，铁流滚滚。这是一支英雄的军队，从无到有，从小到大，从弱到强。面对这支英姿飒爽、训练有素、装备齐整的军队，我们可以自信地说，历史的悲剧不会重演。中国人民有权利也有实力享受和平的蓝天。

盛世大典，展示我煌煌国力。60年前，我们几乎是在一片废墟上开国建政的，面对的是打压、封锁和颠覆的险恶国际环境。但是，中国人民在中国共产党的领导下，以"筚路蓝缕，以启山林"的创业精神，憋足一口气，奋发图强，重整山河，塑造了一个崭新的中国。尽管我们还是发展中国家，但任何人都能看到，在今天的中国，人们在消费而不是在挨饿，人们在建设而不是在逃荒，人们在唱歌而不是在抽泣，人们在安详地散步而不是远走他乡，人们在享受和平的阳光而不是躲避刀兵之祸，人们在憧憬着未来而不是为飘忽不定的明天黯然神伤。60年来，天安门广场上欢庆的人们，犹如彩色的画、流动的云、如歌的诗，讲述春天的故事，拂动东方的神韵。我们有理由为自己用汗水和双手织就的锦绣大地而欢呼。

盛世大典，展示我蓬勃向上的民心。你也许还记得在凄风苦雨的20世纪之初那泣血的文字："长梦千年何日醒，睡乡谁遣警钟鸣？"而今那种愁苦的神情一扫而空，中国人脸上洋溢着自信和灿烂的笑容。

与人民共和国一起成长的，是人民的军队。

在人民共和国走过的60年光辉历程中，作为国庆庆典的重要组成部分，我国先后举行了13次国庆阅兵。其气势有如春天大河上下开裂猛烈撞击的巨冰，有如倾闸而出的熔炉钢水，有如夺路而下的黄河壶口瀑布，有如纵横驰骋于大漠荒原的骏马，有如滚滚而来的钱塘大潮……国家的强大为军队的发展创造了雄厚的物质基础，军队的强大为国家的建设提供了可靠的安全保证。13次国庆阅兵，13次巨大变化。从骡马化到机械化，从机械化到信息化——透过国庆阅兵这个窗口，我们看到了一条人民军队与人民共和国一起成长的轨迹。

这条轨迹，镌刻着军人的忠诚、勇敢、坚定；这条轨迹，张扬着军人的理想、信念、追求。

伟大祖国前程似锦，人民军队重任在肩。国富而后兵强，兵强乃能卫国。这是被历史一再证明了的真理。

21世纪是一个崭新的时代，也是中华民族走向辉煌的时代。中国的经济腾飞令世界瞩目，中国的军事实力让世人刮目相看。21世纪，我们要向世界宣布，中华民族再也不是鸦片战争时代的那个"东亚病夫"了，我们是奔跑在21世纪的东方醒狮，是腾飞在21世纪的世界巨龙，是在太阳升起的地方昂首高歌的东方雄鸡。我们是华夏儿女，我们是炎黄子孙，我们是堂堂正正的中国人！

2009年10月1日，这是一个值得所有炎黄子孙期待的日子。为此，特意撰写了《共和国阅兵纪事》，用生动的文字、珍贵的历史资料和图片，追寻人民解放军留下的和正在留下的闪耀足迹，以期折射人民解放军革命化、现代化、正规化建设的伟大征程。

富国强兵创盛世——热烈庆祝中华人民共和国成立60周年

题 引

1949：新中国第一次国庆阅兵

1950：新中国第二次国庆阅兵

1949　　　　　　1959　　　　　　1969

目 录

03 1951：新中国第三次国庆阅兵

04 1952：新中国第四次国庆阅兵

1949   1959   1969

目录

1989   1999   ……

目录

第七章
07 1955：新中国第七次国庆阅兵

第八章
08 1956：新中国第八次国庆阅兵

1949　　　　　　　　　　1959　　　　　　　　　　1969

目录

1989   1999

目录

第十二章

12 **1981：华北大演习阅兵**

第十三章

13 **1984：新中国第十二次国庆阅兵**

1949   1959   1969

目
录

第十四章

14

1999：新中国第十三次国庆阅兵

目录

目录

第十五章
15

2009：新中国海上阅兵

结束语

2009：举世瞩目，充满期待

1989   1999

目
录

1949

1950

1951

1952

1953

1954

1955

1956

1957

1958

1959

1981

1984

1999

2009

2009年，中国最受瞩目的大事之一，无疑是新中国成立60周年大庆。

2009年1月20日，国务院新闻办公室就《2008年中国的国防》白皮书举行新闻发布会。中国人民解放军总参谋部作战部战略规划局副局长蔡怀烈上校在发布会上说，党中央、国务院、中央军委决定，在中华人民共和国成立60周年之际举行国庆阅兵。

蔡怀烈说，阅兵是新中国成立60周年盛大庆典活动的重要组成部分，主要目的是展示改革开放30年特别是新世纪新阶段国防和军队建设的成果，显示中国维护世界与地区和平稳定的坚定决心及意志，展现人民军队威武之师、文明之师的良好精神风貌。

蔡怀烈介绍，2009年国庆阅兵遵循的主要原则是：重点展示中国特色武装力量体系建设的成果，以军队力量为主，以国产现役主战装备为主。需要强调的是，将坚持勤俭阅兵的原则，确保阅兵既隆重热烈，又务实节俭。

蔡怀烈还说，这次阅兵涉及陆军、海军、空军和第二炮兵部队、武警部队以及民兵和预备役，还将展示一些新型的武器装备。届时参阅要素将更加齐全，装备类型将更加多样，兵种专业将更加全面。

目前，由中国人民解放军总参谋长陈炳德上将、北京军区司令员房峰辉中将等人参加的国庆阅兵领导小组已经成立，负责有关阅兵的相关筹备工作。人民解放军各总部、各军种和各大军区均有将领参与，加强协调。参加国庆阅兵的各个方队组建完毕，京郊建设了阅兵村，阅兵训练正在进行……

对于中华人民共和国成立60周年国庆阅兵，全国人民热切企盼，全世界高度关注！

阅兵是古今中外一种传统的军事仪式。中国是世界上最早有阅兵活动的国家之一。早在两千多年前，我国就有阅兵活动了。《春秋·桓公六年》中有这样一则记载："秋八月，壬午，大阅。"解释《春秋》的《谷梁传·桓公六年》中阐释道："大阅者何？阅兵车也。"从春秋开始，到秦汉，再到明清，乃至当代中国的政治家和军事家都非常重视阅兵这一活动。

阅兵是军队对祖国和人民的汇报。国庆阅兵历来被认为是展国威、扬军威的最好方式。

"军魂起，民心悦。"南宋爱国词人辛弃疾的《破阵子》词写道："醉里挑灯看剑，梦回吹角连营。八百里分麾下炙，五十弦翻塞外声，沙场秋点兵。"好一个"沙场秋点兵"！阅兵一千，观众一万。军魂与民心息息相通。可以说，没有任何一项庆典活动能够像大阅兵这样，强烈地振奋民族的精神。

　　"军威振，国力壮。"阅兵更是综合国力的展示。

　　中国共产党和人民解放军历来十分重视阅兵。在革命战争年代，部队出征或在重大战役前后，都曾举行过阅兵仪式，其中举行过三次较有影响的阅兵：一次是1931年11月7日，中国工农红军在江西瑞金叶坪村为庆祝中华苏维埃共和国临时中央政府成立而举行的阅兵。再一次是1944年八路军第359旅奉命南下开辟新的战场，出征前，在延安机场接受了毛泽东、朱德等中央领导人的检阅。另一次是1949年3月25日，毛泽东、朱德、刘少奇、周恩来等中央领导人从河北西柏坡抵达北平（今北京）时，在西苑机场举行了隆重的阅兵仪式。

"红色中华"的开国阅兵

——瑞金阅兵

　　提起开国大阅兵，人们首先想到的肯定是1949年10月1日那次令世界震惊、令史册永志的开国大阅兵。

　　实际上，早在1931年11月7日，毛泽东已在"红色中华"国都——江西瑞金的叶坪村主持过一次开国盛典及阅兵。"毛主席"这个家喻户晓、中外皆知的称呼，就是在那次开国盛典后开始使用的。

　　那是一次鲜为人知的开国阅兵。

　　瑞金地处闽赣两省交界，武夷山西麓。这里山势险要，物产丰富。汉为雩都县城，唐置瑞金监，五代南唐时改置县。"瑞金"二字极具浪漫色彩。瑞者，吉祥如意也，相传建制时曾掘地得金，故曰"瑞金"。第二次国内革命战争时期，它是中央苏区中央局和红军总部等领导机关所在地。

　　1931年11月7日，是在中国革命史上尤其是中国工农红军史上极富意义的一天。这一天，由工农兵当家作主的中华苏维埃共和国即将在世界的东方诞生，中华苏维埃第一次全国代表大会在瑞金隆重召开。为庆祝中华苏维埃共和国临时中央政府成立，在瑞金城外的叶坪村，举行了隆重的"开国大典"。

　　会场设在瑞金城北的叶坪村。村中央有一块长满小草的空地，如同一个天然的绿茵广场。检阅台搭在广场的一侧，正中的横梁上挂着"第一次全国苏维埃代表大会红军校阅台"的巨幅横幅。后幕上悬挂着马克思、列宁的画像。检阅台的两边,是中国工农红军的军旗,在徐徐的清风中飘拂。

凌晨时分,数千群众就手擎火把从瑞金和长汀赶来,一张张脸上洋溢着幸福的笑容。

阅兵是第一次全国苏维埃代表大会的第一项程序。清晨6时30分左右,一群衣着朴素甚至有些破烂的中国共产党领导人步入大草坪。他们是:毛泽东、朱德、项英、任弼时、顾作霖、周以栗、林彪、彭德怀、陈毅、徐特立、何叔衡、邓广仁、张鼎丞、陈正人、曾山等。广场内外的数千名群众欢呼起来,并报以雷鸣般的掌声。大会执行主席、红军总司令朱德以他那浓重的四川口音宣布:"第一次全国苏维埃代表大会现在开始。我宣布:中华苏维埃共和国临时中央政府,今天正式成立了!"这是一个开天辟地的喜讯!顿时,广场上响起一片掌声。红军将士们举起钢枪,挥动军帽,欢呼声此起彼伏;众人挥动彩旗,尽情欢笑。在欢呼声中,噼噼啪啪的鞭炮声、震天的锣鼓声、雄壮的军号声,把广场变成了欢乐的海洋。

这时,身着中山装的红军总政治委员毛泽东指挥升旗。5面红旗在大草坪上徐徐升起。

7时整,阅兵式开始。阅兵总指挥、红三军团军团长彭德怀在各红军方队前巡视一遍后,跑步来到检阅台前:"报告总司令、总政委:阅兵总指挥彭德怀率部队接受检阅,请指示!"

朱德和毛泽东回礼。朱德命令:"阅兵开始!"

在嘹亮的致敬号中,一队队披着战火硝烟、精神抖擞的红军官兵,列成整齐的方队,由红旗引导,威武地通过检阅台。他们是红一方面军各军团、各军的代表,红军随营学校、警卫部队的代表,闽赣两省附近各县的赤卫队,还有模范少先队的代表。他们向毛泽东、朱德等中央领导人行注目礼。毛泽东、朱德他们微笑着向这支人民的武装挥手致意。

毛泽东以浓重的湘音对大家郑重问候:"同志们辛苦了!"

"为苏维埃战斗!"红军官兵整齐、响亮地回答。

毛泽东和朱德带领大家情绪激昂地高呼:"英勇的红军万岁!"

"红军万岁!""苏维埃共和国万岁!""共产党万岁!"的口号声响彻云天。

望着这一支支钢铁般的红军队伍,人们激动不已。这是苏维埃政权的擎天柱啊!毛泽东触景生情,笑问身旁的朱德:"总司令,还记得在井冈山欢迎老彭的红五军上山那次大会吧?"

"怎么不记得!那次开大会搭的台子不稳固,我们一上去讲话,就垮了。有人以为不吉利,我说:'不要紧,垮了台,搭起来再干嘛!'"朱德回答。

毛泽东自信地笑了笑，豪迈地抬手指向会议主席台说："你看，我们今天果真搭了一个更大的台子，检阅各路英雄好汉！"

一轮红日冉冉升起，阅兵典礼圆满结束。人们按预定方案，迅速疏散，检阅台也被披上了防空伪装。大约8时许，一阵闷雷似的隆隆声从北方上空滚滚而来，十几架涂着"青天白日"标志的国民党空军轰炸机，朝瑞金县城低空飞来。国民党南昌行营命令他们轰炸"共匪""一苏大会"会场。国民党空军飞行员瞪大眼睛，向下搜索目标。城内城外，街道村庄，田野树林，空旷无人，毫无动静。国民党空军飞行员并不甘心，将一颗颗炸弹盲目地朝下扔去。霎时，瑞金县城及附近郊区炸弹轰鸣，火光冲天。国民党空军飞机狂轰滥炸一阵之后，又朝福建长汀县城飞去。设在长汀城郊的"一苏大会"假会场，被数十颗炸弹炸成一片火海。

国民党空军飞机飞走后，毛泽东钻出防空洞，拍拍身上的泥土，风趣地说："蒋介石还真够'朋友'，知道我们今天成立苏维埃，派飞机给我们'鸣礼炮'来了！"人们会意，纵情欢笑起来。

中国工农红军正式举行阅兵典礼，这是第一次。阅兵式毕，第一次全国苏维埃代表大会在叶坪村谢氏祠堂大厅拉开帷幕。原来的供台临时改成了主席台。墙的正中，挂着中国共产党党旗，两侧是马克思与列宁的木刻画像。"工农堡垒"、"全世界无产者联合起来"等标语和彩旗交相辉映。下午2时，610余名来自中央苏区、各革命根据地、红军部队、白区的代表，以及海员代表，中国朝鲜族等少数民族的代表，步入谢氏祠堂，参加开幕仪式。

项英代表大会主席团致开幕词，他说："全苏大会的成功，临时中央政府的成立，是继苏联十月革命的胜利，在东方建立的第一个苏维埃共和国——世界第二个苏维埃共和国。她将领导中国千千万万的工农劳苦群众团结在她的周围，争取完成中国苏维埃的胜利……"

毛泽东给大会题词："苏维埃是工农劳苦群众自己管理自己生活的机关，是革命战争的组织者和领导者。"

11月9日下午2时，全体代表集中在谢氏祠堂大厅。项英宣读了中共中央从上海发来的贺电：中华苏维埃共和国临时中央政府成立，不但是苏维埃革命在它斗争与胜利的道路上最大的成绩，它也将是全中国工农兵以及劳苦民众的一盏指路的明灯，号召在帝国主义与国民党铁蹄之下的他们起来为推翻他们的敌人而斗争，而且也将是全中国民众革命斗争的组织者和领导者。

之后，由毛泽东代表中央苏区中央局在大会上作政治报告。这是这次会议的中心议程。

历时14天的大会，通过了《中华苏维埃共和国宪法大纲》、《中华苏维埃共和国土地法》、《中华苏维埃共和国劳动法》、《关于红军问题决议案》

等多项重要法律和决议。《关于红军问题决议案》中指出："红军是工农群众自己的军队，是解放工农群众的武装力量"。大会委托中华苏维埃共和国中央执行委员会主席团组建最高军事机关——中华苏维埃共和国中央革命军事委员会，负责领导全国红军的作战和建设。

大会至11月20日结束，选举毛泽东、项英、张国焘、周恩来、卢福坦、朱德、瞿秋白、张鼎丞、邓发、王稼祥等63人，为中华苏维埃共和国中央执行委员会执行委员。

会议发表了《中华苏维埃共和国临时政府对外宣言》，它向全中国、全世界庄严宣告：中华苏维埃共和国临时政府，1931年11月7日于江西正式成立了。她是中国工农以及一切劳苦民众的政权，她是号召与组织中国劳苦民众起来推翻帝国主义与中国地方资产阶级国民党反动统治的新政权。

最后，会议决定将"瑞金"改为"瑞京"，定为中华苏维埃共和国的首都。

在11月27日召开的中华苏维埃临时共和国中央执行委员会第一次会议上，毛泽东当选为中央执行委员会及其下设的人民委员会主席，项英、张国焘当选为副主席。

从此，"毛主席"这个神圣的称呼，从江西南部山城传出，跨越时空，响遍华夏，回荡四海，传至今天，在神州大地亿万人民心中成为一个不朽的生命称号。

抗日战争时期毛泽东唯一一次阅兵

——延安阅兵

1944年11月1日，八路军南下支队举行隆重的誓师出征阅兵式。抗日战争进入第七个年头后，日军在中国战场以及太平洋战场节节败退。为加快我国抗日战争的胜利进程，中共中央、毛泽东分析了当时的形势，研究决定在巩固和发展华北、华中等抗日根据地的同时，抽调部分主力部队向华南地区发展。南下部队主力来自当时担任延安卫戍任务、正在南泥湾屯垦的八路军第359旅。由第359旅抽调主力3800人，再由中共中央组织部选调一批工作干部，加上被护送的900余名南方干部，组成约5000人的部队，简称"南下支队"，正式番号为"国民革命军第十八集团军独立第一游击支队"。王震任司令员，王首道任政治委员，王恩茂任副政治委员。此次南下的目的是护送干部挺进华南地区，会

合东江纵队开辟湘粤桂边的五岭抗日根据地，把华中和华南地区联系起来。这样，在日本军队退到山东等地的沿海地区时，就可以配合全国各战场的强大反攻，收复失地。在抗战胜利后，如果蒋介石发动内战，也能进退有据，牵制其南方一线。

这天上午，延安东关机场早早就已站满了身穿灰布军装、精神抖擞的八路军将士，他们是第359旅南下支队的全体指战员，正在等待毛泽东、朱德、任弼时等中央领导人前来检阅。这简陋的机场坐落在延安城的东关外，一边紧依着清凉山，另一边靠着延河滩，本来是一座临时机场，后来经过延安军民的拓宽和加固，变得更加开阔了。

不一会儿，毛泽东、朱德、刘少奇、周恩来、任弼时等中央领导人在王震的陪同下，健步走来，神采奕奕地检阅了英气勃发的南下支队。

在这次誓师出征阅兵式上，毛泽东还专门发表了重要讲话。他勉励部队说："你们这次到南方去，到敌人的后方去插旗帜，开辟新的敌后抗日根据地，这是一个光荣而又艰巨的任务，你们的前途是光明的，但也会遇到很多困难。这一回你们是去长征的，一直到湖南、广东，要准备饿肚子，没有房子住，生病受伤没有人抬担架。你们要用最大的毅力去克服困难，上下一心，团结一致，要像'王者之师'那样，遵守三大纪律八项注意，真正做到纪律严明，秋毫无犯。要同群众打成一片，忠实地为人民服务！""只要你们能像松树和柳树一样，保持坚定的原则性和灵活的机动性，就一定能取得胜利……"

毛泽东的讲话，掀起了誓师出征阅兵仪式的高潮。即将南征的将士们深受鼓舞，个个热血沸腾、斗志昂扬。

最后，毛泽东衷心祝愿全体指战员"身体健康，并取得远征的胜利"。

接着，王震带领全体将士向党中央和毛泽东等中央领导人庄严宣誓："我们是人民的军队，我们是为了解放千百万华南的人民而南征。我们要严格遵守革命纪律，爱护人民，保护人民，紧密团结，克服困难，英勇作战，用我们的血和肉，献给中国人民的解放事业……"

1944年11月9日，南下支队离开延安南行；1945年1月，在湖北大悟山与新四军第5师会师，随后继续南下，转战于鄂南、湘北和赣西北，建立了湘鄂赣抗日根据地；8月，部队抵达赣南、粤北，四处出击，打击日伪军，收复失地；9月，中共中央从日本投降后新的实际情况出发，令其北返；10月，南下支队回到鄂豫皖地区，与新四军第5师、豫西支队合编为中原军区，继而转战鄂北、豫南。

南下支队自1944年11月9日从延安出发，至1946年8月29日胜利回到陕甘宁地区，历时659天，转战于陕、晋、豫、鄂、湘、赣、粤、陇8省，途经100多个县，冲过敌人的100多条封锁线，经历大小战斗共300余次，其中较大的战斗有74次，平均每两天打一次仗，作战异常艰苦。经过近两年的浴血奋战，南下支队出发时的5000余人，在返回延安后仅剩1414人。在中共中央为他们举行的庆功宴上，毛泽东掷地有声地说："这次南下行动是中国共产党历史上的第二次长征！"

定都北平的奠基礼

——西苑阅兵

1928年6月20日至1949年9月27日，北京叫北平。

北京这个地方有着辉煌的过去，曾是辽代的南京、金代的中都；元朝时将它定为首都，名为大都。明清时期，北京一直是统治全国的中心和首都。

20世纪中叶，北平再次成为世人瞩目的焦点。

1948年年底，中国人民解放军发动平津战役。次年年初，东北野战军和华北野战军的数十万大军以神速的动作，在一夜之间层层包围了北平城。

国民党华北"剿总"总司令傅作义接受中国共产党提出的八项和平条件，审时度势举义旗，使北平和平地回到了人民的怀抱。1949年2月3日，人民解放军举行了声势浩大的入城式。人民解放军第一次以威武之师的形象，在北平人民面前亮相。入城式之后第50天，即3月25日，中共中央和毛泽东主席由河北西柏坡秘密进入北平。这是毛泽东第三次来到北平。

为迎接党中央和毛泽东从西柏坡进驻北平，有人提出应该好好庆祝一番。北平人民也张灯结彩，准备欢迎自己爱戴的领袖们入城。

对此，毛泽东早就考虑过了。在党的七届二中全会上，毛泽东就向全党敲响了警钟：不做李自成。因此，当举行盛大欢迎仪式的建议报告提交到毛泽东那里，被他一口否决了。他说："还是简单好，不要动员那么多人，等到全国解放了，再好好地庆祝。"有人提议适当地搞个阅兵式以示庆贺，毛泽东欣然应允。为此，新北平市市长叶剑英同华北军区司令员聂荣臻、中共北平市委书记彭真、第四野战军司令员林彪和政治委员罗荣桓、平津前线司令部参谋长刘亚楼、北平警备司令员程子华等党政军首长，齐聚六国饭店，就阅兵事项进行专门研究，决定在西苑机场搞一次简单的阅兵活动，以示庆祝，并决定由刘亚楼担任总指挥。参加的部队主要有警备北平的第41军3个英雄团（塔山英雄团、塔山守备英雄团、白台山英雄团）和连以上干部，还有1个步兵团、2个炮兵团和1个坦克营及一些英雄功臣模范代表。

1949年3月25日上午，毛泽东乘火车，经丰台，在清华园火车站下车，改乘汽车，来到了颐和园。

　　安排在西苑机场阅兵，一是出于安全考虑；二是西苑机场位于城外，而且与颐和园相距不远。

　　《人民日报》1949年3月26日报道：

　　一九四九年三月二十五日，中国人民的领袖毛主席到了北平，北平人民对于毛主席的到来，感到无上的光荣和骄傲，在北平的党政军民各界代表及一百六十多位民主人士，齐赴西郊机场欢迎。

　　下午五时整，毛主席、朱总司令、刘少奇、周恩来、任弼时、林伯渠诸同志……进入西郊机场。军乐大作，上万的人群齐声欢呼："毛主席万岁！""朱总司令万岁！"……毛主席和欢迎的工农群众一一握手，许多人双手握着毛主席的手，紧紧不放。

　　毛主席一行与民主人士一一握手言欢，李济深、沈钧儒、黄炎培、郭沫若……都会见了。大家互相问候，互祝健康。许多先生笑着，说着，好久合不拢嘴。

　　一发照明弹升上天空，阅兵式正式开始。毛主席登上第一辆淡绿色的吉普车，朱总司令、刘少奇同志……也依次登车，缓缓经过整齐的解放军行列前面。五十门六〇炮陆续发射五百发照明弹，半边天空布满亮晶晶的星球。观众一齐鼓掌，欢声震天。经历无数艰辛战争的中国人民解放军，包括野战步兵、警卫部队、坦克、榴弹炮、山野炮、高射炮和摩托化部队，今天以全部夺自敌人的美械化装备，接受自己的领袖的检阅，并高呼"毛主席万岁！""朱总司令万岁！""中国人民解放军万岁！"等口号。

　　这里是成排的坦克车，车上飘着红旗。坦克手穿着整齐的军服，一齐向自己的领袖敬礼。毛主席、朱总司令含笑还礼，表露出无限的欢欣。

　　这里是成排的高射炮、榴弹炮和重炮，许多立过特殊功勋的炮身上，插着各色各样的奖旗。

　　这里是摩托化部队，一色的汽车，一色的装备。他们从东北打到华北，不久还要打到华南，人民依靠他们，得到了今天的这种光荣的胜利。

　　这里是无敌的步兵，队伍中迎风招展的奖旗，标志着他们做出的功绩。毛主席的吉普车进到"塔山英雄团"的大旗之间，站在他身后的刘亚楼参谋长向毛主席报告英雄团的英雄事迹。毛主席举手还礼，状极愉快。从井冈山起，毛主席艰辛培植的中国工农红军，这支人民军队和人民的敌人打了二十多年，百炼成钢，已经无敌于天下了。

　　检阅式自下午五时十分开始，至五时四十五分完毕。

　　人们沉浸在无比的欢快之中。人们都清楚，这一次检阅，预示着这支人民的军队将代表着新中国的武装力量，担负起驱逐一切在中国的反动军队、保卫新生共和国的历史重任；预示着中国共产党、中国人民军队的领袖将代表全中国人民，即将登上新中国的历史舞台，领导全国人民去开创新民主主义革命、社会主义革命和建设的伟大事业。

1949年的西苑机场阅兵，是中共中央和毛泽东从西柏坡进驻北平后进行的第一次阅兵。这不是一般意义上的阅兵，实际上是中国共产党人定都北平的奠基礼。

这次阅兵，毛泽东特地邀请了傅作义将军。毛泽东说，傅作义为北平和平解放立下了大功。阅兵结束后，傅作义说："毛主席不搞庆祝，不开大会，不搞群众欢迎，没有彩旗，没有鲜花，静悄悄地进到了北平，和蒋介石国民党的做法完全不同。可以看出，毛主席和共产党的广阔胸怀和高贵品质。"

为了向全世界宣布中华人民共和国的成立，1949年6月，中国人民政治协商会议筹备会议决定，10月1日在北平举行开国大典，进行阅兵和群众游行，隆重庆祝新中国成立。新中国成立后，根据中国人民政治协商会议的决定，把阅兵列为国庆大典的一项重要内容，但国庆的庆祝形式曾几经变化。从1949年开国大典至1959年建国10周年，新中国每年都在天安门广场举行一次大规模的国庆阅兵，前后共举行了11次。1960年9月，中共中央、国务院本着厉行节约、勤俭建国的方针，决定改革国庆典礼制度，实行"五年一小庆、十年一大庆，逢大庆举行阅兵"。之后，由于"文化大革命"的缘故以及认为阅兵"是形式主义"，国庆阅兵被取消。直到1981年，根据邓小平的提议，中共中央、中央军委决定恢复阅兵，于1984年国庆35周年时，举行了恢复阅兵后第一次大型的国庆阅兵。1999年的国庆50周年阅兵，作为中国有史以来最大的一次阅兵，也是20世纪中国最后一次阅兵，它向世界展示了中国的强大和实力，让中华民族以一个胜利者的姿态昂首阔步地迈向了21世纪，翻开了历史崭新的一页。

点滴记录时代变迁。旧闻新编，用当年的历史资料同今天的现实相比照，我们格外清晰地看到了人民共和国的发展变化，格外清晰地看到了人民军队的成长壮大。从开国大阅兵到国庆50周年阅兵，13次庄严的检阅，把人民军队发展壮大的历程浓缩成铿锵的足音，留在了天安门广场上。天安门作证，共和国作证，一支中国共产党领导下的强大的人民军队，正在建设信息化军队、打赢信息化战争、实现跨越式发展的道路上阔步向前。

参加西苑阅兵的高射炮部队（高帆 摄）

第一章

1949:

新中国第一次
国庆阅兵

天安门歌

黄炎培

　　归队五星旗下　高声义勇军歌　新的国名定了　"中华人民共和"　大野秧歌四起　红颜白叟黄童　"中华人民领袖，出一个毛泽东"　主义推翻帝国　友邦首重苏联　今年"一九四九"　中华采用公元　辽金元明清帝帝京此地千年　是人民的首都　今朝还我河山　是自己的政府　是人民的武装　画旗夜灯一色　天安门外"红场"　"红场"三十万众　赤旗象征赤心　赤心保卫祖国　赤心爱护人民　"国民"改为"人民"　中间用意深深　"民"众站立起来　堂堂地做个"人"　为了革命牺牲　是"人民英雄们"　英雄"永垂不朽"　立碑中华之门　礼炮五十四发　单位恰符"政协"　震起中华国魂民主和平统一

一九四九年十月一日

　　亲自参加开国大典的黄炎培老人的一首《天安门歌》，描绘出一幅绚丽的历史画卷——1949年10月1日的开国盛典。

　　天安门是个记录历史的地方，见证了无数庄严的庆典……

　　天安门建于明永乐十五年（1417年），当时叫承天门，表示皇帝"奉天承运"、"受命于天"。后来，它毁于兵火，清顺治八年（1651年）重建后称天安门。天安门是明清两朝帝王从事重要活动的地方之一，其最重要的活动就是"金凤颁诏"，皇帝每逢冬至到天坛祭天、夏至到地坛祭地，以及皇帝大婚和出兵亲征等隆重典礼，也都要从天安门出入。

然而近代以来，在国庆阅兵成为民族独立国家的特殊纪念方式后，旧中国却无法享受到这份特殊的荣耀，天安门更是命运多舛，屡遭洗劫。1860年，英法联军在焚烧圆明园的同时，还捣毁了天安门城楼上的菱花窗。1900年，八国联军攻陷北京后，一路残暴地烧杀炮击，在天安门前西华表圆柱上留下了弹痕，城楼朱红色的宫墙遍体鳞伤；帝国主义列强的洋枪炮队，就在天安门前一队队走过，向中国人民炫耀武力；金水桥栏杆上挂满中国人的头颅，令人发指……"七七"事变爆发后，日本侵略军又轰开北平的城门，在天安门前耀武扬威……

1949年，是令中国人兴奋而又难忘的一年；10月1日，更是一个辉煌的、划时代的日子。天安门成为庆祝人民共和国诞生的盛典之地，见证了开国大典宣告中华民族的新生。古老的天安门消弭了它作为封建皇权的所有痕迹，作为新中国的象征，从此在世人的心中定位。

根据1949年6月中国人民政治协商会议筹备会议的决定，中共中央

▲开国大典上的美式榴弹炮（熊知行 摄）

▲ 参加开国大典的坦克部队（红枫 摄）

成立了开国大典筹备委员会，由周恩来任主任，彭真、聂荣臻、林伯渠、李维汉任副主任。同时，成立了阅兵指挥机构，任命中国人民解放军总司令朱德为阅兵司令员，中共中央军委代总参谋长、华北军区兼平津卫戍区司令员聂荣臻为阅兵总指挥，杨成武（华北军区副司令员兼第20兵团司令员）、唐延杰（华北军区参谋长）、刘仁（中共北平市委副书记）、肖明（北平市总工会主席）、肖松（新民主主义青年团北平市委书记）等人为阅兵副总指挥。随后，中共中央指定杨成武、唐延杰分别为开国大典阅兵指挥所主任、副主任。

作为开国大典一个重大项目的阅兵仪式，是我军历史上最盛大、最庄严的一次庆典。因此，从毛泽东主席到下面的各级指挥员对此都非常重视。

杨成武、唐延杰等人受命后的第一项工作，就是在中共中央军委首长指导下，主持起草《阅兵典礼方案》。

举行盛大的阅兵式，对于当时的人民解放军来说还是一个新课题。由于这是新中国的第一次阅兵，没有阅兵经验，不知怎么搞才好。身经百战的杨成武心情非常紧张，压力很大。他第一次参与组织阅兵仪式是1933年第四次反"围剿"胜利时的事，现在搞国庆阅兵，无论是标准、规模，还是方式、方法，都不可同日而语。为圆满举行开国大典阅兵式这一从未有过的盛大仪式，杨成武、唐延杰等人亲自带领阅兵指挥所的工作人员，查阅了中外历史上和当时各国军队的许多阅兵资料，并四方求教，走访了在京的人民解放军高级领导人。

刘伯承司令员早年曾在苏联留学，目睹了苏军在莫斯科红场的阅兵，了解一些有关苏军阅兵的情况。他详细地向杨成武谈了阅兵的具体情节和注意事项，最后概括地说："阅兵无非就是一种特定内容的礼仪，是一种形式。这种形式搞好了，目的也就达到了。"刘伯承讲了第二次世界大战中，斯大林在希特勒百万大军兵临莫斯科城下时，在红场进行阅兵，犹如一颗精神原子弹，对正在前线殊死抗战的苏联红军将士起到了不可估量的作用。刘伯承还鼓励说："在开国大典进行阅兵仪式，这是我国历史上最盛大、最庄严的一次庆典。我们一定要搞好，把中国军队高昂的士气表现出来。"访问华东军区司令员陈毅时，陈毅更以富于鼓动性的声调说："组织阅兵不难，没有什么了不起。多少仗都打胜了，还愁搞不好一次阅兵？不就是队列吗？通过队列，把我们的军威显示出来，让中国老百姓看看，这就是我们新中国的军队。"杨成武他们还访问了原国民党政府东北军的几位老将军，了解他们以往阅兵的做法。当时在我国的苏联顾问，也为阅兵提出了一些很好的意见。

在中共中央军委的统一部署下，阅兵指挥所根据众人提出的意见，初步形成了《阅兵典礼方案》。

参加开国大典的步兵部队（石少华 摄）

起初，在给中央的报告中，阅兵指挥所提出了两套阅兵方案。

第一套方案：在天安门广场举行。对于此套方案的优势与不足是这样考虑的：

1. 阅兵台可以运用现有地形——天安门城楼。城楼上可以容纳新政协的全体代表。这是最大的优势。

2. 天安门地处北平市中心，军队与群众水乳交融，领袖与万民同乐，场面壮观，气势恢弘。

3. 天安门周围的公路四通八达，便于集结与分散。阅兵结束后，军队可以及时、有序地从市区退场。

4. 天安门广场阅兵的不足之处是，由于人员集中，城市交通至少要阻断4小时。

5. 长安街的宽度，仅能允许横行通过步兵十二路纵队、骑兵三路纵队和装甲车两路纵队，不能按正常阅兵进行宽广

开国大典上的装甲车
行进式（源忠 摄）

面分列式。

第二套方案：在西苑机场进行阅兵。关于此方案的优、缺点主要考虑如下：

1．西苑机场在半年前曾举行过一次万人观看的阅兵式，欢迎党中央和毛泽东进入北平。有了一次阅兵经验，这是一个明显优势。

2．西苑机场跑道宽阔，容纳的人多，没有阻断交通的后顾之忧。

3．存在的缺陷是没有检阅台。临时搭建几个坚固、高大的看台，显然来不及。另外，西苑机场距市区太远，数十万群众往返困难。

4．西苑机场只有一条跑道可以进退，一旦有情况，疏散起来极不方便。

这两套方案，瑕瑜互见。周恩来经过反复权衡，终于挥毫写下了意见：

毛主席　总司令　少奇同志阅：

日期在政府成立之日闭幕后。阅兵地点以天安门前为好。时间到时再定。检阅指挥员由聂（荣臻）担任，阅兵司令请朱德同志担任。

这个意见传到刘少奇手上，他在自己的名字上画了一个松子儿般不大不小的圈圈。

毛泽东和朱德没有在这份意见上画圈，他们听取了周恩来的口头介绍和分析，同意在天安门前举行开国大典。

7月，毛泽东、朱德、刘少奇、周恩来、任弼时等中央领导人，在中南海怀仁堂接见了负责阅兵事宜的有关人员，听取了聂荣臻有关阅兵仪式的基本设想以及杨成武关于阅兵方案的汇报。《阅兵典礼方案》顺利通过。毛泽东说："我们历来主张慎重初战，这次阅兵也是初战，开国第一次嘛，一定要搞好。"

《阅兵典礼方案》的内容包括受阅部队的选调、编组、阅兵程序、阅兵礼乐、受阅前的训练等。拟定阅兵式分为"检阅式"和"分列式"两大部分，这成为新中国阅兵式的蓝本。

与此同时，各受阅部队于7月底编组完毕，进驻北平近郊。8月1日，按照总参谋部和阅兵指挥所的要求，受阅部队按军种划分场地，开始了严格的分列式训练。

从农村走进城市的人民军队，还没有来得及制定规范队列动作的准则，于是，国民党军的队列条令便成了阅兵部队的训练教材。在阅兵训练时，阅兵司令员朱德两次亲临北苑兵营训练场看望部队，视察并指导阅兵工作。他勉励指战员们说："在开国大典上，你们的形象，就是中国军队的形象；你们的军姿，就是中国军队的风貌。希望你们努力训练，以良好的姿态展现在中国人民及世界人民面前。你们在开国大典阅兵式上的行为，直接影响着即将成立的新中国。"

当时，阅兵总指挥聂荣臻身兼数职，除了担任华北军区司令员、平津卫戍区司令员、代总参谋长等军队职务外，还接替叶剑英担任北平市市长。繁忙之际，他多次听取阅兵工作汇报，十分周到细致地指导阅兵筹备工作，要求部队一定要练到队列整齐划一、军姿庄严、军容威武的程度。他一再叮嘱阅兵方队的指挥员："别看一些小事，一旦马摔在天安门城楼下，装甲车开不动，整个阅兵不就乱套吗？这次阅兵是建国的第一次，还有外国人参加，一定要下最大决心搞好，尽可能搞出高水平来。"

杨成武更是以战略眼光对阅兵提出了独到见解："军队、军队，是军都有队，都讲究队列、队形。古代讲阵法，穆桂英大破天门阵，诸葛亮熟知八卦阵，那种'阵'实际上就是队形、队列的变化。孙子练兵也很重视'阵队'。即使在革命战争年代，我们还是讲究'队形'的。我们要通过我们的动作、我们的队列，把20多年浴血奋战中养成的优良作风、英雄气概、崇高品质，有形地展示出来，告诉全国人民和全世界人民，这就是毛主席、朱总司令率领的英雄队伍。搞阅兵，其意义也就在这里。"杨成武深知组织阅兵工作的难度，经常教育参阅部队：阅兵虽然不像在硝烟弥漫的战场上那样紧张、激烈，但作为几百万解放军的代表，要在一定的时间和空间里，表现出一往无前的英雄气概，以振奋民族精神，同样也是很不容易的。只有靠高度的政治责任感、周密细致的准备工作、认真严格的队列训练、准确无误的指挥调度，才能保证阅兵仪式达到预期效果。

▲ 参加开国大典的摩托化部队（**红枫 摄**）

杨成武和唐延杰几乎天天深入受阅部队的营地，与大家一起研究解决队列训练中的问题。受阅时的步幅频率应该是多少？横排面究竟多少合适？开始大家心中无数，有的人认为这样合适，有的人认为那样合适。经过多次实践、多次改动，最后确定：步幅每分钟120步，方队横排面为12人×12人。

阅兵训练的时间很紧，徒步方队的基础训练时间不到30天，机械化方队只有屈指可数的20多个摩托小时。在如此短的时间内，完成标准极高的阅兵训练任务，的确不是一件容易的事。

第20兵团第67军第199师是阅兵部队的主力。他们由冲锋枪、轻机枪、重机枪、通信、轻迫击炮、重迫击炮、战防炮（全称战车防御炮，现称反坦克炮）、山炮各一个营，组成受阅步兵方队，进驻北平地安门外的北苑兵营进行训练（即后来的黄寺大院）。

骑兵第3师于7月15日接到命令，代表人民解放军骑兵部队参加开国大典，接受党和国家领导人的检阅。根据受阅编队方案，对马匹的颜色、高低、长短作了反复挑选，共选出战马1978匹（一说2344匹），编为红、白、黑马三个纵队。8月初，骑兵第3师的受阅部队进抵北平东北旺、回龙观地区，按照上级对骑兵部队受阅"整齐、威武、安全"的要

求，投入了紧张训练。

受阅部队都是从各军兵种选调来的，单位分散不说，战士手中的武器更是五花八门、长短不齐、大小不一，严重影响部队受阅时的持枪动作，也有碍观瞻。后来，阅兵指挥部规定，受阅部队统一使用"三八大盖"枪。中共中央军委向全军各部队下了一道指示，要求各野战军把缴获的最漂亮的"三八大盖"送到北平，以供阅兵之用。

阅兵的步兵武器解决了，而特种兵的武器就无法统一了，因为它们的种类多，型号复杂。因此，特种兵方队就像是一个国际武器展览会。单是各种口径的大炮，就有日式、美式、德式、法式、苏式的好多种。战车方队，则包括美造坦克、日造坦克、美造装甲汽车等。对于这些武器的来源，当时人民解放军指战员都用诙谐的语调说："这是美帝国主义和日本帝国主义给咱装备的。"或者说："这是咱们的'运输大队长'蒋介石送给咱们的。"这些还散发着战场上硝烟味的枪炮，这些还有着"美国造"、"日本造"字样的武器，如今成了人民子弟兵手中缔造新中国的利器，成为扬国威、显军威的最佳展示品。

9月25日和27日，夜深人静时，阅兵指挥所在天安门前组织了两次地面受阅部队预演。预演时，聂荣臻和阅兵指挥所的人都到了，还把苏联顾问也请来临阵观看，请他们提意见。苏联顾问原以为中国军队刚从战火中走来，训练也不正规，没想到阅兵预演搞得这样好，伸出大拇指不停地赞叹。但阅兵总指挥聂荣臻并不满意，预演结束后，他强调："我们这支军队踏过雪山草地，从金沙江到黑龙江，从长白山到南海边，英勇作战，用鲜血和生命换来了今天的胜利。在这次阅兵中，我们一定要展示这种精神面貌。"聂荣臻还向阅兵部队的全体人员发出一道命令："如遇空袭，要原地不动，就是天上下刀子也不能动，要保持原队形。游行群众也事先被告知，遇有空袭不要乱跑，要听指挥。对受阅的骑兵方队，那些战马，要采取必要的措施。如果让这些马匹乱窜起来，那后果将是不堪设想的。我们的工作一定要做到万无一失。"

开国大典上的步兵分列式（杨振亚 摄）

　　受阅部队是刚从战场上下来的，或是从执勤哨位抽来的，走步、骑马还是打仗时的习惯；他们手中的火炮、坦克和轻武器以及弹盒、钢盔，都是从战场上缴获的杂牌货；而且训练时间很短。但指战员们心齐劲足，每天训练十几个小时，还想出了上千条办法，克服了许多难题，连马拉屎、马掌打滑等问题都想到和解决了，硬是把"小米加步枪"的游击形象，练就成"飞机加大炮"的威武阵容。

　　9月30日至10月1日上午10时前，受阅部队分别由安定门、德胜门、复兴门、西直门开进北京城内，进入指定待阅位置，完成了一切准备工作。

　　举行开国大典时，天安门已修葺一新，城楼上的横标为"中华人民共和国中央人民政府成立典礼"，正中悬挂毛泽东的巨幅画像（20世纪40年代着冠照）。两旁的标语，东为"中央人民政府万岁"，西为"中华人民共和国万岁"。丁字形的广场汇集了从四面八方赶来的群众队伍，成了人的海洋；红旗翻动，像海上的波浪。

　　10月1日下午2时，中央人民政府在中南海勤政殿举行第一次会议。2时55分，刚刚就职的中华人民共和国中央人民政府主席毛泽东，副主席朱德、刘少奇、宋庆龄、李济深、张澜、高岗，政务院总理周

恩来，中央人民政府委员会委员和出席第一届中国人民政治协商会议的全体代表，在勤政殿门口上车前往天安门。

此时，参加开国大典的北京30万军民正翘首期待着伟大历史时刻的到来。

本来，在天安门西侧安装了一架"土电梯"。但新中国的领导人没有乘电梯，而是在毛泽东的带领下，次第相随，沿着天安门城楼西头的古砖道台阶，豪迈地向天安门城楼上走去。

这天，毛泽东穿了一件黄呢子中山装。人逢喜事精神爽，他

显得神采奕奕。

2时58分，当毛泽东主席即将登上城楼的一瞬间，华北军区宣传部部长张致祥把手里的红绸子一挥，军乐队总指挥罗浪会意地点了一下头，指挥军乐队奏起了《东方红》……顿时，天安门广场欢声雷动。

3时，大会司仪、中央人民政府秘书长林伯渠宣布："中华人民共和国开国典礼现在开始！"军乐队奏国歌——《义勇军进行曲》，中央人民政府主席、副主席、各位委员就位。毛泽东主席来到麦克风前，在热烈的掌声和欢呼声中，用浓重的湖南口音庄严宣告："中华人民共和国中央人民政府已于本日成立了！"

参加开国大典的步兵部队
（高粮 摄）

国歌的来历

新中国的国歌，是在第一届中国人民政治协商会议开幕之前才定下来的。

国歌原名《义勇军进行曲》，产生于民族危亡的关头，是经过硝烟与鲜血洗礼的悲壮乐章。1935年，革命戏剧家田汉在被捕前把这首歌词仓促写在一张包装香烟的锡纸衬底上，辗转传到音乐家聂耳手中。聂耳在面临国民党反动派迫害即将离国之前，以巨大的热情创作了这首歌曲，作为电影《风云儿女》的主题歌出现，立即成为中华民族解放的号角。后来经美国著名黑人歌唱家罗伯逊演唱并灌制唱片，这首歌享誉世界，成为国际反法西斯统一战线一首高昂的战歌。

在第一届中国人民政治协商会议一次商讨国歌的会上，数以千计的应征稿，都或多或少地不尽如人意。以画骏马而名扬天下的徐悲鸿和著名建筑学家梁思成，力荐以《义勇军进行曲》作为国歌。毛泽东、周恩来当即支持他们的意见。但有人认为新中国就要成立了，而歌词中"中华民族到了最危险的时候"已经过时了，主张改词。周恩来发言，提醒大家要居安思危，安不忘危。他说："我们面前还有帝国主义反动派，我们建设越进展，敌人越嫉恨我们，想法破坏我们，你能说就不危险了吗？倒不如留下这句词，使我们耳边警钟长鸣的好。"一席话使大家豁然开朗。第一届中国人民政治协商会议决定以《义勇军进行曲》为代国歌。

60年来，这支雄壮的乐曲通过军乐演奏，已经响彻了全世界。

"请毛主席升国旗！"林伯渠宣布议程。在威武雄壮的国歌声中，毛泽东亲自按动电钮，升起了中华人民共和国第一面五星红旗。

国旗的诞生

4天前，即1949年9月27日，第一届中国人民政治协商会议全体会议刚刚通

▲ 在国歌声中升起第一面中华人民共和国国旗（熊知行 摄）

过了关于国旗的议案。

　　人们不会忘记，在那民族危难的岁月，国民党政府的"青天白日满地红"旗使人感到屈辱和悲愤；也不会忘记，日本侵略者的"太阳"旗猖狂地玷污中国的天空。饱受欺凌蹂躏的中国人民多么渴盼看到自己的国旗自由飘扬！

　　1949年7月，报刊上刊载了全国政协筹委会关于征集国旗图案的启事。来自全国各地和海外的应征图案跨山涉水，联翩飞来，短短一个月之内就寄来2992幅。评选委员会精选出38幅国旗草图，编成《国旗图案参考资料》，提交第一届中国人民政治协商会议全体会议讨论。

　　一天晚上，毛泽东请客。席间，曾多次参加过国共谈判的爱国人士、全国政协委员张治中问毛泽东："你同意哪一个国旗图案？"

　　毛泽东答："我同意一颗星一条黄河的。你觉得怎样？"

"我反对这个图案。红地国旗是代表国家和革命的，中间这一杠，不变成分裂国家、分裂革命了吗？"张治中毫不掩饰自己的观点。

毛泽东听了，皱了皱眉头："这倒是一个问题。不少人很主张采用这一图案，并且也举了很多的理由。我再约大家来研究吧！"

9月25日，张治中先生得到毛泽东、周恩来的邀请，到中南海参加关于国旗设计的专题讨论会。与会代表尽是文化人、画家、艺术家。毛泽东客气地和张治中握了握手，并当众介绍了张治中的意见，然后接着说："我知道反对这黄河一道杠的，在大会里恐怕只占四分之一到三分之一，以四分之三或三分之二的赞成票通过是没有问题的。但是这样不够圆满，我们一定要选一幅让全场一致通过的才好。大家想想吧。"

说到这里，毛泽东翻出《国旗图案参考资料》第36号，就是现在的五星红旗图案给大家看："这个图案怎样？"

设计者从"盼星星"中得到启发，一颗大五角星象征中国共产党的领导；四颗小五角星代表人民大众，包括工人阶级、农民阶级、小资产阶级和民族资产阶级。每颗小星各有一角对准大星的中心点，表示亿万人民团结在共产党周围。

旗面为红色，喻意革命如红霞一片。五星位于旗面的左上方，似闪闪星辰居高临下，金碧交辉映照大地……

在场的代表几乎异口同声地说："好！"

当场也有人提出异议："这四颗星是代表四个阶级，假如将来进入社会主义社会，国旗不是又要改吗？"

毛泽东思路敏捷地说："把说明改一改好不好？不说四颗小星代表四个阶级。五星红旗这个图案表现我们革命人民的大团结。现在要团结，将来也要团结。因此，现在也好，将来也好，又是团结，又是革命……"

毛泽东的话博得了热烈的掌声。到周恩来主持大会讨论时，五星红旗图案被顺利通过了。这天，中南海怀仁堂的主席台上挂上了大幅五星红旗，满台生辉，掌声雷动。

五星红旗图案的设计者，是一位身居上海不足10平米斗室的无名小卒。他的名字叫曾联松。

从9月27日确定了国旗图案那一天起，首都人民连续三天突击赶制了无数面五星红旗。其中有一幅特制的大红旗，长460厘米，宽338厘米，用红色绸料做旗面，用黄色缎料制成五角星，鲜红中泛着金光。这就是毛泽东亲手升起的新中国第一面五星红旗。

在国旗冉冉升起的时候，54门礼炮齐放28响，礼炮轰鸣，如报春惊雷回荡于天地间。

 链接 LIANJIE

—— "28响礼炮"之谜 ——

开国大典的议程，是由第一届中国人民政治协商会议第一次会议拟订的。草案拟订，第一项议程是毛泽东宣告中华人民共和国成立，然后依次是升国旗、奏国歌、鸣礼炮……全国政协委员们对前几项议程没有异议，但鸣放礼炮多少响为宜，委员们众说纷纭，莫衷一是。

毛泽东明确地说："庆祝中华人民共和国成立，放礼炮28响！"

一位委员提出质疑："在国外，最高礼仪是21响，为什么要鸣放28响呢？"

按国际惯例，最高礼节是鸣放礼炮21响。它最早起源于英国的军舰。当时，军舰上最多装有7门炮，只能一门一门地放，共7响；而港口炮台上的炮数量较多，并以3倍于对方的炮声答谢，共21响。后来，就以21响作为鸣放礼炮的最高礼节。

▲ 参加开国大典的炮兵部队（红枫 摄）

会议休息时，毛泽东召来了华北军区司令部作训处处长唐永健，问道："你说，礼炮放28响有没有道理呢？"

唐永健是个反应敏捷、学识渊博的才子，他一下就明白了毛泽东的用意，立刻回答道："主席，我起草一个鸣礼炮28响的说明吧。"

毛泽东微笑着默允了。

很快，简明扼要的鸣礼炮28响说明报告送上来了：中国共产党于1921年成立，中华人民共和国在1949年成立，其间正好28年。这28

响，象征着中国共产党领导全国人民英勇奋斗28年的伟大胜利，就是对28年党史的礼赞。

毛泽东当即用铅笔签名批示："转发"。全国政协委员们以热烈的掌声赞许并通过。

开国大典礼炮队，由华北军区某炮兵部队抽调108门山炮、300多人组成，分为两组。至于为什么是54门炮一组？一说象征中国当时有54个民族，另一说代表当时参加新政协的54个方面人士。黄炎培《天安门歌》中的"礼炮五十四发，单位恰符'政协'"，应证了后一种说法。

随后，毛泽东主席宣读《中华人民共和国中央人民政府公告》。

中华人民共和国中央人民政府公告

自蒋介石国民党反动政府背叛祖国，勾结帝国主义，发动反革命战争以来，全国人民处于水深火热的情况之中。幸赖我人民解放军在全国人民援助之下，为保卫祖国的领土主权，为保卫人民的生命财产，为解除人民的痛苦和争取人民的权利，奋不顾身，英勇作战，得以消灭反动军队，推翻国民政府的反动统治。现在人民解放战争业已取得基本的胜利，全国大多数人民业已获得解放。在此基础之上，由全国各民主党派、各人民团体、人民解放军、各地区、各民族、国外华侨及其他爱国民主分子的代表所组成的中国人民政治协商会议第一届全体会议业已集会，代表全国人民的意志，制定了中华人民共和国中央人民政府组织法，选举了毛泽东为中央人民政府主席，朱德、刘少奇、宋庆龄、李济深、张澜、高岗为副主席，陈毅、贺龙、李立三、林伯渠、叶剑英、何香凝、林彪、彭德怀、刘伯承、吴玉章、徐向前、彭真、薄一波、聂荣臻、周恩来、董必武、赛福鼎、饶漱石、陈嘉庚、罗荣桓、邓子恢、乌兰夫、徐特立、蔡畅、刘格平、马寅初、陈云、康生、林枫、马叙伦、郭沫若、张云逸、邓小平、高崇民、沈钧儒、沈雁冰、陈叔通、司徒美堂、李锡九、黄炎培、蔡廷锴、习仲勋、彭泽民、张治中、傅作义、李烛尘、李章达、章伯钧、程潜、

张奚若、陈铭枢、谭平山、张难先、柳亚子、张东荪、龙云为委员，组成中央人民政府委员会，宣告中华人民共和国的成立，并决定北京为中华人民共和国的首都。中华人民共和国中央人民政府委员会于本日在首都就职，一致决议：宣告中华人民共和国中央人民政府的成立，接受中国人民政治协商会议共同纲领为本政府的施政方针，推选林伯渠为中央人民政府委员会秘书长，任命周恩来为中央人民政府政务院总理兼外交部部长，毛泽东为中央人民政府人民革命军事委员会主席，朱德为人民解放军总司令，沈钧儒为中央人民政府最高人民法院院长，罗荣桓为中央人民政府最高人民检察署检察长，并责成他们从速组成各项政府机关，推行各项政府工作。同时决议：向各国政府宣布，本政府为代表中华人民共和国全国人民的惟一合法政府。凡愿遵守平等、互利及互相尊重领土主权等项原则的任何外国政府，本政府均愿与之建立外交关系。特此公告。

中华人民共和国中央人民政府主席　毛泽东

一九四九年十月一日

中华人民共和国诞生了，中国人民从此站起来了！这一时代的最强音惊破蓝天，激荡着江河湖海，震撼了三山五岳。

宣读公告后，阅兵典礼开始。军乐队奏响《中国人民解放军进行曲》。阅兵司令员朱德身着崭新的呢料军装，佩戴着"中国人民解放军"胸章，健步走下天安门城楼，乘敞篷检阅车通过金水桥。阅兵总指挥聂荣臻迎候在东华表下，向朱德总司令敬礼并报告："受阅的陆、海、空代表部队均已准备完毕，请总司令检阅！"

在《三大纪律八项注意》等军乐的鸣奏中，朱德总司令由聂荣臻陪同，出东三座门，沿着东长安街、东单广场，直到外国领事馆聚集的东交民巷，顺序检阅肃立严整的三军部队。

朱德总司令从方队前面通过时，全体受阅官兵行注目礼。

"祝同志们健康——"

"祝总司令健康！"

"中华人民共和国万岁——"

"万岁！万岁！"

统帅和士兵此呼彼应，海啸般的音浪在京城大街上涌伏、滚动。

乘车检阅完毕后，朱德总司令重新登上天安门城楼，宣读《中国人民解放军总部命令》。

中国人民解放军总部命令

全体战斗员、指挥员、政治工作人员和后勤工作人员同志们！

中华人民共和国的武装部队，今天和全体人民在一起，共同来庆祝中华人民共和国中央人民政府的成立。

我们中华人民共和国的武装部队，在反对美国帝国主义所援助的蒋介石反动政府的革命战争中，已经取得了伟大的胜利。敌人的大部分已经被歼灭，全国的大部分国土已经解放。这是我们全体战斗员、指挥员、政治工作人员和后勤工作人员一致努力英勇奋斗的结果。我向你们表示热烈的庆祝和感谢。

但是现在我们的战斗任务还没有最后完成。残余的敌人还在继续勾引外国侵略者，进行反抗中华人民共和国的反革命活动。我们必须继续努力，实现人民解放战争的最后目的。

我命令中国人民解放军全体指战员工作员，坚决执行中央人民政府和伟大的人民领袖毛主席的一切命令，迅速肃清国民党反动军队的残余，

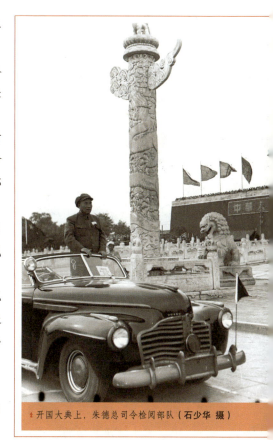

▲ 开国大典上，朱德总司令检阅部队（石少华 摄）

解放一切尚未解放的国土，同时肃清土匪和其他一切反革命匪徒，镇压他们的一切反抗和捣乱行为。

在人民解放战争中牺牲的人民英雄们永垂不朽！

中国人民大团结万岁！

中华人民共和国万岁！

中央人民政府万岁！

毛主席万岁！

中国人民解放军总司令　朱德

随后，分列式开始。

分列式的第一序列，是代表年轻的人民海军的水兵方队。150多人身着崭新的水兵服，以"八一"军旗为前导，由东向西行进。这支队伍显得格外英俊潇洒。朱德总司令激动不已：人民军队有自己的海军队伍了！

"八一"建军节和"八一"军旗的来历

开国大典阅兵分列式上，引导受阅部队的"八一"军旗首次在全国人民面前亮相。

1927年，国共两党合作的大革命和北伐战争失败后，中国共产党便开始了独立领导武装斗争的新时期。8月1日，举行了南昌起义，党领导的人民军队从此诞生，"开天辟地第一回，人民有了子弟兵"。为纪念南昌起义，1933年7月11日，中华苏维埃共和国临时中央政府根据中央革命军事委员会1933年6月30日的建议，决定以南昌起义的8月1日为中国工农红军成立纪念日。

1933年8月1日，中革军委在瑞金举行阅兵、宣誓、授章、授旗仪式，纪念"八一"建军节。为防止遭受到国民党军的空袭，活动于17时到19时30分进行。参加这次活动的有中共临时中央、中华苏维埃共和国临时中央政府、中革

▲ 开国大典上，朱德总司令宣读《中国人民解放军总部命令》（杨振亚 摄）

军委领导和机关部门领导及代表，青年团中央和全国总工会等各种群众组织的领导与代表，瑞金城附近的部分群众，非受阅部队代表，受阅部队，总部直属队，共数万人。

受阅部队由4个有代表性的步兵团组成。即：由原红3军一部编成的，代表"继续井冈山的精神"的红1军团红1师红2团；由原红4军一部编成的，代表"发扬南昌暴动的精神"的红1军团红2师红5团；由原宁都起义部队一部编成的，代表"发扬宁都暴动的精神"的红5军团红13师红37团；由原江西博生县等县地方武装一部编成的，代表"光荣的博生模范师"的红14师红40团。阅兵指挥员由红2师师长徐彦刚担任。阅兵首长为中国工农红军总司令朱德、总政治委员周恩来，陪阅首长有总参谋长刘伯承，总政治部主任王稼祥、红一方面军参谋长叶剑英、政治部主任杨尚昆等人。17时，阅兵部队、非受阅部队代表、总部直属队和参观人员入场。17时30分，在军乐队的欢迎曲中，阅兵首长和陪阅首长入场。17时35分，朱德总司令和周恩来总政治委员在陪阅首长陪同下，依次检阅了受阅部队。

17时45分，朱德总司令主持宣誓仪式。全体官兵齐声宣誓："我们是工农的儿子，愿来当红军，完成苏维埃给我们的光荣的任务，为着工农解放奋斗到底。我们是红色军人，要保证自己和同志们绝对遵守和服从苏维埃的一切法令，以自己的思想和行动做模范，努力学习政治、军事，爱护工农的利益和自己的武装，使它不遭损失和窃夺。我们是苏维埃柱石，誓以我们血与肉发展民族革命战争，实行土地革命，推翻国民党，保障苏维埃，打倒帝国主义，争取中国解放，武装保护苏维埃完成革命，为社会主义前途斗争。现在敌人正在大举进攻，我们要团结一致，拿着刺刀和枪炮与敌决一死战，拿我们头颅和热血，换得苏维埃新中国。我们为着阶级利益，遵守革命纪律，服从上级命令，如若违犯不遵守，甘受革命纪律制裁，愿听同志指斥。"

接着，朱德总司令宣读中革军委通令，授予周恩来、朱德、彭德怀等人一等"八一"红星奖章，授予王稼祥、刘伯承、陈毅、张云逸、罗炳辉、罗瑞卿、彭雪枫等人二等"八一"红星奖章，授予王震、杨得志、苏振华、钟赤兵等人三等"八一"红星奖章。随后，进行授旗仪式。周恩来总政治委员宣读了中革军委通令，决定授予每一个团一面军旗。每团派代表1名、护旗2名，列队统一受旗。

19时，举行分列式。军乐队奏乐，受阅的红2、红5、红37、红40团以团为序，以连为方队，端枪行注目礼，高呼"为苏维埃政权而奋斗"，正步通过阅兵台。他们高举着军旗，带着从国民党军缴获的各种装备，雄赳赳气昂昂地接受朱德总司令和周恩来总政治委员的检阅，给了中央苏区人民以极大的鼓舞。

从此，每年8月1日成为中国工农红军和后来的中国人民解放军的建军节。在"八一"节期间开展纪念活动，也成了全体军民的光荣传统。

南昌起义部队没有自己的旗子。随后召开的党的八七会议决定，在湘、鄂、赣、粤四省发动秋收起义。为在起义时能打出工农革命军的旗帜，何长工、杨立三、李明义等人根据前委的指示精神，在江西修水设计了中国工农革命军第1军第1师的军旗：旗底为红色，象征革命；旗中央的五星，代表中国共产党；五星内的镰刀斧头，代表工农；在旗面的左侧，与旗和旗杆相连的一条白布上，写着"工农革命军第一军第一师"。军旗制作好后，即下发到各部队中。1927年9月11日，在鲜红的军旗指引下，著名的湘赣边界秋收起义爆发，我军的第一面军旗诞生了。

1934年1月召开的中华苏维埃第二次全国代表大会，将中国工农红军军旗样式统一为：红色底子，横5尺，直3尺6寸；中间为黄色、交叉的镰刀和锤子，左上角为黄色的五角星；旗柄为白色。

1949年3月5日，党的七届二中全会开幕。全会通过的《关于军旗的决议》指出："中国人民解放军的军旗应为红地，加五角星，加'八一'二字。"

同年5月27日，毛泽东在香山双清别墅，与中共中央、中国人民革命军事委员会各部门的领导一起审定了"八一"军旗的标准样旗。

6月15日，中国人民革命军事委员会发布命令，规定：中国人民解放军军旗为红地，上缀金黄色的五角星及"八一"两字，表示中国人民解放军自1927年8月1日南昌起义诞生以来，经过长期奋斗，正以其灿烂的星光，普照全国；中国人民解放军的军徽为镶有金黄色边之五角红星，中嵌金黄色"八一"两字。

鲜红的"八一"军旗，她带着南昌城头的弹雨，带着长征路上的风尘，带着抗日烽火的硝烟，带着百万雄师过大江的浪涛。军旗下聚集了多少优秀的中华儿女，军旗上浸染着多少壮士的鲜血。22年浴血奋战，"八一"军旗终于簇拥着五星红旗从天安门广场升起！

开国大典上的"八一"军旗（石少华 摄）

1951年，中央人民政府人民革命军事委员会又规定了中国人民解放军海军和空军以"八一"军徽为主体的军徽。海军军徽为藏蓝色底，衬以银灰色铁锚，蓝色象征海洋，铁锚代表舰艇；空军军徽衬以金黄色飞鹰两翼，象征人民空军英勇果敢，飞行无阻。

1992年9月，中央军委主席江泽民签署命令，公布中国人民解放军陆、海、空军仪仗队队旗。三军仪仗队旗占全旗八分之五的上部，均保持中国人民解放军军旗基本式样。下部，陆军为草绿色，象征绿色的大地；海军为蓝白色条相间，象征大海与海浪；空军为天蓝色，象征辽阔的蓝天。

中国人民解放军海军诞生日

人民解放军最早的一支海军部队是华东军区海军。1949年春，在人民解放军准备渡江战役的过程中，长江下游的国民党海军正在酝酿起义。中国人民革命军事委员会预料，随着战争的胜利，会接收更多的国民党海军人员和装备，而且渡海作战的任务也已被提到日程上来，于是命令华东军区及时组建海军。4月23日，华东军区和第三野战军根据中国人民革命军事委员会指示，在江苏泰州白马庙组成华东军区海军领导机关，以华东军区副司令员张爱萍任司令员兼政治委员，辖第1纵队（由苏北军区海防纵队改编）、警卫团等部共4000余人。4月29日和5月1日，华东海军司令部接收了在江阴江面俘获的6艘国民党海军舰艇，以及在南京和镇江起义、投诚的国民党军海军第2舰队、第51师

巡防舰队舰艇共50余艘。随后，中国人民革命军事委员会任命率部起义的第2舰队司令林遵为华东军区海军副司令员。8月28日，毛泽东主席在北京接见张爱萍、林遵时，欣然为人民海军题词："我们一定要建设一支海军，这支海军要能保卫我们的海防，有效地防御帝国主义的可能的侵略。"随着力量的发展壮大，1949年下半年先后组建了华东军区海军第1、第2大队和华东军区海军学校。从此，这支人民海军便担负起保卫华东地区海防的神圣任务。后来，4月23日被中央军委批准为中国人民解放军海军的诞生日。

☆ 参加开国大典的骑兵部队（张力 摄）

紧接着，是由步兵第199师、独立第207师第619团和临时编组的炮兵第4师、战车第3师、骑兵第3师共8000多名指战员组成的12个方队。步兵师以3个建制步兵团和临时编组的冲锋枪、轻机枪、通信、重机枪、轻迫击炮、重迫击炮、战防炮、山炮各1个营的阵容接受检阅。炮兵师以75毫米野炮、105毫米榴弹炮、37毫米和75毫米

△ 参加开国大典的海军部队（**红枫 摄**）

高射炮的阵容出现在天安门广场。火炮由小到大，由低到高，依次前进，均用中型卡车或十轮大卡车牵引，颇为壮观，标志着炮兵已经成为中国人民解放军的重要组成部分。战车师由摩托化步兵、装甲步兵和坦克兵各1个团编成。

当人民解放军战车方队似铁流汹涌通过天安门前时，突然从东天上落下一串霹雳，只见9架P－51型战斗机、2架"蚊"式战斗轰炸机与6架运输机和教练机，分别以双机、三机编队呼啸着飞临天安门上空。几

分钟后，又有9架P-51型战斗机从空中掠过，与地面的战车部队遥相呼应，天上地下浑然一体，形成立体的武装阵容。万众仰望，站在天安门城楼上的党和国家领导人也都兴奋地注视着祖国领空的保卫者。

执行防空警戒任务的4架战斗机飞临复兴门后即升空高飞了。欢腾的群众并不知道，那上面装有防敌袭扰的枪弹。空军战机带弹受阅，这是开国大阅兵中最值得关注的一件事。

世界阅兵史上绝无仅有的战机带弹受阅

1949年5月4日，国民党军从青岛派出6架B-24型轰炸机轰炸北平南苑机场，投弹30枚，毁伤地面飞机4架、房屋196间，死伤24人。为了确保新政协会议和开国大典的顺利进行，捍卫新生的人民政权，中国人民革命军事委员会决定建立一支空中战斗力量。8月15日，在南苑机场正式组成了第一个飞行中队。这是我军第一支有作战能力的飞行队。飞行队成立时，满打满算也就有20架左右的飞机，其中有的还不能上天。这些飞机的来源、种类和性能不一，有的是在战场上缴获的，有的是敌机起义过来的，还有的是东北航校把缴获的敌机修复后支援过来的。飞行员的来源也不一样，主要力量是国民党军队的俘虏、起义和投诚人员。

飞行中队刚刚成立，就接到了一个意想不到的任务：9月初，中国人民革

开国大典上的骑兵方队（高粮 摄）

命军事委员会召开阅兵会议，确定空军也要参加开国大典受阅。起初，飞行中队只用9架P－51型战斗机，编成3个"品"字队形拉开距离跟进。后来，聂荣臻总指挥到南苑机场视察，认为9架飞机太少，要求有更多的飞机，战斗机修不出来，什么飞机都可以，能够安全通过天安门就行。随后，飞行中队又凑了2架战斗轰炸机、3架运输机、1架通信机和2架教练机，一共17架飞机。

周恩来看过预演后提出，领队的战斗机飞行速度快，为了增加飞机的数量，通过天安门以后，战斗机可以到观众看不到的地方再转回去，接到教练机和通信机后边。这样，就有26架次飞机参加受阅飞行了。

为了防止国民党军飞机的偷袭，经过几天的反复研究和推敲，阅兵指挥所向阅兵总指挥聂荣臻提交了一个带弹受阅飞行的方案，9月22日，华北军区航空处拟订上报了《空军参加检阅计划表》，确定17架飞机参加阅兵。其中明确规定：P－51型战斗机和"蚊"式战斗轰炸机各两架，完成受阅后即分别升空到1万英尺和1.2万英尺处，"担负北平、通州、良乡、大兴上空警戒任务"。这个方案得到了毛泽东、朱德和周恩来的认可。

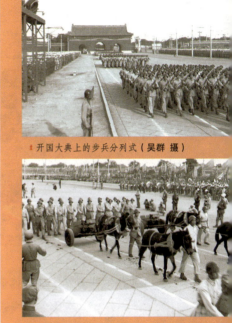

▲ 开国大典上的步兵分列式（吴群 摄）

▲ 参加开国大典的小炮部队（熊知行 摄）

▲ 开国大典上，待命升空的空军机群（林杨 摄）

按照世界各国阅兵的惯例，为安全起见，阅兵时任何兵种都不能携带实弹。飞机带弹受阅无疑是一件十分危险的事情，这在世界阅兵史上绝无仅有。如果稍有闪失，后果将不堪设想。为了确保万无一失，聂荣臻亲自来到南苑机场挑选了带弹飞行的飞机和飞行员。

飞行中队从接到参加阅兵任务的通知至参加阅兵，训练时间不到一个月，实在太短了。飞行员们只好硬着头皮上。当时他们都立下了军令状，在阅兵的那天，绝不能出事，万一飞机发生了问题，也要保证飞机能"飘"出北平城外，不至于造成市区人员伤亡。

另据当时担任飞行队政治委员的王平洋回忆说：上级规定在阅兵的那天

△ 开国大典上，阅兵总指挥聂荣臻率领各军兵种相继通过天安门广场，分列式开始（红枫 摄）

飞机不准带弹，怕飞机带弹飞行时，飞行员万一因为紧张而导致操作失误发生事故。一些关于开国大典的文章中说，当时飞行方队是带弹接受检阅，以防止国命党军的飞机捣乱，那是失实的，当时我们都是不带弹飞行（目前仅见此一说——编者注）。

历史记载，开国大典空中受阅方队的任务完成得很好，外国记者在发出的报道中声称"一共有26架飞机参加了编队飞行"，并惊呼"中共一夜之间有了自己的空军"。1949年10月1日晚上，中央领导同志刘少奇、朱德、周恩来等人在北京饭店设国宴，宴请参加阅兵的陆、海、空军部队的代表。当朱德看到戎装未脱就赶到宴会大厅的空军代表刘善本时，兴奋地说："你们飞得很好嘛。从现在起，我才真正是陆、海、空军总司令！"朱德总司令在和飞行员们干杯时还风趣地说："我是早起义的，你们是晚起义的，咱们起义的同志们干一杯！"

人民空军的首次公开亮相震惊了世界，它向世界宣告：刚诞生的人民共和国从此拥有了自己的空军。

骑兵师尾随战车部队行进。走在前边的是3个骑兵团方队，而后是1个骡马拖曳的75毫米野炮营（这是特意安排的，并不是因为牵引车不够。人民炮兵是由骡马炮兵发展起来的，这次检阅时要求对炮兵的历史有一个直观的回顾）。各梯队的军马毛色整齐划一，或全红，或全白，或全黑，三色相间；骑在马上的指战员，身着草绿色军装，手握钢枪，腰挎战刀，好不威风。

开国大典的检阅式和分列式共用了2个多小时。这2个多小时，浓缩了人民解放军以往的漫长战斗历程，也预示了未来的征途，展示了人民军队武器装备从初创时的大刀、长矛、小米加步枪，向多军种、多兵种的飞跃，显示了人民解放军能够解放全中国、保卫新中国的强大力量，也体现了党领导下的人民军队是一支所向披靡、无敌于天下的威武之师、胜利之师。

这次阅兵，场面非常壮观。中国人民解放军以威武雄壮的阵容展现在国人面前，不仅为新中国的开国盛典献上了一份厚礼，也给世界以震惊。

开国盛典大阅兵是人民军队创建以后隆重而庄严的一次检阅。阅兵取得了巨大成功，毛泽东主席、朱总司令非常满意。苏联、朝鲜以及法国、匈牙利、意大利、澳大利亚、奥地利等国相继发来贺电。苏联政府于10月2日第一个与新中国建交。到1949年年底，国际社会共有25个国家承认了新中国。中国老百姓第一次这样扬眉吐气、欢欣鼓舞。

▲ 参加开国大典的高射炮兵部队
（**石少华 摄**）

1950

1950:
新中国第二次
国庆阅兵

1950年10月1日，是新中国的第一个国庆节。这一天，对新生的人民共和国来说，意义非比寻常。当天，《人民日报》发表了中央人民政府副主席、孙中山夫人宋庆龄撰写的《第一年的新中国》。

　链接 LIANJIE　

第一年的新中国

宋庆龄

一九四九年十月一日是具有历史意义和欢欣鼓舞的纪念日。它显示着人民解放与中国新生的开始。它是新纪元的发轫，我们从此走进了人民的新时代。

一九五〇年十月一日是一个除旧布新的信号日。它显示着人民共和国第一年的完成，和第二年的开始。它从此结束了第一年的历史任务，准备向着更加壮丽的目标前进。

一九五〇年十月一日是和平的日子。它指出新中国和四亿七千五百万人民的力量是在支持着世界和平。我们以巨掌举向战争贩子。"我们需要和平！我们要的是建设，不是破坏！我们要真诚的国际合作，不是帝国主义！"这是全中国人民与全世界爱好和平的人们所共同争取的。所以在人民共和国的纪念日，我们应大声疾呼："人民一定要有和平！世界和平万岁！"

因此，我们应将新中国第一年的意义深刻地写在历史中。

在1949年10月1日的开国大典上，中国人民解放军总司令朱德发布人民解放军总部命令，命令中国人民解放军坚决执行中央人民政府和毛泽东的命令，迅速肃清国民党军队及其残余，解放一切尚未解放的国土，同时肃清土匪和其他一切匪徒，镇压他们的一切反抗和捣乱行为。从1949年10月至1950年4月，人民解放军继续完成解放战争的各项任务。第四野战军先后解放了广东、广西、海南岛等中南地区全境；第二野战军解放了四川、云南、贵州、西康省全部，并准备进军西藏；第三野战军解放了厦门、舟山群岛等沿海大部分岛屿，并进行解放台湾的准备。从1949年10月至1950年5月，8个月时间内，人民解放军共歼灭国民党正规军88万余人。全国除大陆的西藏和沿海的台湾等少数岛屿外，其他地区全部解放。新解放区剿匪和全国镇压反革命工作，也已展开并取得了成绩。

1950年6月6～9日，中国共产党在北京召开了七届三中全会；6月14～23日，中国人民政治协商会议第一届全国委员会召开第二次会议。它们为人民解放军确定了如下任务：

第一是准备进军台湾、西藏，解放全部国土。解放台湾是全国军事工作的重点。第二是消灭残余土匪，安定地方秩序。第三是参加生产建设工作。第四是加强教育工作，提高部队的文化水平。第五是整编和复员工作。

中国人民根据中共七届三中全会的决定和中国人民政治协商会议第一届全国委员会第二次会议的部署，从1950年6月开始，集中精力致力于医治长期战争遗留的创伤，以争取财政经济状况根本好转为中心任务，展开了恢复国家建设的各项工作。

然而，就在这时，即1950年6月25日，朝鲜内战爆发。美国立即对朝鲜内战实行武装干涉；同时，派海军第七舰队侵入中国领土台湾和台湾海峡，干涉中国内政，阻止中国人民解放军解放台湾。

9月15日，美军7万余人在朝鲜仁川登陆，并疯狂北犯，将战火烧到鸭绿江边，朝鲜战局万分危急，朝鲜民主主义共和国已经到了生死存亡的关头，新生的中华人民共和国的安全也受到了严重威胁。在此

▲ 参加1950年国庆阅兵的坦克部队（**刘峰 摄**）

严峻形势下，中国人民迎来了新中国成立后的第一个国庆节。

1950年10月1日，为庆祝中华人民共和国成立一周年，在天安门广场举行了盛大的周年性阅兵典礼，亦即开国后的第二次阅兵大典。天安门广场时称人民广场，新闻媒体在报道这一年的国庆活动时，冠以"纪念中华人民共和国第一届国庆节"的称呼，这个"届"的称谓一直沿续到1954年国庆节。

当时新华社报道，天安门上高悬着中华人民共和国国徽和毛泽东主席的巨幅画像，天安门东、西墙上横挂着两幅大标语，写着"中华人民共和国万岁"和"世界人民大团结万岁"。广场南部两壁红墙的前面，招展着8幅上缀"国庆"两字的红绸和32面红旗，受阅的武装部队就站在这些红绸和红旗的前面。

出席阅兵式的有中央人民政府主席毛泽东，副主席朱德、刘少奇、宋庆龄、李济深、张澜，秘书长林伯渠，政务院总理周恩来，中央人民政府委员，各委、部、会、院、署、行首长，人民政协全国委员会委员，各民主党派、各人民团体的领导者。参加观礼的还有边疆各族人民特派前来首都参加庆祝典礼的代表团的代表和国外华侨的代表，在北京开会的全军各部队和民兵中的战斗英雄，以及全国各地工农兵中的劳动模范的代表、世界民主青年联盟访问中国代表团的代表等。

上午11时整，中央人民政府秘书长林伯渠宣布庆祝大会开始。在国歌声中，礼炮齐鸣28响，阅兵式开始。朱德总司令在人民解放军代

总参谋长、阅兵总指挥聂荣臻陪同下，乘敞篷汽车驶向长安街检阅各部队。检阅部队后，朱德重新登上天安门城楼，宣读《中国人民解放军总部命令》，要求人民解放军做好战斗准备。

 **链接** LIANJIE

中国人民解放军总部命令

中国人民解放军陆军、空军、海军、公安部队的指挥员、战斗员、政治工作人员、后勤工作人员全体同志们，民兵同志们：

今天是我们中华人民共和国建国的第一周年，我全国人民及武装部队正在热烈的欢度我们的国庆大节。

由于毛主席的英明领导与人民的努力支援和你们的英勇善战，现在我们已经基本上完成了统一全中国的伟大事业，现在全国土地上除台湾、澎湖及金门诸岛和西藏外，社会秩序日益安定，人民已经过着和平的安居乐业的生活。我向你们表示感谢和慰问。

但是美帝国主义现在正在用武装部队侵略我们的邻邦朝鲜，同时与蒋介石残余匪帮勾结公开侵占我国的台湾；美帝国主义正在用战争威胁世界和平。同时在大陆各省也还有一些残余匪帮及特务间谍分子，在帝国主义的指挥之下进行破坏人民政府的活动。因此，我命令你们进行充分的准备，加强国防建设，为了解放台湾、澎湖、金门诸岛及帮助藏族兄弟解放西藏而奋斗，为了肃清残余匪帮及特务间谍安定社会秩序而奋斗，为了保卫我国神圣的领土、领海、领空而奋斗，并且为了与全世界爱好和平的人民共同捍卫世界和平而斗争！

中国人民大团结万岁！

世界人民大团结万岁！

中华人民共和国万岁！

中国人民解放军万岁！

中国人民领袖毛主席万岁！

中国人民解放军总司令　朱德

朱德的命令，为"抗美援朝，保家卫国"发出了战斗号令！

朱德宣布命令之后，开始进行武装部队的分列式检阅。

参加受阅的部队有陆军部队，炮兵部队，华北军区战车第1旅、华东军区水陆坦克1个团，骑兵第2、第3师，中央公安纵队第1师，海军1个大队，空军2个飞行队和民兵代表等。受阅部队共有指战员24209人，各种火炮88门，坦克、自行火炮80辆，各型飞机28架、汽车178辆，军马1899匹。受阅部队以空军学校的学生和海军学校的学生为前导，其后依次为步兵、炮兵、摩托化步兵和骑兵部队。当步兵行进时，空军受阅的各种飞机在会场上空由东向西凌空而过。

此次阅兵最壮观的景象，是骑兵部队驾驭1899匹白色骏马，以6路纵队通过天安门广场。骏马白如纯丝、白如冬雪。骑兵将士身着草绿色军服，手握战刀，肩挎冲锋枪，随着马蹄踏出的整齐节奏，威风凛凛、意气昂扬地走到天安门城楼下向毛泽东和中央首长行注目礼。可以想象，那1899匹白色战马组成的方阵是多么雄伟，多么威风，多么震撼人心。毛泽东挥手致意，观礼台上欢呼声、掌声响成一片。

参加1950年国庆阅兵的摩托化部队（刘峰 摄）

当时，人民解放军的武器还没有来得及换装，参加阅兵的部队只是换上了新军装和大檐帽，所携带的仍是战争年代缴获的各式轻武器。但各兵种部队的严整阵容，给参加典礼的人们以极大兴奋，检阅台上和观礼台上的掌声一次又一次地响彻云霄。

阅兵式共历时1小时20分钟。

▲1950年国庆游行队伍中，毛泽东、斯大林的巨幅画像（熊知行 摄）

　　阅兵式结束后，中国共产党、中国国民党革命委员会、中国民主同盟、民主建国会、无党派民主人士、中国民主促进会、中国农工民主党、中国致公党、九三学社、台湾民主自治同盟和中国新民主主义青年团先后向毛泽东主席献旗。

　　情绪热烈的首都各阶层人民的游行行列随即依次涌入会场。所有游行队伍在行经天安门城楼时都停下来，向毛泽东和中央各首长热情地长时间地欢呼、鼓掌，高呼"毛主席万岁！""斯大林万岁！""解放台湾、西藏！""反对美帝国主义侵略台湾、朝鲜！""全亚洲人民团结起来，全世界人民团结起来！"等口号。游行队伍行进了3小时25分钟之久，才全部从天安门城楼前通过。庆祝大会于下午4点25分结束。

　　许多国家的领导人纷纷发来贺电，祝贺中华人民共和国成立一周年。

苏联政府部长会议主席斯大林大元帅电贺中国国庆

北京中华人民共和国中央人民政府主席毛泽东先生：

兹逢中华人民共和国第一周年之际，请您，主席先生，接受我友谊的祝贺。我希望伟大的中国人民及您个人在建设独立的人民民主中国的继续成功。

约·斯大林

九月二十九日于莫斯科

朝鲜民主主义人民共和国内阁首相金日成致毛泽东贺电

中华人民共和国中央人民政府主席毛泽东阁下：

欣逢中华人民共和国创建一周年纪念日，我以朝鲜民主主义人民共和国政府和我自己的名义，谨向阁下和全体中国人民致以热烈的祝贺。

中华人民共和国的创建和中国人民在为拥护独立与自由的斗争中所争取的巨大成果，不但是亚洲全体人民的夸耀，也成为不屈不挠的斗争的模范。

朝鲜人民经常以莫大的关怀与钦佩注视着贵国人民所争取的成果。

中国人民对于反对自己祖国的穷凶恶极的敌人——美帝国主义的武装侵略进行着正义战争的朝鲜人民所给予的战斗的友谊，更鼓舞与激励了我们。

兹庆贺经过长期的全体人民的斗争而创建起来的光荣的中华人民共和国，无限繁荣。

朝鲜民主主义人民共和国内阁首相　金日成

一九五〇年十月一日

然而这次阅兵时，毛泽东的心情并不轻松。国际形势十分严峻，朝鲜战局迅速恶化。就在国庆节这一天，毛泽东在收到朝鲜领导人发来的贺电的同时，又收到了斯大林建议中国出兵援助朝鲜的来电，从而给中国人民提出了必须作出战略抉择的新课题。而此时的国内残余反动势力也蠢蠢欲动。国庆节前不久，北京市公安局报告，破获了一起国外特务图谋在国庆庆典时炮轰天安门的案件，并搜到一门新中国成立前遗留下的旧迫击炮。

　　在过去革命战争中便有"敌军围困万千重，我自岿然不动"气概的毛泽东此时虽然日夜思考对策，却仍镇定自若。在登上天安门城楼前，毛泽东半诙谐半认真地对周围的人说："如果真遇到打炮，谁也不许跑。"

　　检阅结束之后，毛泽东随即召开关于是否出兵朝鲜的会议。经过多少个彻夜不眠的讨论，毛泽东毅然作出了震惊世界的出兵抗美援朝的决策。

▲1950年国庆阅兵式上的
摩托化步兵（刘峰 摄）

阅兵后19天，中国人民志愿军出兵朝鲜，"抗美援朝，保家卫国"！

参加过开国大典阅兵的第199师在完成此次国庆一周年阅兵任务后不久，即开赴朝鲜战场。

抗美援朝的决策经过

朝鲜，在中国古代典籍中，也被称作高丽。朝鲜的国名释义，为"朝日鲜明"，意即"晨曦清亮之国"。中朝两国山水相连、唇齿相依，两国人民的友谊源远流长。在抗击外来侵略和争取民族解放的斗争中，中朝两国人民相互支持、互相帮助，建立了密切合作的关系。在中国革命的过程中，从大革命时期到解放战争，曾经有众多的朝鲜同志与中国共产党和中国人民并肩战斗，为中国革命的胜利建立了不可磨灭的功勋。

第二次世界大战结束时，美苏以北纬38°线（即"三八线"）作为两国军队在朝鲜接受日军投降的临时分界线。但由于美苏两国社会制度和意识形态不

↑1950年国庆阅兵式上的骑兵部队（谷芬 摄）

同，两国军队占领朝鲜后推行各自的政策，按照自己的意识形态管理所占领的朝鲜南方和北方，使得朝鲜南方和北方分别走上了不同的发展道路，导致了国家和民族的分裂。

1948年9月9日，朝鲜民主主义人民共和国正式成立。朝鲜劳动党和政府不断加快人民军部队的建设步伐，先后从苏联进口了大批新式武器装备，组建了各军兵种部队，同时加紧了部队的军事、政治训练，使人民军的规模和战斗力有了很大的扩充与提高。1949年5月，朝鲜人民军总政治局主任金一访问中国，与毛泽东等中国共产党领导人进行了会谈，代表朝鲜劳动党中央请求中共中央允许中国人民解放军中由朝鲜人组成的部队返回朝鲜。毛泽东主席同意了朝鲜方面的请求，并说：中国东北地区驻有2个由朝鲜人组成的师，可随时根据朝鲜方面的要求让他们返回朝鲜。另一个师现正在中国南方作战，待完成作战任务后，即可返回朝鲜。此后，根据中朝两党的协议，驻中国东北地区的人民解放军部队中由朝鲜人组成的2个师，于1949年7月返回朝鲜，被编入人民军。另一个师于1950年春返回朝鲜，也被编入人民军。这3个师成为人民军的主力。

按照美苏协议，苏军于1948年年底全部撤出了北朝鲜。半年后，美军虽也撤出了南朝鲜，但留下了一个庞

大的军事顾问团，并继续武装李承晚集团。李承晚在美国的支持下，不断在"三八线"附近挑起军事摩擦，战争大有一触即发之势。1950年年初，美国总统杜鲁门发表关于南朝鲜和中国台湾地区不在美国防务圈内的声明，使斯大林解除了顾虑，开始考虑从根本上解决朝鲜问题。3月，金日成秘密访苏，表示朝鲜人民军有足够的力量统一朝鲜半岛。斯大林对此表示乐观和肯定。5月13日，金日成来华向中共中央通报他秘密访苏和斯大林已同意他统一朝鲜半岛的计划。毛泽东当即表示，这是一个重大问题，我们要向苏方核实。随即，毛泽东紧急约见苏联驻华大使罗申，请他报告斯大林证实金日成的说法。第二天，罗申拿着斯大林的回电求见毛泽东，证实了此事。毛泽东对金日成说，我

们不是敌人的参谋长，要多设想可能发生的情况。为了准备应对万一，中国人民解放军准备在鸭绿江中方一侧部署3个军的兵力。如果美国出兵，只要他们不越过"三八线"，我们也不过鸭绿江；如果美军越过"三八线"，我们可以考虑以志愿军的名义出兵参战。金日成对此婉言谢绝，信心十足地说：中国没有出兵的必要。

1950年6月25日，朝鲜内战终于爆发。初期，朝鲜人民军锐不可当，作战顺利，很快越过"三八线"。金日成通过广播发布命令，要求人民军在8月底前完成统一朝鲜的神圣使命。

中国共产党和中国政府理解并支持朝鲜劳动党和朝鲜政府为统一祖国而作出的努力，同时主张，朝鲜问题属于朝鲜民族的内部事务，采取何种方式、要何时实现统一，应由朝鲜人民自己作出选择，外部势力不应干涉朝鲜内政。因此，朝鲜内战爆发后，

中共中央和中国政府首先肯定朝鲜战争的性质是内战，继而旗帜鲜明地采取了支持朝鲜民主主义人民共和国的立场。

1950年6月26日，中国共产党机关报《人民日报》在第一版显著位置刊登了朝鲜内战爆发的消息，随即于6月27日发表题为"朝鲜人民为击退进犯者而奋斗"的社论，阐明了中国人民对朝鲜战争的看法和立场。社论说："朝鲜的全面内战爆发了。"对朝鲜人民今天的处境，中国人民是特别容易了解的，"正义是完全属于朝鲜民主主义人民共和国方面"。

▲1950年国庆阅兵式上的女兵方阵（熊知行 摄）

朝鲜内战爆发后，美国政府迅即进行武装干涉，派遣军队入侵朝鲜和中国领土台湾，并操纵联合国通过了一系列非法决议，最终达到了盗用联合国名义为自身侵略行动服务的目的。侵朝美军及其仆从国军队被冠上了"联合国军"的名称。

此时，台湾的蒋介石集团受美国侵略朝鲜行动的鼓舞，于6月29日向美国政府提出：派遣2个装甲师，共3.3万人，到朝鲜协助美军作战。6月30日，蒋介石集团向美国递交备忘录，声称：所有赴朝鲜作战的国民党军队将携带最好的装备，并可在"五天内完成一切出发准备"。6月30日上午，杜鲁门在白宫召开国家安全委员会会议，首先讨论了是否接受蒋介石军队参战的问题。尽管杜鲁门对此持积极态度，但美国国务卿艾奇逊和参谋长联席会议反对在朝鲜使用蒋介石的军队，理由是这样做势必引起中国共产党军队"在朝鲜或福摩萨（即台湾）的干预，甚至两面都来"，而且蒋介石军队同样挡不住朝鲜人民军的装甲部队，并要动用美国的运输工具，还不如用这些运输工具来运送美国部队。杜鲁门遂打消了在朝鲜使用蒋介石军队的念头。

由于美国政府迅即进行武装干涉，使朝鲜问题国际化，朝鲜战争的性质发生了根本性的变化，由内战转变成一场侵略与反侵略的战争。而且美国入侵台

湾，加强其在日本、菲律宾的军事力量以及扩大援助法国在印度支那的殖民战争，将其在太平洋地区的军事前哨推进至亚洲大陆，亚洲局势骤然紧张，朝鲜战火开始向周边蔓延，新的战争随时可能爆发，中华人民共和国的安全受到极大威胁。中国政府不能不作出迅速而强烈的反应。

1950年6月28日下午5时，中央人民政府委员会紧急举行第八次会议，周恩来总理兼外交部部长向会议作国际形势最新发展的报告。他首先宣读了美国总统杜鲁门6月27日的声明全文，并指出："杜鲁门的声明中还联系到了台湾、越南、菲律宾。朝鲜问题，只是美国整套强盗性计划中的一个问题而已。"周恩来强烈谴责美国侵略中国的罪行，他强调："台湾属于中国的事实，永远不能改变，这不仅是历史事实，且已为开罗宣言、波茨坦宣言及日本投降后的现状所肯定。杜鲁门这种意图和声明，再一次让世界人民了解谁要发动战争，再一次地提高了中国人民的警惕"，"对于这种非法行为，我们不能不表示态度"。会议就周恩来的报告进行了讨论，一致认为：杜鲁门的声明彻底暴露了美帝国主义的真面目；并认为：中央人民政府和全国人民将胜利地击退美帝国主义的任何挑衅，解放台湾和其他属于中国的全部领土。

在热烈讨论之后，毛泽东主席发表讲话。他指出："中国人民早已声明，全世界各国的事务应由各国人民自己来管，亚洲的事务应由亚洲人民自己来管，而不应由美国来管。美国对亚洲的侵略，只能引起亚洲人民广泛的和坚决的反抗。杜鲁门在今年一月五日还声明说美国不干涉台湾，现在他自己证明了那是假的，并且同时撕毁了美国关于不干涉中国内政的一切国际协议。美国这样地暴露了自己的帝国主义面目，这对于中国和亚洲人民很有利益。美国对朝鲜、菲律宾、越南等国内政的干涉，是完全没有道理的，全中国人民的同情和全世界人民的同情都将站在被侵略者方面，决不会站在美帝国主义方面。他们将既不受帝国主义的利诱，也不怕帝国主义的威胁。帝国主义是外强中干的，因为它们没有人民的支持。全中国和全世界的人民团结起来，进行充分的准备，打败美帝国主义的任何挑衅。"

6月28日，周恩来发表严正声明，指出："我国全体人民，必将万众一心，为从美国侵略者手中解放台湾而奋斗到底。战胜了日本帝国主义和美帝国主义走狗蒋介石的中国人民，必能胜利地驱逐美国侵略者，收复台湾和一切属于中国的领土。"周恩来的声明最后宣布："中华人民共和国中央人民政府号召全世界一切爱好和平正义和自由的人类，尤其是东方各被压迫民族和人民，一致奋起，制止美帝国主义在东方的新侵略。只要我们不受恫吓，坚决地动员广大人民参加反对战争制造者的斗争，这种侵略是完全可以击败的。中国人民对于同受美国侵略并同样进行反抗斗争的朝鲜、越南、菲律宾和日本人民表示同情和敬意，并坚信全东方被压迫民族和人民，必能把穷凶极恶的美国帝国主义和战争制造者，最后埋葬在伟大的民族独立斗争的怒火中。"

和平解决朝鲜问题，是中国政府的一贯主张。为此，中国政府和人民在政治上与外交上开展了一系列斗争，作出了不懈的努力。但由于美国政府顽固坚持其侵略立场，不断扩大在朝鲜的侵略战争，并竭力阻挠所有和平解决朝鲜冲突的努力，中国和其他国家政府和平解决朝鲜问题的努力最终难以实现。

朝鲜、越南、台湾，是美国杜鲁门政府侵略亚洲大陆的三个支撑点，也是美国对中国大陆构成直接威胁的三个前哨基地。只要打开一幅亚洲地图，就可以清楚地看出美国在亚洲的侵略行动所指向的最终目标是中国大陆。

中国的安全面临来自上述三个方向的威胁。面对如此严峻的形势，中共中央当然不能漠然视之。毛泽东在美国侵略朝鲜与台湾后，曾作过各种可能的设想，也打算到了最坏的方面。但他坚信：无论发生什么情况，"有二十三年经验的（中国）党和军队是不怕的"。他指出："杜鲁门下了命令，要朝鲜、台湾、越南、菲律宾，均照他的命令办事。我们当然不能执行（除菲律宾外），即是说，要打破他的命令。台湾是一定要收回的，对越南、朝鲜则不能坐视。"

▲ 参加1950年国庆阅兵的坦克部队（红枫 摄）

▲1950年国庆阅兵式上的空军学校学员方队（红枫 摄）

周恩来把中共中央的态度概括为八个字："惧无根据，喜不麻木。"

在越南，当时越南军民正进行着抗击法国侵略的战争。尽管越南人民军处于劣势，但法军的战斗力不强。美国向法国占领军提供了大量军事援助，支援法国在印度支那的殖民战争，但没有直接派军队介入战争。根据越南共产党和政府的请求，中国已经向越南派遣了政治顾问团和军事顾问团，并向越南军民提供了物资、装备援助。在中国的援助下，越南军民完全有能力扭转战局，占据战场主动权。中国的南部边境地区存在着外来的威胁，但危机尚不紧迫，可以保持安定。因此，中共中央决定：在美国不派遣军队直接入侵越南的情况下，继续采取派遣顾问和提供装备、物资援助的方式，支援越南人民的抗法战争。1950年6月27日，毛泽东、刘少奇、朱德接见了即将赴越工作的中国军事顾问团，指示了任务、方针与政策。随后，中共中央代表陈赓和中国军事顾问团赴越南，协助越共中央和越南人民军各级指挥机构，筹划指挥了边界战役，一举打破了法军对中越边境地区的封锁，扭转了越南抗法战争的被动局面。

中共中央最为关注的是朝鲜和台湾。解放台湾，是中国人民不可动摇的信念，也是祖国大陆解放后人民解放军的首要作战任务。解放台湾的准备工作，当时正在加紧进行之中。根据中共中央和中国人民革命军事委员会的决定，解放台湾的作战任务，由第三野战军承担，海、空军合力配合。

从1949年7月起，第三野战军前委即令第9兵团所属第20、第26、第27军及第23军转入渡海登陆训练，随后又制订了以8个军进行攻台作战的计划。1949年年末，第三野战军决定，增加攻台作战兵力，野战军所属部队除担负剿匪和地方警备任务者外，主力12个军共50余万人全部参加攻台作战。1950年3月11日，第三野战军副司令员粟裕和海军司令员萧劲光会商攻台作战准备的意见，设想以50万部队用于渡海攻台作战，分两次运送。方案设想上报后，中国人民革命军事委员会予以同意。1950年6月，粟裕在北京参加中共七届三中全会期间，向中央汇报了攻台作战的基本设想，并建议中国人民革命军事委员会直接指挥或派刘伯承、林彪主持攻台作战，他自己作为华东地区的军事领导人合力协助战役的组织指挥。毛泽东出于对粟裕的信任，明确指示：攻台战役，仍由粟裕负责指挥。

5月17日，第三野战军前委下达《保证攻台作战胜利的几个意见》，确定部队转入渡海登陆作战准备。然而，朝鲜战争爆发后，美国海军第七舰队入侵台湾海峡，公然宣称将制止中国人民解放军解放台湾的作战行动，这使得人民解放军正在准备的攻台作战面临巨大困难。新中国的海军、空军刚刚组建，远不具备与拥有最现代化装备和丰富作战经验的美国海军、空军抗衡的力量。而进行渡海登陆作战，夺取制海权、制空权，是基本的前提条件。在缺乏充足的海、空军力量掩护下进行渡海作战，很可能变成一场灾难。在此情况下，中共中央必须重新考虑攻台作战的时机和准备工作。

美国侵略朝鲜，不仅对中国的安全构成了直接威胁，而且具有重大的国际影响，是当时新中国所面临的最大、最直接的威胁。中共中央在全面分析国际、国内形势，全面衡量各种利弊之后，作出了一个意义深远的重大战略决策："支援朝鲜人民，推迟解放台湾。"

6月28日，周恩来在召见海军司令员萧劲光时，传达了中央的新方针："目前，我们在外交上要谴责美帝国主义侵略台湾，干涉中国内政；在军事上陆军继续复员，加强海军、空军建设，推迟解放台湾的时间。"

7月中旬，粟裕向华东军区部队传达中共中央的指示：为支援朝鲜、抗击美帝，并根据美帝国主义海军侵驻台湾海峡的情况，中央决定将解放台湾的任务推迟。此后，中国人民革命军事委员会又于8月11日电示华东军区司令员陈毅：决定1951年不打台湾，待1952年看情况再作决定。

根据毛泽东的提议，由周恩来主持，于7月7日召开了保卫国防问题第一次会议。会议决定立即抽调位于中原地区的国防机动部队第13兵团北上，在中朝边境地区集结，组成东北边防军，担负保卫边防和在必要时援助朝鲜人民的任务；并规定：一旦边防军参战，则"改穿志愿军服装，使用志愿军旗帜"。

7月8日，毛泽东在周恩来呈送的会议记录上批示："同意，照此执行。"7月13日，中国人民革命军事委员会作出了《关于保卫东北边防的决定》，抽调当时分布在河南、广东、广西、上海、湖北、黑龙江等地执行生产、剿匪等任务的第13兵团（辖第38、第39、第40军）、第42军和炮兵第1、第2、第8师等部，共25万余人，组成东北边防军，开赴辽东和吉林省南部地区集结，整训备战。8月下旬，中国人民革命军事委员会决定将在上海的第9兵团和在西北地区的第19兵团分别集中于津浦、陇海铁路沿线机动位置，以作为东北边防军二线部队；同时决定向苏联订购武器装备，加速空军和高射炮兵等特种兵的建设，以适应未来可能投入作战的需要；9月上旬，又决定将第50军编入东北边防军序列。

组建东北边防军，是中共中央未雨绸缪、深谋远虑的举措。它不仅巩固了东北地区边防，而且使中国在战略上处于主动的地位，避免了临急应战，为此后中国人民志愿军开赴朝鲜、抗击美国侵略进行了极其重要的准备，也为后来进行的抗美援朝战争奠定了坚实基础。

美国军队侵略朝鲜后，其空军从1950年8月27日开始，不断侵入中国的领空，对中国东北边境的城镇、乡村进行侦察、轰炸和扫射，摧残中国人民的生命、财产，向中国进行战争挑衅。朝鲜人民军在长驱直入、欢庆胜利的同时，它的弱点也暴露无遗：后方空虚，战线过长，补给十分困难。9月15日，美军在仁川登陆，

人民军部队被拦腰截断，被迫实行战略撤退，朝鲜战局发生逆转。9月27日，美国当局指令"联合国军"总司令麦克阿瑟：美军越过"三八线"继续向北进攻，占领整个朝鲜。9月28日，美军占领汉城（现首尔）；9月29日，美军全线进抵"三八线"。

在此情况下，9月30日，周恩来总理在中国人民政治协商会议全国委员会庆祝中华人民共和国建国一周年大会上作报告时，谴责美国的侵略行动，指出："美国的侵略武力已经侵入中华人民共和国的版图，并且随时有扩大侵略的可能……中国人民密切地关心着朝鲜被美国侵略后的形势。"周恩来再次阐明了中国政府的立场，警告美国："中国人民热爱和平，但是为了保卫和平，从不也永不害怕反抗侵略战争。中国人民决不能容忍外国的侵略，也不能听任帝国主义者对自己的邻人肆行侵略而置之不理。"这是中国政府向美国政府发出的一个明显警告。周恩来的演说稿在大会召开之前，曾由毛泽东审阅。毛泽东亲笔加上了"不能听任帝国主义者对自己的邻人肆行侵略而置之不理"一句话。从此，不能"置之不理"这句话传诵人口，成为新中国外交风格的体现，也是当时对中国政府立场最清晰、简捷的说明。

10月1日，是中华人民共和国诞生一周年纪念日。朱德总司令在阅兵式上

发布《中国人民解放军总部命令》，要求人民解放军做好战斗准备。

这天晚上，首都北京天安门广场举行了盛大的焰火晚会。毛泽东、刘少奇、周恩来等党和国家领导人，与首都群众共庆人民共和国的生日。正值此时，斯大林关于建议中国组成志愿军援助朝鲜的电报发到了北京。10月2日凌晨，毛泽东急电东北军区司令员兼政治委员高岗立即来京开会，商讨朝鲜局势。当日下午，毛泽东主持召开中共中央书记处会议，旗帜鲜明地指出中国对朝鲜这件事一定要管。但出兵朝鲜，意味着中美交火，可能导致美国正式向中国宣战，把战火直接引向中国。这样，不仅会打乱国家的经济恢复和建设计划，而且中美一旦直接交火，中国能否打得赢，没有绝对把握。但毛泽东权衡利弊，认为出兵比不出兵更为有利。10月3日，根据朝鲜劳动党中央政治局的决定，劳动党中央常务委员、内务相朴一禹携带由朝鲜民主主义共和国首相金日成和外相朴宪永联合签名的求

援信函赶到北京，当面呈交毛泽东主席，请求中国出兵援助朝鲜。信函全文如下：

敬爱的毛泽东同志：

您对于为自己祖国的独立解放而斗争的朝鲜人民深切的关心，百方援助，我们谨代表朝鲜劳动党，衷心的感谢！

现在反对美帝国主义侵略者的我们朝鲜人民解放战争的今日战况是，在美国侵略军上陆仁川以前，我们的战况不能说不利于我们，敌人在连战连败的情况下，被我们挤入于朝鲜南端狭小的地区里，我们有可能争取最后决战的胜利，美帝军事威信极度地降低了。于是美帝国主义为挽回其威信，为实现其将朝鲜殖民地化与军事基地化之目的，即调动了驻太平洋方面陆海空军差不多全部兵力，遂于九月十六日以优势兵力，在仁川登陆后继续占领了京城（即指汉城）。

▲1950年国庆阅兵式上的野炮分列式（红枫 摄）

　　目前战况是极端严重了，我们人民军虽然对于上陆的敌人，进行了极顽强的抵抗，但对于前线的人民军已经造成了很不利的情况。

　　战争以来，敌人利用约千架的各种航空机，每天不分昼夜地任意地轰炸我们的前方与后方，在对敌空军毫无抵抗力的我们的面前，敌人则充分发挥其空军的威力了。各战线上的敌人在其空军的掩护下，活动大量机械化部队，我们受到的兵力与物资方面的损失是非常严重的，后方的交通运输通信及其他设施大量地被破坏，同时我们的机动力，则更加减弱了。

　　敌人登陆部队与南部战线的部队已经连接一起，切断了我们的南北部队，结果使我们在南部战线的人民军处于被敌切断分割的不利情况里，得不到武器弹药，失掉联系，甚至于有一部分部队，则已被敌人分散包围着。如果京城完全被敌占领，则我们估计敌人可能继续向三八线以北地区进攻。如果不能急速改善我们的各种不利条件，则敌人的企图是很可能会实现的。要保障我们的运输、供给以及部队之机动力，则必须具备必要的空军，但是我们又没有准备好的飞机师。

　　敬爱的毛泽东同志！我们一定要决心克服一切的困难，不让敌人把朝鲜殖民地化与军事基地化！我们一定要决心不惜流尽最后一滴血，为争取朝鲜人民的独立解放民主而斗争到底！

　　我们正在集中合力编训新的师团，集结在南部的十余万部队于作战上有利的地区，动员全体人民，准备长期作战。

　　在目前敌人趁着我们严重的危急，不予我们时间，如果继续进攻三八线以北地区，则只靠我们自己的力量，是难以克服此危机的。因此我们不得不请求您给予我们以特别的援助，即在敌人进攻三八线以北地区的情况下，极盼中国人民解放军直接出动援助我军作战！

　　我们向您提出以上意见，盼望即予指教！

　　敬祝

健康！

金日成

朴宪永

一九五〇·十·一·于平壤

朝鲜战局万分危急，朝鲜民主主义人民共和国到了生死存亡的严峻时刻，朝鲜已请求中国直接出动军队给予援助。尽管中共中央和中国人民革命军事委员会对于在必要时出兵援助朝鲜早有考虑和准备，但中共中央面对中国各方面的严重困难，尤其是中国军队的武器装备相当落后，最后作出出兵援助朝鲜的决定，仍很不好下决心。

10月4日，毛泽东主持召开中共中央政治局扩大会议。会议一开始，毛泽东就宣布，今天全天开会，讨论出兵朝鲜问题。上午专门谈不出兵的理由。根据当时会议讨论的情况，基本上倾向于不出兵。下午，彭德怀由西安赶到北京，参加了主张不出兵的那一段会议。会议结束时，毛泽东说，你们不主张出兵，说得都有理，但别人处在生死存亡关头，我们站在旁边看，不管怎么说，心里总不是个滋味。彭德怀因不了解情况，在会上没有表态。但一散会，他就到杨尚昆那里了解上午会议的情况。10月5日上午，毛泽东找彭德怀单独谈话。彭德怀说，我想了一个晚上，觉得应该出兵；并慨然表示愿挂帅出征。下午，中共中央政治局扩大会议继续举行。针对有人担心打仗会影响建设，彭德怀发言指出："出兵朝鲜是必要的，打烂了，等于解放战争晚胜利几年。如美军摆在鸭绿江岸和台湾，它要发动侵略战争，随时都可以找到借口。"所以，迟打不如早打，否则会留下无穷后患。毛泽东接着把中、苏、朝三国比喻为三驾马车，说这辆车是三匹马拉的，那两匹马执意向前跑，你又有什么办法呢？会议经过充分讨论，意见逐渐趋于一致。毛泽东指出：我们可以提出几十条、几百条甚至几千条困难，但是对于美帝国主义的侵略，不能不给予回击。如果"我们不出兵，让敌人压至鸭绿江边，国内国际反动气焰增高，则对各方都不利，

1950年国庆阅兵式上的坦克方队
（刘峰 摄）

首先是对东北更不利，整个东北边防军将被吸住，南满电力将被控制"。我们采取积极对策，"对中国，对朝鲜，对东方，对世界极为有利"。总之，"应当参战，必须参战，参战利益极大，不参战损害极大"。中共中央政治局扩大会议经过慎重的分析和研究，为了挽救朝鲜的危局、保卫中国的安全、维护中国领土和主权的完整、维护亚洲与世界的和平，在10月5日毅然作出了"抗美援朝，保家卫国"的重大战略决策，决定组成中国人民志愿军开赴朝鲜作战，支援朝鲜人民抗击美国侵略。

中共中央政治局扩大会议同时讨论了志愿军统帅的人选。早在东北边防军组成后，中共中央和中国人民革命军事委员会就曾考虑在边防军出动时，由粟裕或林彪出任统帅，但林彪和粟裕均有病在身，不能挂帅出征，所以中央决定，由彭德怀出任中国人民志愿军司令员兼政治委员。彭德怀临危受命。

10月8日，毛泽东以中国人民革命军事委员会主席的名义签署《关于组成中国人民志愿军的命令》：

（一）为了援助朝鲜人民解放战争，反对美帝国主义及其走狗们的进攻，借以保卫朝鲜人民、中国人民及东方各国人民的利益，着将东北边防军改为中国人民志愿军，迅即向朝鲜境内出动，协同朝鲜同志向侵略者作战并争取光荣的胜利。

（二）中国人民志愿军辖十三兵团及所属之三十八军、三十九军、四十军、四十二军，及边防炮兵司令部与所属之炮兵一师、二师、八师。上述各部须立即准备

1950年国庆阅兵式上的炮兵方队（杨振亚 摄）

完毕，待令出动。

（三）任命彭德怀同志为中国人民志愿军司令员兼政治委员。

（四）中国人民志愿军以东北行政区为总后方基地，所有一切后方工作供应事宜，以及有关援助朝鲜同志的事务，统由东北军区司令员兼政治委员高岗同志调度指挥并负责保证之。

（五）我中国人民志愿军进入朝鲜境内，必须对朝鲜人民、朝鲜人民军、朝鲜民主政府、朝鲜劳动党（即共产党）、其他民主党派及朝鲜人民的领袖金日成同志表示友爱和尊重，严格地遵守军事纪律和政治纪律，这是保证完成军事任务的一个极重要的政治基础。

（六）必须深刻地估计到各种可能遇到和必然会遇到的困难情况，并准备用高度的热情，勇气，细心和刻苦耐劳的精神去克服这些困难。目前总的国际形势和国内形势于我们有利，于侵略者不利。只要同志们坚决勇敢，善于团结当地人民，善于和侵略者作战，最后胜利就是我们的。

同日，周恩来、林彪前往苏联会见斯大林，商谈有关苏联的军事援助问题。由于苏联不能派空军给中国人民志愿军提供空中掩护，周恩来不得不致电毛泽东请他再作定夺。由于出现这一波折，10月12日，毛泽东电示彭德怀、高岗：志愿军各部仍就原地进行训练，不要出动；并请他们来京一谈。彭德怀、高岗到京后，10月13日，毛泽东再次召开中共中央政治局紧急会议。会议经过反复讨论，终于下了出兵朝鲜的最后决心。

10月19日，彭德怀率领中国人民志愿军，肩负着祖国人民的重托，按照预定计划，秘密越过鸭绿江，进入朝鲜战场，开始了中国人民伟大的抗美援朝战争。

出征时，炮兵第1师第26团第5连指导员麻扶摇写了一首出征诗：

> 雄赳赳，气昂昂，跨过鸭绿江。
> 保和平，卫祖国，就是保家乡。
> 中华好儿女，齐心团结紧。
> 抗美援朝，打败美帝野心狼。

这首诗反映了志愿军全体指战员的心声，后来由作曲家周巍峙谱曲，成了唱遍全军、传遍全国的《中国人民志愿军战歌》。

1951:
新中国第三次
国庆阅兵

1951年，新中国取得了辉煌的胜利和成就：中国人民志愿军战绩辉煌，上半年连续取得第三、四、五次战役的胜利，迫使"联合国军"接受停战谈判；下半年发起局部反击作战，使"联合国军"破坏和谈的阴谋破产。朝鲜战争进入"边打边谈"的相持阶段。在国内，完全解放了祖国的大陆；剿匪作战和镇压反革命运动成效显著，土地改革运动接近完成，和平秩序初步确立；稳定了物价，恢复了工商业，并使农业产量达到抗日战争前的水平。中共中央、中央人民政府人民革命军事委员会抓住机遇，逐步扩展国防和军队的现代化建设，在继续建立健全统率机构和领导机关、调整和创建各类军事院校的同时，还颁布中国人民解放军共同条令，下发文化教育计划大纲，组织高级干部集训，制定新的精简整编方案，作出整编和换装60个现代化步兵师的决定。这预示着人民军队更大规模的正规化、现代化建设即将展开。

在此形势下，中国人民迎来了1951年（即第二届）国庆节。为此，中央人民政府副主席李济深等人在10月1日的《人民日报》上撰文庆祝。

链接 LIANJIE

庆祝第二届国庆节

李济深

我们以百倍热烈、愉快、兴奋、鼓舞的心情庆祝第二届国庆节。

新中国已经真正成为各兄弟民族友好合作的大家庭，这是亘古以来所未有的。首先我们要向开国的伟大人民领袖毛主席致最崇高的敬礼！

▲1951年国庆阅兵式上的炮兵部队（蒋昌雄 摄）

　　我们热烈庆祝西藏的和平解放，并向中藏两族为和平解放西藏而努力的功臣们致崇高的敬礼！

　　我们感念中国共产党领导下的中国人民解放军在开国前后的英勇战斗，消灭了蒋介石匪军八百零七万，解放了除台湾以外的全中国领土，实现了中国人民真正的统一。我们要向人民解放军的战斗英雄们致敬致祝！

　　我们同样感念英勇无比的中国人民志愿军一年来在朝鲜和朝鲜人民军共同抵抗美帝国主义的侵略，造成五次胜利的光辉战绩，保卫了我们的边疆，发挥了高度爱国主义和国际主义的精神。我们向志愿军的战斗英雄们致敬致祝！

　　我们庆祝国庆，更感念为人民解放战争和抗美援朝战争而牺牲的烈士英雄们！伟大光荣的烈士英雄们永垂不朽！

　　……

　　为筹备庆祝国庆节，9月9日上午9时，中央人民政府和北京市各机关、各民主党派、各人民团体代表51人，在中山公园内的北京市各界人民代表协商委员会办公厅举行庆祝中华人民共和国国庆节筹备会。会议决定于国庆日在天安门广场举行盛大的阅兵典礼和庆祝游行，并

推选彭真、聂荣臻、李立三、李德全、冯文彬、罗瑞卿、胡乔木、萧华、刘仁、余心清、唐延杰、杨成武、张致祥、薛子正等14人为筹备委员，组成北京庆祝中华人民共和国国庆节筹备委员会，负责领导进行各项庆祝国庆节的筹备工作。

10月1日，北京阳光灿烂，秋风习习。参加国庆典礼的有40多万人。天安门前宽广的大道已铺上了花岗石、缸砖和水泥砖，以便受检阅的现代化重武器通过。

出席国庆典礼的有中央人民政府主席毛泽东，副主席朱德、刘少奇、宋庆龄、李济深、张澜，秘书长林伯渠，政务院总理周恩来，中央人民政府人民革命军事委员会副主席程潜，最高人民法院院长沈钧儒，最高人民检察署检察长罗荣桓，中央人民政府委员，各委、部、会、院、署、行首长，人民解放军陆、海、空军首长，人民政协全国委员会在京常务委员，各民主党派和各民族团体的负责人。

出席观礼的近1万人。其中有中国人民志愿军战斗英雄代表98人和中国人民解放军战斗英雄代表63人，工业战线上的模范工程师和工人代表147人，农业劳动模范代表38人，治理淮河和其他水利事业的模范技术人员和工人代表数十人。

链接 LIANJIE

中国人民志愿军战斗英雄国庆节观礼代表团国庆节前夕致信毛泽东

敬爱的毛主席：

当我们祖国国庆二周年的时候，我们代表团全体同志谨向我们最亲爱的领袖——您，致崇高的敬礼！

我们回国后，亲身体验到祖国人民给我们的荣誉，使我们受到很大的鼓舞，尤其是看到祖国各方面建设的成就，和人民的喜悦心情，使我们深深地感到祖国的可爱，同时也深刻地认识到了您英明领导的功劳，我们衷心祝贺您身体永远健康。

在您英明的领导下，两年来的事实，证明我们祖国不仅有力量保卫自己的安全，而且有力量保卫远东的和平。我们志愿军在朝鲜战场上，和朝鲜人民军并肩作战，已用迭次的胜利说明：我们有力量打败侵略者——美帝国主义及其帮凶。在我们祖国国庆二周年的时候，我们向您报告：我们在过去十一个月的战斗中，已经锻炼得更加坚强，我们完全有信心，继续打击侵略者，保卫祖国的安全和远东的和平。

▲1951年国庆阅兵式上的火箭炮兵部队（**刘峰 摄**）

中国人民志愿军战斗英雄国庆节观礼代表团

九月三十日

—— 中国人民解放军战斗英雄国庆节观礼代表团
国庆前夕写信向毛泽东致敬 ——

敬爱的毛主席：

中国人民解放军战斗英雄国庆节观礼代表团全体代表，谨以无限的兴奋和诚挚的敬意，向您和中央人民政府热烈地祝贺中华人民共和国建国两周年。

……

两年来，作为保卫祖国安全与世界和平的您所亲手抚养起来的中国人民解放军，解放了全国大陆，实现了前所未有的全国统一的局面；为了巩固人民民主专政，对新解放区所有土匪进行了彻底的清剿，歼匪近二百万，在剿匪中出现了徐汉林、萧国宝、王玉山这样马特洛索夫式的出色的英雄；为了保卫国防与世界和平，进行了大规模的政治的和军事的练兵运动，提高了部队爱国主义与国际主义的精神，极大地发扬了革命英雄主义。在您的号召下，陆军正在向正规化和现代化迈进，并且建设了相当强大的空军和海军，我军已经成为保卫祖国、保卫世界和平的强大的力量。

美帝国主义虽然在朝鲜遭到了沉痛的打击，但它仍无悔过之心，竟与日本单独媾和，长期占领并重新武装日本，使祖国安全与世界和平仍受着严重的威胁。我们决心在您的领导下，继续在全军展开练兵运动，把我军建设成为更加强大的现代化的军队，随时准备执行您的命令，为反抗侵略者、保卫祖国、保卫远东与世界和平而战斗！

中国人民解放军战斗英雄国庆节观礼代表团

九月三十日

在观礼台上的还有南方和北方地区革命老根据地的代表994人、私营工商业的模范工作者100人和首都各政府机关、各民主党派、各人民团体的高级干部，以及出席各种专业会议的各地代表。

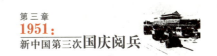

上午9时50分，毛泽东主席登临检阅台。全场热烈鼓掌，经久不息。

中央人民政府秘书长林伯渠宣布庆祝典礼开始。全体肃立，军乐团演奏国歌，礼炮齐鸣28响。

阅兵式开始。中国人民解放军总司令朱德在阅兵总指挥聂荣臻陪同下，乘检阅车检阅了全体受阅部队。参加受阅的部队有：军事学院，第6高级步兵学校，陆军，海军，空军，炮兵，战车学校，战车第1旅，骑兵第1、第5师，空军陆战第1旅，探照灯第111团，民兵代表等。共计有指战员13348人，各种火炮128门，坦克、自行火炮80辆，汽车192辆，军马1104匹，共编成44个方队。受阅的各型作战飞机达148架。

检阅后，朱德总司令又登临天安门城楼，宣读中国人民解放军总部给全国武装部队和民兵的命令。

中国人民解放军总部命令

中国人民解放军陆军、空军、海军、公安部队全体指挥员、战斗员、政治工作人员、后勤工作人员同志们，民兵同志们：

我们中华人民共和国成立到今天，已经两周年了。在这两年中间，我们伟大的祖国获得了辉煌的胜利和成就。我们已经完全解放了祖国的大陆。中国人民的优秀儿女，志愿组织了中国人民志愿军，与朝鲜人民军并肩作战，保障了祖国的安全，打击了美帝国主义侵略者，取得了巨大的胜利。我们进行了巨大规模的土地改革运动、镇压反革命运动和剿匪作战，进一步地巩固了人民民主专政，保障了国家建设，我们稳定了物价，恢复了工商业，并使农业产量达到抗日战争前的水平。我们的文化教育事业，也有了显著的发展和进步。这些都是全国军民团结一致共同奋斗的结果，我特向你们热烈地祝贺，并表示感谢和

慰问。

但是我们必须看到，美帝国主义极端仇视中国人民的胜利，不甘心于自己的失败，它不仅仍然侵占着我国的台湾，百般地破坏阻挠朝鲜停战谈判，继续着对朝鲜的侵略战争，并且在积极地准备新的战争。它悍然不顾全世界人民的反对，胁使其仆从国家，签订了片面对日和约。它公然地重新武装日本和西德。战争危机在严重地威胁着我们祖国的安全，和东方与世界的和平。为此，我命令你们，警惕地站好你们的战斗岗位，进一步加强国防建设，巩固祖国国防。毫不满足地认真学习，熟练掌握新的技术，学会诸兵种联合作战的本领，提高现代军事科学和指挥艺术的水平，加强各种工作的计划性、组织性和准确性，巩固和提高军事纪律，为建设一支强大的现代化国防军而奋斗！为解放台湾、澎湖、金门诸岛，完成统一全中国的伟大事业而奋斗！为保卫祖国安全，保卫祖国神圣的领土、领海、领空而奋斗！为保卫东方与世界和平而奋斗！

中国人民大团结万岁！

亚洲人民大团结万岁！

世界人民大团结万岁！

中华人民共和国万岁！

中国人民解放军万岁！

中国人民伟大领袖毛主席万岁！

中国人民解放军总司令　朱德

接着进行的是武装部队的分列式。

走在最前面的是中国人民解放军军事学院的学员。学员们身着国防绿细呢子将校服，戴着白手套，佩着各种勋章和奖章，雄赳赳地行进着。他们都是身经百战和功勋卓著的解放军高级指挥员，现在军事学院里研习现代化的军事科学。此时，这些久经沙场的战将们，已经被一股巨大的力量凝聚在一起，用雄健的步伐，展示着解放军高级军事将领的风采……全场掌声雷动，对他们表示敬意。

— 刘伯承抓国庆阅兵训练纪事 —

新中国成立后，为适应建设正规化、现代化革命军队的需要，尽快建立正规的军事院校、建立军队院校教育体系，成为人民军队建设的一项十分迫切的任务。

1950年7月，中央人民政府人民革命军事委员会召开会议，研究了军事院校建设问题。会后，由周恩来制定、毛泽东批准的方案确定，"以战争年代创办的学校为基础，改建、新建一批适应培养现代作战人才的各类院校"，包括：创办一所全军性综合陆军大学，将各战略区原有的军政大学、军政干部学校和各部队的随营学校分别改建为高级步兵学校、初级步兵学校和专业技术学校，各军兵种新建一批专业学校等。按照这一方案，把革命战争年代各战略区建立的军政大学、军政干部学校和各部队的随营学校改建为5所高级步兵学校、24所初级步兵学校和一批专业技术学校。

1950年10月23日，毛泽东电令西南军政委员会主席刘伯承到北京主持陆军大学的筹建工作。11月13日，刘伯承向中共中央和毛泽东提出《关于创办军事学院的意见书》，建议将拟议中的陆军大学改名为军事学院。1951年1月15日，中国人民解放军军事学院在南京成立，刘伯承任院长兼政治委员。南京军事学院是培养合成军队高级指挥员和高级参谋人员的综合性军事学府，毛泽东称它的建立是中国人民解放军建军史上重大转变的标志之一。

南京军事学院自成立起，刘伯承院长就把院校的正规化建设作为从严治校的一个重要问题来抓。他指出："今天我们军队建设的内容就是：建设新兵种及其学术，建设正规化国防军队的生活秩序。"他还多次在全院提出："院校正规化要走在部队前面"。为了把院校的正规化建设落到实处，刘伯承除抓教学计划大纲的落实、教学质量的提高外，又从抓队列训练入手，领导组织全院人员进行严格的队列训练。

南京军事学院接到参加国庆阅兵的任务后，刘伯承立即向全体人员传达上级赋予的任务，进行动员，并召开专门会议进行研究，成立了阅兵指挥部，组成了由高级系一期（军、师职干部）200多名学员组成的阅兵方队，委派队列部部长吴华夺全面负责计划、具体组织施训。

刘伯承对受阅人员要求十分严格，经常听取阅兵训练工作的汇报，并亲自深入训练场地巡视检查。他指出：参加国庆阅兵是向党和国家领导人汇报、向全国人民汇报，一定要从严要求，高度重视，要反映出我军指挥员的教育训练水平和军政素质。

开始，阅兵训练在南京军事学院内进行，边上课、边训练；有了一定的单兵动作基础后，再专门集中一段时间进行合练；然后，赴京参加阅兵总指挥部组织的统一训练。刘伯承对受阅人员的要求是：站，稳如泰山，一丝不动，思想集中，目不斜视；走，雄壮有力，步伐稳健，协同一致，勇往直前。在单兵训练时，立正要做到"三挺两收一绷"，即挺颈、挺胸、挺胫，收下颚、收小腹，绷紧脚面。行进时，正步走则要求：头要正，身要端，前臂升平，后臂伸直，踢腿要猛，高低要准，落脚要稳，抓地要紧。只有这样，才能显示出庄重严谨的军人姿态、朝气蓬勃的军人风度。单兵训练是基础，班、排训练是关键。在班、排训练中，要切实做到头线、胸线、脚线三条线都整齐一致，不前不后，视如一人；摆手、出腿动作要合乎动作要领和条令规定。在最后的方队合成训练中，要求每个受阅成员要有整体观念，决不允许因有一人动作不规范而破坏队列的整体一致。具体要求是："四线齐"——横线、纵线和两个斜线要齐；"四手齐"——前手、后手、每列排头的右手和每列排尾的左手要齐，即要规格化、定型化；步幅准——严格控制在每步距75厘米；步速准——每分钟必须是116步，并要准确地踩在军乐的鼓点上。为了切实达到上述要求，阅兵指挥部和教学组十分重视各阶段的分练和最后的方队合练，特别是对旗手和各排头兵要求更严。带队首长更是自觉参加操练，并及时进行检查、示范、观摩和评比，随时发现不足，立即纠正痼癖，使受阅人员姿态端正、动作优美。

刘伯承还非常关心做好受阅人员的思想政治工作，他多次给受阅人员讲：参加国庆受阅是一种很高的政治荣誉，一定要十分珍惜。每个人都要树立强烈的责任心和荣誉感，要给首都人民留下良好的印象。阅兵搞得好不好，是部队正规化建设水平高低的体现，是军人举止、素质优劣的反映，所有参加受阅的人员，要处处表现出是"有高度修养的模范军人"，并通过阅兵，把正规化传带给所有部队。

在刘伯承的谆谆教导下，受阅人员和教员们的训练热情十分高涨。他们不怕炎夏酷暑，顶着烈日练；不惧恶劣气候，冒着风雨练；不顾病伤疲

↟1951国庆阅兵式上的自行榴弹炮部队（**刘峰 摄**）

劳，披星戴月练；真正做到了：苦练不叫苦，巧练不取巧，精益求精，锲而不
舍。不少人练肿了手臂、腿脚，也甘愿忍痛，毫无怨言，表现出了顽强意志和
顾全整体的崇高思想精神境界与优良作风。

　　1951年9月10日，刘伯承检阅赴京参加国庆受阅的南京军事学院高级系学
员，勉励他们以雄伟气概表现出中国人民的强大力量，要求南京军事学院成为
国防军走向正规化的表率。

　　刘伯承在花甲之年仍亲自出征，率领南京军事学院受阅人员赴京，并坐
镇指挥训练，被各院校、部队广大指战员传为美谈。南京军事学院继高级系一
期之后，基本系二期学员（多为师、团职干部）"三过天安门"；尔后，基本
系、情报系各期学员，先后分批次赴京，参加国庆阅兵，一直到1959年的国庆
10周年大典为止。

南京军事学院受阅部队代表向毛泽东敬酒

　　南京军事学院的受阅队伍在通过天安门到达西长安街后，受到了特殊的待

遇，又折返天安门前，登上观礼台，观看群众游行队伍经过天安门。阅兵式和游行结束后，回到住地稍事休息，他们又一个个手捧着中央人民政府发来的大红金字请帖，整队来到北京饭店的宴会厅，参加在这里举行的国庆招待会。在招待会上，南京军事学院的学员们推举湖北省荆州军分区司令员李学先去给毛泽东敬酒。李学先仔细地整理了一下军容，端着酒杯向主宾席走去。来敬酒的人很多，李学先排队耐心等候。当轮到李学先的时候，他先向毛泽东端端正正敬了一个军礼。毛泽东亲切地伸出手来和他紧紧地握手，李学先顿时感到一股暖流传遍了全身。

李学先说："我代表军事学院受阅部队向您敬酒！"

毛泽东望着李学先说："你不是延安警备二团的李团长吗？我请你到枣园吃过饭，你还向我谈过中原突围的情况哩！"

李学先十分激动地说："中原突围的同志们，都非常感谢您的关怀！"

毛泽东又说："请向军事学院的同志们问好！建设现代化的国防军，要学习很多不熟悉的东西，需要大家努力啊！"接着，他对身边的秘书说："军事学院参加受检阅的都是老红军，很多人受过伤，这些天辛苦了。安排他们好好休息一下，在北京玩一玩。"

★1951年国庆阅兵式上的重型坦克（林杨 摄）

接着，是中国人民解放军高级步兵学校的学员、战车学校的学员、炮兵学校的学员、海军学校的学员、航空学校的学员，伞兵部队，步兵部队。

紧接着前进的是民兵方队。他们是华北老解放区民兵的代表，都是战斗英雄和工作模范。全场热烈鼓掌，向

他们表示欢迎。

随后，骑兵方队过来了。在骑兵方队的后面，防空部队过来了，炮兵部队过来了，摩托化步兵过来了，装甲兵过来了。他们各自操纵着在战场上使用过的武器，包括步枪、机枪、大炮和轻、重型坦克等，构成一个钢铁巨流，从天安门前走过。

当重型坦克隆隆地开过去之后，人民空军的各式飞机一批一批地临空而过。

—— 中国人民志愿军空军参加抗美援朝作战 ——

中国人民志愿军空军从1950年12月开始，积极进行参加抗美援朝作战的准备工作。当月12日，中国人民志愿军空军第4师第28大队首批进入前方基地安东（今丹东）浪头机场。1951年1月21日，该大队在朝鲜清川江大桥上空与美国空军展开第一次激战。大队长李汉击伤美国空军F—84型战斗轰炸机1架。志愿军空军首战告捷。1月29日下午1时许，美机16架再次偷袭清川江大桥，第28大队又奋起迎战。大队长李汉击伤、击落美机各1架，首开中国人民志愿军空军击落美机的纪录。

此后，年轻的中国人民志愿军空军发扬革命英雄主义精神，与强敌展开激烈空战，取得了辉煌的战绩。在两年零八个月的抗美援朝作战中，总共有歼击航空兵10个师21个团，轰炸航空兵2个师3个大队，784名飞行员、5.9万余名地面人员参加战斗；战斗起飞2457批、2.6万多架次；击落敌机330架，击伤敌机95架。其中，先后击落美国"空中英雄"乔治·A.戴维斯、"双料王牌驾驶员"哈罗德·爱德华·费希尔等人驾驶的飞机，并创造了用活塞式飞机击落喷气式飞机的范例。志愿军空军还涌现出一级战斗英雄、特等功臣赵宝桐、王海、孙生禄、张积慧、鲁珉、刘玉堤等英雄、模范、功臣8000多人，有荣立集体一等功、被誉为"英雄大队"的第3师第9团第1大队等立功单位300多个。中国人民志愿军空军为抗美援朝战争的胜利作出了重要贡献，取得了空中作战的宝贵经验。

★ 出席新中国1951年国庆典礼的苏联观礼团（黄连波 摄）

★ 出席新中国1951年国庆典礼的朝鲜观礼团（黄连波 摄）

中国人民如今已拥有现代化的国防武装，这是中国人民武装力量划时代的发展。全场群众为保卫祖国与世界和平力量的增长而一再欢呼。

阅兵式结束后，庆祝游行开始。游行的群众抬着毛泽东、孙中山和刘少奇、周恩来、朱德的巨幅画像前进。他们一再地欢呼毛泽东，欢呼祖国，欢呼在朝鲜前线获得伟大胜利的中国人民志愿军，欢呼强大的人民解放军。

游行者愤怒地高呼反对美帝国主义侵略台湾和朝鲜、反对美帝国主义的非法对日和约、反对美帝国主义重新武装日本的口号，号召全国人民团结一致，加强抗美援朝斗争，打败美帝国主义的侵略行为和新战争计划。

庆祝典礼在欢呼声和掌声中结束。

在中国人民欢庆1951年国庆节之际，世界各国政府领导人纷纷电贺中国国庆。

 链接 LIANJIE

⟶ 我们的朋友遍于全世界 ⟵

苏联部长会议主席斯大林大元帅致电毛泽东主席，祝贺中华人民共和国成立两周年。电文如下：

毛泽东同志：

在中华人民共和国成立二周年纪念日，主席同志，请接受我友谊的祝贺。衷心地希望伟大的中国人民、中华人民共和国政府及您本人在人民民主中国的建设中获得进一步的成就。

让中华人民共和国和苏维埃社会主义共和国联盟的伟大友谊——远东和平及安全的坚强保障永远巩固。

约·斯大林

九月二十八日于莫斯科

朝鲜民主主义人民共和国内阁金日成首相致电中华人民共和国中央人民政府政务院周恩来总理，祝贺中华人民共和国成立两周年。电文如下：

中华人民共和国中央人民政府政务院周恩来总理阁下：

欣逢伟大的中华人民共和国第二周年国庆节之际，我以朝鲜民主主义人民共和国政府和全体人民以及我个人的名义谨向阁下和全中国人民致以最热烈的祝贺。

朝鲜人民为反对美帝国主义武装侵略者而进行的正义的祖国解放战争当中受到了伟大邻邦中国人民的热烈支援及其优秀儿女中国人民志愿军的直接协助，这鼓舞和巩固了朝鲜人民的最后胜利的信心。并祝迎接着光荣节的兄弟的中国人民在为自己国家和平建设以及东方各国人民的安全和世界的持久和平的事业，将获得更巨大的成就。

朝鲜民主主义人民共和国内阁首相　金日成

一九五一年十月一日

第四章 04

1952:
新中国第四次
国庆阅兵

新中国在成立3周年时，如东升的朝阳，迸发着它潜藏的无限的光和热。1952年，中朝军民开展反细菌战斗争，中国人民志愿军进行"全线性战术反击作战"，并进行上甘岭战役，击败"联合国军"的"金化攻势"，粉碎了其破坏停战谈判的种种阴谋，继续掌握着朝鲜战场的主动权，但相持的战争局面尚未改变。

链接 LIANJIE

中国人民志愿军举行上甘岭战役

以美国为首的"联合国军"为配合停战谈判，改善金化地区的防御态势，破坏中国人民志愿军正在进行的战术反击作战，于1952年10月14日，向金化以北上甘岭地区的597.9高地和537.7高地北山中国人民志愿军两个加强连的阵地，发动了极其猛烈的"金化攻势"。"联合国军"先后动用3个多师6万余人，集中300余门大炮、170余辆坦克，进行持续不断的轮番攻击；共倾泻炮弹

▲1952年国庆阅兵式上的探照灯部队（陆文骏 摄）

190余万发，最多时一天达30余万发；出动飞机3000多架次，投弹5000余枚。总面积不足4平方公里的两个高地的土石被炸松约2米，表面阵地全部被摧毁。为了抗击"联合国军"的进攻，中国人民志愿军第15、第12军先后投入4万余人的兵力，与"联合国军"展开反复的争夺战。两高地的防守部队在"坚守阵地、寸土必争、大量杀伤和消耗敌人"的作战方针指导下，依托以坑道为骨干的坚固阵地，进行积极的防御作战。在纵深部队和炮兵的密切协同下，他们共打退"联合国军"营以上兵力的进攻25次，营以下兵力的进攻650余次，并进行了数十次的反击。中国人民志愿军经过43天的激战，终于粉碎了"联合国军"的"金化攻势"，坚守住了阵地。此役，中国人民志愿军共歼敌2.5万余人，创造了现代战争史上坚守防御作战的范例。

在国内，长期战争的创伤已得到初步医治，90%以上的农村地区完成了土地改革，有重点的经济建设已经开始，但困难还很严重。

适应国际、国内形势的发展，新中国的军事工作又有许多重大举措。

 LIANJIE

— 毛泽东批准《军事整编计划》—

1952年1月5日，毛泽东主席批准中央人民政府人民革命军事委员会于1951年11月制定的《军事整编计划》。该计划规定，1952年，将全军由627万人缩编为341万人（其中，编制人数为285万，非编制人数为56万）。然后，根据加强装备的可能及特种兵的扩大，按3年计划，到1954年，把全军的总员额控制在300万人左右。其中，国防军特种兵由61万人增至84万人；学校由10.7万余人增至12.7万余人；机关由112万余人减至38万余人；国防军正规部队步兵由274万余人减至134.8万人；地方部队95万人，1952年缩编为7万人，1954年移交给公安部队；公安部队64万人，1952年缩编为53万余人，以后视情况逐步减少。

据此，全军开始精简整编。到1952年年底，国防部队精减了28.3%，公安部队精减了31.6%，不仅减少了军费开支，还为地方输送了一批骨干力量。

1952年2月1日，毛泽东主席签署部分部队集体转业的命令。4月15日，中央人民政府人民革命军事委员会和政务院作出《关于集体转业部队的决定》，人民解放军大规模的精简整编随即开始。

中央人民政府人民革命军事委员会和 政务院决定部分部队集体转业

1952年4月15日，继毛泽东主席于2月1日签署关于部分部队集体转业的命令之后，中央人民政府人民革命军事委员会和政务院作出《关于集体转业部队的决定》，决定从人民解放军中调拨41个整师、11个整团，共46.5万人，转为各种工程部队和屯垦部队（不含新疆已屯垦部队15万人），以适应国防建设和国家经济建设的需要。根据这一决定，当年有20个师另2个团分别集体转业到建筑、农业、林业、交通、水利、铁道、石油、地质等部门。到1957年7月，集体转业部队增至31个师另4个团。以后，又有部分军队院校、医院和预备师等集体转业。

1952年7月，毛泽东提出"五统"、"四性"，为人民军队正规化、现代化建设进一步指明了方向。

毛泽东提出"五统"、"四性"

1952年7月10日，在南京军事学院高级速成系、上级速成系第一期学员结业之际，中央人民政府人民革命军事委员会主席毛泽东为南京军事学院发出训词，表示祝贺。毛泽东在训词中提出了著名的"五统"、"四性"，即：人民解放军必须实行"统一的指挥、统一的制度、统一的编制、统一的纪律、统一的训练"，"加强整个工作上、指挥上、而首先又应该是从教育上来培养的那种组织性、计划性、准确性和纪律性"。毛泽东强调："这是建设正规化、现代化的国防部队所不可缺少的重要的条件之一。"

在此形势下，中国人民以无限兴奋和喜悦的心情迎接1952年（第三届）国庆节。

按规定，1952年的国庆阅兵，仍由华北军区联合海、空军具体组织实施，朱德任阅兵司令员，聂荣臻任阅兵总指挥。

1952年10月1日，中华人民共和国成立3周年国庆节庆祝典礼，在首都天安门广场隆重举行。参加典礼的各界群众达50万人。

中央人民政府毛泽东主席亲临检阅。出席国庆典礼的还有中央人民政府副主席朱德、宋庆龄、李济深、张澜，秘书长林伯渠，政务院总理周恩来，副总理董必武、陈云、郭沫若、黄炎培、邓小平，中央人民政府人民革命军事委员会代总参谋长聂荣臻，最高人民法院院长沈钧儒，中国人民政治协商会议全国委员会副主席陈叔通，北京市市长彭真等人。

前来我国访问的贵宾——蒙古人民共和国总理泽登巴尔应邀在天安门城楼上观礼。出席观礼的共有1万多人。

1952年国庆阅兵式上，坦克方队经过中央人民政府门前（林志常 摄）

10时整，中央人民政府秘书长林伯渠宣布庆祝典礼开始。全场肃立，军乐团高奏国歌，100门礼炮齐鸣28响。

阅兵式开始，中国人民解放军总司令朱德由聂荣臻陪同阅兵。

阅兵后，朱德总司令再次登临天安门城楼，发布中国人民解放军总部给全国武装部队的命令。

⬆ 1952年国庆游行队伍中的尼姑方队（林杨 摄）

链接 LIANJIE

—— 中国人民解放军总部命令 ——

中国人民解放军陆军、空军、海军和人民公安部队的指挥员、战斗员、政治工作人员、后勤工作人员、工程技术人员全体同志们！

我们和全国人民一起，热烈地庆祝中华人民共和国成立的三周年！

三年来，我国人民在毛主席的领导下，在国家建设的各个方面都获得了巨大的成绩和胜利。我国领土，除台湾外已全部解放；我国国防已日臻巩固；中国人民的抗美援朝斗争已取得了伟大胜利，中国人民志愿军协同朝鲜人民军已给予美帝国主义侵略者以极大的打击；全国的土地改革工作已经基本上完成；全国各民族达到空前的大团结；经过伟大的"三反"和"五反"运动，出现了新的增产节约运动的高潮，社会面貌焕然一新；国家经济恢复和改造工作已基本完成，国家财政经济情况已根本好转，全国人民生活已逐渐改善，文化建设和思想改造运动有极大进步。在这同一期间，中国人民解放军各兵种的建设，普及全军的掌握技术及学习文化的运动，亦有重大成绩。为此，我特向你们和向全国人民致以热烈的祝贺和衷心的感谢！但是，我们一刻也不能忘记，美帝国主义者仍在侵占着我国的领土——台湾，继续拖延和破坏朝鲜停战谈判，继续进行绝灭人性的细菌战，继续屠杀战俘，滥炸朝鲜和平居民，并不断向我国进行军事挑衅，阴谋扩大侵略战争；同时，美帝国主义者又积极扶助日本和西德军国主义势力的复活，利用日本和西德作为新的侵略战争的军事基地，造成对远东及世界和平的严重威胁。因此，为了保卫我国的安全，为了保卫远东及世界和平，我命令你们：时刻地提高警惕，紧紧掌握自己手中的武器，熟悉和精通自己的业务，不断提高文化水平和军事政治知识，加强体质锻炼，加强组织性和纪律性，并发挥艰苦耐劳、廉洁朴素的优良作风，为解放台湾、巩固国防、保障国家建设顺利进行而奋斗！

中国人民解放军万岁！

中华人民共和国万岁！

中国人民大团结万岁！

世界人民大团结万岁！

中国人民胜利的组织者、鼓舞者——中国共产党万岁！

中国人民的伟大领袖毛泽东主席万岁！

中国人民解放军总司令　朱德

接着，武装部队的分列式开始。

▲1952年国庆阅兵式上的骑兵分列式（陆文骏 摄）

　　参加受阅的部队有：南京军事学院，南京总高级步兵学校，石家庄高级步兵学校，第六炮兵学校，长沙高级工兵学校，第一战车学校，大连海军学校，航空兵学校，陆军、海军、空军、炮兵、战车部队和各大军区的民兵代表等。共计有指战员11300人，各种火炮112门，坦克、自行火炮99辆，装甲车16辆，三轮摩托车160辆，汽车156辆，军马1104匹，共编为57个方队。参阅的各型作战飞机共153架，编为9个梯队。

　　刚刚成立的中国人民解放军三军仪仗队护卫着"八一"军旗，引导受阅部队进入天安门广场。全场热烈鼓掌，向他们表示欢迎。

—— 举世无双的三军仪仗队 ——

　　1949年10月1日，中华人民共和国成立后，许多国家纷纷承认新中国，与我国建立外交关系，并互派大使。在这种政治背景下，毛泽东决定将中央警卫团一个连改为仪仗连，主要担负外国大使呈递国书时的仪仗任务。这年的10月

16日，仪仗连迎接的第一位外宾是苏联驻中国大使罗申。

到1952年，毛泽东认为：人民共和国成立两年多了，国门要敞开了，越来越多的外国人要走进我们的国家来，中国需要有一支代表中华民族礼仪的仪仗队伍。3月5日，一支代表"三军的形象、国家的尊严"，集国威、军威和民族精魂于一身的中国人民解放军陆、海、空三军仪仗队在北京诞生了。

三军仪仗队隶属于北京卫戍部队，它与军乐队、礼炮队共同承担不同规格的司礼任务。三军仪仗队的任务通常分为三种规格：最大阵容由151人组成，队长1名、旗手1名、副旗手2名、队员147名，用来迎接外国元首和政府首脑；第二种规格是由127人组成的陆、海、空三军仪仗队，用来迎接外国军队的高级将领；第三种规格是由101人组成的单军种仪仗队，用来迎接外国军队的单军种司令。此外，仪仗队还担负着外国领导人向天安门广场人民纪念碑献花圈、重大活动升旗等仪仗任务。随着国门的敞开，自1952年以来，这支新型的三军仪仗队，以对党、对祖国高度负责的精神，圆满而出色地完成了迎送外国元首、政府首脑、军队高级将领的仪仗司礼任务，以及国庆阅兵等重大活动的标兵、方队任务。

中国人民解放军陆、海、空三军仪仗队在世界仪仗队的家族中是后起之秀，但它以独特的礼宾形式，赢得了世界各国领导人的赞誉。美国前总统尼克松称中国人民解放军陆、海、空三军仪仗队是他见过的最出色的一个，英国女皇对中国人民解放军陆、海、空三军仪仗队的评价是"举世无双"！

首先进入天安门广场的是中国人民解放军军事学院方队，接着是总高级步兵学校、高级步兵学校、步兵学校、战车学校、炮兵学校、高级工兵学校、海军学校、航空学校、伞兵部队、公安部队的方队。

在步兵方队后面跟进的是民兵方队。民兵们穿着农村便服，装备新式的武器。他们来自全国各个省份，分别属于汉族、蒙古族、回族、藏族、苗族、彝族、满族、朝鲜族、黎族、土家族、仡佬族、撒拉族、土族等民族，构成了与以往国庆节阅兵分列式不同的一道风景，充分体现了毛泽东关于"人民战争"的指导思想。

—— 民兵与国庆阅兵 ——

民兵参加国庆庆典从1951年开始。

1951年至1958年，民兵方队属于阅兵总指挥部领导和受阅部队的编组序列，其排面与行列，基本上与受阅部队相同，但组成比较单一，最多时只有三个小方队。

北京解放之初，由于市区和近郊的民兵组织不健全，民兵还不能形成一个方阵参加1949年和1950年国庆庆典。但民兵组织是我国武装力量的重要组成部分，在国庆庆典的阅兵式中是不能缺少的。为此，1951年，便从全国各地的民兵中选调了一批优秀民兵代表组成了一个民兵方队，时称民兵游击队。1952年国庆庆典时，民兵方队由一个增加为两个。1953年，又增加了一个女民兵方队。受阅的民兵由全国抽调，逐步改由首都民兵承担。其训练与受阅部队一样，集中、统一训练，训练地点在京郊通州。

1958年，京津卫戍区被撤销，组成了北京卫戍区，首都民兵归属北京卫戍区领导。从此，首都民兵方队脱离受阅部队序列，成为群众游行指挥部领导下的群众游行队伍中的重要组成部分。

作为人民军队的创始人，毛泽东对阅兵一直情有独钟。从1960年到1970年，每年的10月1日，天安门前不再举行盛大的阅兵式，而只搞群众游行了。但这浩浩荡荡的游行队伍，并不乏军事色彩，只不过受阅的主角由部队改为了民兵，向全世界展示着"全民皆兵"的气派。其规模由9至10个民兵师，另加1个队首横标方队，组成宽排面、大纵深方阵。

1984年35周年和1999年50周年国庆时，没有组织民兵师，而是从首都钢铁公司、石景山发电厂等单位抽调，组成男、女民兵各一个方阵，属受阅部队的序列，参加了国庆阅兵。

这时，军乐改变了旋律，"铁骑兵"轻快地向前行进。在拖曳炮队后面的，是各种炮队的方阵。

摩托化步兵过来了，160辆摩托车徐徐驶过。

各种装甲部队继续跟进，构成一个强大的钢铁巨流。

空中轰轰的响声由远而近，强大的空军机群一批一批地凌空而过。

军乐团最后走过检阅台。

分列式共历时1小时又5分钟，祖国国防力量的日益强大，一再引起全场群众的欢呼和鼓掌。

盛大的庆祝游行接着开始。游行群众欢呼祖国，欢呼毛泽东，欢呼抗美援朝的胜利。游行者向中国人民解放军和中国人民志愿军致敬，向劳动模范们致敬。

毛泽东一再举手向广场上的群众致意。他还走到检阅台前沿的东、西两端，向观礼台上的来宾挥帽致意。

庆祝典礼在欢呼声和掌声中结束。

▲1952年国庆阅兵式（陆文骏 摄）

此次国庆阅兵典礼，中国人民解放军公安部队首次参阅。

链接 LIANJIE

中国人民解放军五大军种之一的公安军

从1948年开始，祖国的大中城市陆续解放，政权回到人民的手中。人民解

放军刚接管的大中城市，形势十分复杂，不仅经济秩序遭到撤退的国民党反动派的严重破坏，而且社会秩序相当混乱，政治斗争也极其尖锐。被推翻的国民党反动派残余势力不甘心失败，仍然残留和潜伏大批匪特，纠集地痞流氓、反动恶霸，破坏捣乱，为非作歹，进行爆炸、暗杀、造谣等破坏活动。国民党反动派统治下的旧中国，社会丑恶现象猖獗，污泥浊水泛滥。

人民解放军进驻大中城市后，根据斗争形势和任务的需要，抽调部分部队建立了公安武装，担负建立和保卫新的革命政权，恢复社会生活秩序，打击盗匪流氓、反动敌特，查禁和清除社会丑恶势力等任务。

公安或警察机构及其武装，无论在任何性质的国家，都是国家机器中不可缺少的重要部分。在新中国革命政权刚刚建立之际，公安机构和武装的建设任务，立即被摆在了中共中央领导人面前。

1949年6月，周恩来电召第20兵团政治委员罗瑞卿到北平，说中央人民政府即将成立，中央准备让他当公安部部长。罗瑞卿向周恩来提出，他自己希望继续指挥部队完成解放全中国的作战任务，这个职位由李克农担任更为合适。周恩来告诉罗瑞卿，此事中央已决定。当晚，毛泽东在香山双清别墅接见了罗瑞卿，开门见山地对他说："听说你不愿意干公安部部长，还要去打仗？现在要建立新的国家政权了，我们都不干，都去打仗，那行吗？"罗瑞卿对加强公安工作的重要意义是十分清楚的，中央把这样重的、独当一面的任务交给他，是中央对他的信任。既然中央已经决定，他便愉快地接受了任务。

7月6日，中央人民政府人民革命军事委员会公安部成立。10月，中华人民共和国成立后，召开了第一次全国公安高干会议。周恩来在接见参加会议的人员时说："国家安危，你们负了一半的责任。军队是备而不用的，你们是天天要用的。"

在新中国成立初期，公安部队除保卫新生的人民政权、维护社会秩序、同敌特等反动势力斗争外，另一项重要的任务是配合人民解放军进

▲ 1952年国庆阅兵式上的民兵分列式（陆文骏 摄）

行剿匪斗争，保卫铁路运输线的安全等，内卫武装斗争和作战任务十分繁重。这样，建立统一的公安部队领导机构，十分必要。1949年9月，中国人民政治协商会议通过的《中国人民政治协商会议共同纲领》规定："中华人民共和国建立统一的军队，即人民解放军和人民公安部队，受中央人民政府人民革命军事委员会统率，实行统一的指挥，统一的制度，统一的编制，统一的纪律。"据此，1950年4月，人民解放军实行整编，将陆军统编为国防军和公安部队。同年5月，全军参谋会议确定公安部队定额占军队总员额的4.5%。同月，公安部部长罗瑞卿提出《建设人民公安部队方案的几个要点》，对全国公安部队的编制、领导机构的设置、领导指挥关系和军事、政治、后勤工作进行了总体阐述。该方案提出，全国编组22个公安师，作为正规的公安部队；中央、各大行政区（华北除外）、铁道部分别成立公安部队指挥机构，分别定名为"中国人民公安部队中央指挥部"或"中国人民公安部队××区指挥部"、"中国人民公安部队铁道指挥部"；中央指挥部受中央人民政府人民革命军事委员会统率，各大行政区指挥部受中央指挥部和所在大军区首长的双重领导，铁道指挥部受中央指挥部和铁道部首长的双重领导。

地方性公安部队由地方公安部门领导、指挥和使用，物资供应由地方政府负责，但管理、训练和政治工作则由中央指挥部、大行政区指挥部和省军区负责。政务院总理周恩来批准了这一方案。

从1950年上半年起，全军进行了精简整编，全国公安部队开始组建、整编。1950年9月22日，经中央人民政府人民革命军事委员会批准，正式成立公安部队领导机构，罗瑞卿任公安部队司令员兼政治委员。到1951年10月，各大区公安部队和铁道公安部队的领导机构相继成立；按照毛泽东主席批准的定额，共组建了正规公安部队20个师又3个团，总计18.8万余人。同时，部队接管了全国各省、地、县公安武装32.2万余人，并在边、海防地区组建了边防公安机构和武装。截至1951年年底，全国公安部队初步形成了正规公安部队、地方公安部队和边防公安武装的体制。公安师为正规公安部队，各大行政区的公安团、省公安总队、专区的公安大队、县公安中队为地方公安部队（含边防武装），正规公安部队归公安司令部统率，分别隶属于各大区公安司令部或铁道公安司令部指挥，地方公安部队属各级人民政府公安机关领导。

经过一段时间的实践后，这种体

制有便于执行公安保卫任务的一面，但也存在组织形式不统一、领导关系不顺畅的问题。为此，中央人民政府人民革命军事委员会决定，从1952年起，将全国的内卫、边防和地方公安部队统一整编为中国人民解放军公安部队，不再分正规、地方和边防公安部队，而统编为若干师、团和省、地、县的总队、大队、中队，全部隶属于军事系统，担负内卫和边防任务。定额为53.8万人。

▲ 罗马尼亚、捷克斯洛伐克观礼团看到新中国强大的人民武装力量时，高兴地将中国人民解放军观礼团同志抬了起来（林杨 摄）

1955年，国家的社会主义改造接近完成，内地和边境地区的治安日趋稳定，建立警察制度的条件已初步具备。在此形势下，中共中央、国务院、中央人民政府人民革命军事委员会决定对公安部队再次进行整编。7月18日，国防部发布命令：原中国人民解放军公安部队改称为"中国人民解放军公安军"，其各级领导机关，各师、市部队和院校名称也均作相应改变。7月30日，国务院发布命令：专区、县两级的公安部队改编为人民武装警察，人员办理转业手续，交地方公安部门领导和管理。至此，公安部队正式成为中国人民解放军的一个军种。

经过1955年的精简整编，防空部队改为防空军，公安部队改为公安军。人民解放军在陆军、海军、空军的结构上，又增加了两个军种——防空军和公安军。这样，中国人民解放军形成了五大军种的编制体制。

1957年1月召开的中央军委扩大会议认为，在全国普遍建立了省军区、军分区系统和社会治安日益好转的情况下，为减少机构，建设适合中国情况的军事组织制度，可以撤销公安军的番号和领导机构；将边防、内卫、城防部队交归省军区、军分区和城市警备部门领导与指挥，将看守监狱和劳改犯人、守卫工厂、仓库和国家机关的总队，凡可以改为警察的，改编后连同所担负任务一道拔归国家公安部门。遵照中共中央军委的决定，1957年9月1日，公安军番号被撤销。至1958年年底，基本完成了向地方公安部门的移交工作。1959年1月1日，移交地方的公安部队统一为人民武装警察部队，由军队编制序列改归国家公安部门领导。中国人民解放军公安军这一军种，完成了它的历史使命。

在中国人民热烈庆祝国庆节之时，许多国家的领导人纷纷致电祝贺。

═ 越南民主共和国政府主席胡志明给毛泽东的贺电 ═

中华人民共和国中央人民政府毛泽东主席：

欣逢中华人民共和国国庆节，谨代表越南政府和人民及我个人名义，向您、中华人民共和国政府和人民致以真诚的热烈的祝贺。

中国人民在您、中国共产党和中央人民政府的领导下，在建设人民民主制度和抗美援朝运动中已获得许多伟大的成就。

学习中国人民光辉的榜样，在苏联、中国和各人民民主国家的支持下，越南人民坚决击败法殖民主义者和美帝国主义干涉者，使抗战赢得完全胜利。敬祝中国人民和政府在建设伟大的中国与抗美援朝过程中获得更多新的成就。

敬祝您健康。

中越两国人民兄弟般的团结友谊万岁。

越南民主共和国政府主席　胡志明

1953

1953:
新中国第五次
国庆阅兵

1953年，是新中国历史上具有划时代意义的一年。这一年，抗美援朝战争和剿匪作战先后结束。

1953年7月27日上午10时（朝鲜时间），朝鲜停战协议签字仪式在朝鲜板门店举行，由朝中方面谈判代表团首席代表南日大将、"联合国军"谈判代表团首席代表哈利逊中将正式签字。而后，朝鲜停战协议文本被分别送交双方司令官。朝鲜人民军最高司令官金日成元帅于平壤、"联合国军"总司令克拉克于汶山，分别在停战协议上正式签字（次日，中国人民志愿军司令员彭德怀于开城在停战协议上签字）。历时两年零九个月的抗美援朝战争至此胜利结束。

抗美援朝战争是中国人民在极端困难的情况下被迫进行的一场战争。中国人民志愿军依靠劣势武器装备同朝鲜人民军一起，将以美国为首的"联合国军"从鸭绿江边打回到"三八线"，并迫使美国签字停战，取得了战争的伟大胜利。从1950年6月朝鲜战争爆发算起，在三年零一个月的朝鲜战争期间，朝鲜人民军和中国人民志愿军共毙、伤、俘敌109万余人（美国和韩国官方公布的各自作战减员之和为113万余人）。其中，中国人民志愿军在两年零九个月的抗美援朝战争中共毙、伤、俘敌71万余人，自身作战减员36.6万余人；共击毁和缴获飞机4268架、坦克1492辆、装甲车92辆、汽车7949辆，缴获（不含击毁）各种炮4037门、各种枪7.3263万支。中国人民志愿军损失飞机231架、坦克9辆、汽车6060辆，各种炮4371门（含被击毁）、各种枪3.7557万支（含被击毁）。美国开支战费400亿美元，消耗作战物资7300余万吨。中国开支战费62.5亿元人民币，消耗作战物资560余万吨。

1953年10月1日，北京天安门城楼上（从左至右）：最高人民法院院长沈钧儒，政务院副总理邓小平、郭沫若、陈云，中央人民政府秘书长林伯渠，政务院总理周恩来，中央人民政府副主席张澜、宋庆龄、刘少奇，中央人民政府主席毛泽东，中央人民政府副主席朱德、李济深、高岗，全国政协副主席陈叔通，政务院副总理董必武、黄炎培，北京市市长彭真（**陈正高 摄**）

  抗美援朝战争的胜利，无论对朝鲜、对中国、对东方，乃至对整个世界都具有重要的意义。抗美援朝战争，有力地打击了美国的侵略气焰，保卫了中国的安全，援助了朝鲜人民，极大地提高了中华人民共和国的国际地位和国际威望，提供了现代条件下依靠劣势装备战胜优势装备敌军的宝贵经验。这场战争是现代条件下的局部战争，是人民解放军历史上现代化程度最高的一场战争。经过这场战争，人民解放军的作战观念向现代战争发生了许多重要转变，主要是：由单一步兵作战向现代多军兵种联合作战的转变，由地面作战向现代立体作战的转变，由主要实行运动战向既注重运动战、又注重阵地战的转变，由单纯前方作战向现代前、后方全面作战的转变，后勤保障由"小米加步枪、仓库在前方"向组织现代后勤保障的转变等等，极大地推动了中国军事学术的发展，有力地促进了20世纪50年代新中国的军事变革。

  抗美援朝战争结束后，国内外形势发生了很大的变化。国际上，美帝国主义由于侵朝战争的失败，陷入内外交困的境地，在短期内无力再发动大规模的侵略战争，中国进行和平建设的外部环境有了保

↑1953年国庆节阅兵式上的重炮（刘峰 摄）

证。在国内，经济恢复的任务已经完成，社会秩序基本稳定。人民解放军经过4年的建设，在步兵的基础上，建设了空军、海军和各特种兵部队，武器装备得到了改善。从1953年起，中国共产党制定了过渡时期总路线，并开始执行国民经济发展第一个五年计划，全国进入有计划的经济建设和发展时期。这些为人民解放军的现代化、正规化建设提供了有利条件，要求人民解放军必须抓紧有利时机，在现有基础上，有步骤地建设一支强大的、现代化的革命军队，以保卫社会主义革命和建设，保卫国家的主权和领土完整，防御帝国主义的侵略。

链接 LIANJIE

═══ 伟大、光荣的第四个国庆节 ═══

中国民主建国会总会主任委员　黄炎培

　　伟大、光荣的中华人民共和国第四个国庆节到临了。全国人民心里不知道有多么兴奋，而且感到一年比一年兴奋。为什么呢？因为大家看清楚自己的国家依照着毛主席和中国共产党所领导的道路在日新月异地前进：短短四年中间达到了空前的全国人民的统一；完成了各种社会改革；尤其是今年在胜利完成经济恢复工作的基础上，开始了第一个五年计划建设；抗美援朝斗争的伟大胜利，宣布了帝国主义侵略政策的可耻失败和中华人民共和国国际地位的不可动摇，全国人民看清楚了一个独立、民主、和平、统一和富强的新中国在不断地向着伟大的社会主义目标稳步前进，因而很自然地对祖国增进了无限的热爱。同时大家深深地觉悟了，觉悟到：我们祖国之所以能够取得革命胜利，解放之后所以有这么大和这么快的进步，不是由于别的，而是由于在毛主席领导之下把路子走对了。这条路在新中国建立以前，是反对帝国主义、封建主义、官僚资本主义的斗争，在新中国建立以后，是为逐步实现国家的社会主义工业化，逐步实现国家对农业、手工业和私营工商业的社会主义改造的斗争。大家还觉悟到：如果真心爱国，只有也必须走毛主席和中国共产党所领导的这样唯一正确的大道，而为之努力，否则就不是爱国者，这是一般人在这一时期的思想表现。

……

这是人民共和国举行的第五次国庆阅兵。

新华社在10月1日报道，中华人民共和国第四周年国庆节庆祝典礼，在首都天安门广场隆重举行。中央人民政府毛泽东主席，检阅了保卫祖国和平建设的武装部队和首都40余万从事和平建设的各界人民的游行队伍。

参加1953年国庆阅兵式的防空兵部队（**红枫 摄**）

　　天安门前的观礼台上，站着1万多名外宾以及国内党政军机关、团体、各条战线的代表。

　　参加观礼的还有：中国人民志愿军国庆节归国观礼代表团，中国人民解放军各部队国庆观礼代表团，朝鲜华侨归国观光团，越南华侨归国观光团，缅甸华侨归国观光团，印度华侨归国观光团和印度尼西亚华侨归国观光团，印度尼西亚华侨体育观光代表团，缅甸华侨体育观光代表团和其他归国华侨代表。

　　西藏国庆观礼团、昌都国庆观礼团、四川省藏族自治区国庆观礼代表和其他少数民族代表，也参加了国庆观礼。

　链接　LIANJIE

——西藏地方政府达赖喇嘛在国庆节前夕致电毛泽东致敬——

中央人民政府伟大领袖毛主席：

　　兹值中华人民共和国成立四周年之际，我们西藏地方除举行盛大庆祝外，我谨代表西藏全体僧俗人民亲切而兴奋地向您致敬祝贺。西藏人民自从获得和平解放回到祖国大家庭以后，两年多来，在您的正确领导下，在中央人民政府

1953年国庆阅兵式上，朱德总司令（右）向阅兵总指挥张宗逊答礼（刘峰 摄）

的正确领导下，已经和进藏人民解放军建立了兄弟般的亲密关系。在祖国开始第一个五年经济建设计划的第一年，全国各地各企业厂矿在完成上半年度的基本建设工作方面，取得了很大的成绩。西藏地区由于交通条件的限制，虽然还未能从事广泛的基本建设工作，但在中央人民政府和进藏人民解放军大力帮助之下，有关发展西藏未来建设事业的康藏公路正在修筑，并已取得很大成绩。至于过去帝国主义及国民党反动政府所造的谣言，现在完全证实其为挑拨破坏了，因为西藏全体僧俗人民所信仰的佛教和西藏地区的政治、经济、文化以及人民的生活都已得到进一步发展，在您和中央人民政府的正确领导和进藏人民解放军的帮助下，我们有完全肯定的信念可以把西藏建设得更加美好。

中华人民共和国万岁！

中国各民族人民的伟大领袖毛主席万岁！

西藏地方政府达赖喇嘛

一九五三年九月三十日上

▲1953年国庆节，北京天安门前观礼台上的西藏国庆观礼团代表（红枫 摄）

▲1953年国庆节，中国人民志愿军归国观礼代表团在观礼台上（雪印 摄）

10时整，庆祝典礼正式开始。军乐团高奏国歌，全场肃立，礼炮齐鸣。随后，阅兵式开始。

此次阅兵由中央人民政府人民革命军事委员会副总参谋长张宗逊

任阅兵总指挥，京津卫戍区副司令员兼华北军区参谋长杨成武任阅兵指挥部主任。参加受阅的方队有：南京军事学院，南京总高级步兵学校，信阳第五步兵学校，张家口通信学校，北京第六炮兵学校，南京工兵学校，第一坦克学校，大连海军学校，沈阳空军机务学校，步兵、炮兵、装甲兵、骑兵、公安军、总参谋部军乐团、军委空军等。共计有指战员10038人，各种火炮144门，坦克、自行火炮67辆，汽车188辆，三轮摩托车165辆，军马777匹，共编为48个方队。参阅的各型作战飞机共96架。

中国人民解放军朱德总司令乘车驰过整队而立的受阅部队前面，检阅并向他们致以节日的祝贺。阅兵结束后，朱德总司令又一次登临天安门城楼，发布中国人民解放军总部给全国武装部队的命令。

参加1953年国庆阅兵式的炮兵部队（红枫 摄）

中国人民解放军总部命令

中国人民解放军的全体指挥员、战斗员同志们！

今天，中国人民解放军和全国人民一起，热烈地庆祝中华人民共和国成立的四周年。

在过去一年中，我国人民在中国共产党、中央人民政府和毛主席的领导下，在各方面取得了新的胜利和成就。

我国人民的抗美援朝斗争已获得了伟大的胜利，朝鲜停战已经实现，这是整个和平民主阵营的伟大胜利。今后我们的任务，就是继续为争取政治会议的迅速召开和朝鲜问题的和平解决而奋斗。

我国人民和朝鲜人民在反对美国侵略的斗争中，已结成了牢不可破的友谊和团结，这种友谊和团结保证了我们共同事业的胜利。

我国人民和苏联人民的伟大友谊已更加巩固与发展。事实已经证明，今后将继续证明，中国与苏联的牢不可破的友好同盟是保卫远东及世界和平的最有力的保证。

我国人民和各人民民主国家的人民之间的友谊，亦已有了进一步的巩固与发展。

在世界范围内，一切爱好和平的人民和我国人民之间的友谊，亦正在一天一天地发展着。

这一切都证明，在国际上我们不是孤立的。

在国内，我国人民在胜利地结束了国家经济的恢复阶段以后，从今年起，已进入了有计划建设的新时期。我国人民正在中国共产党、中央人民政府和毛主席的正确领导下，团结一致，满怀信心地稳步地向着社会主义工业化的伟大目标前进。现在全国人民正在热烈响应毛主席的号召，积极开展增产节约的运动，为完成和超额完成一九五三年的国家计划而奋斗，并为一九五四年的国家计划准备有利的条件。

苏联政府已决定给我国经济建设以长期的、全面的、巨大的援助，这种援助是保证我国经济建设成功的重要条件。

为了配合国家的经济建设，我国在今年已开始进行各级人民代表大会的选举，以进一步团结全国人民，巩固人民民主专政，增强国家建设的力量。

与我们国家经济建设的迅速发展同时，我国国防的现代化建设也已获得重大的成绩，人民解放军的威力正在不断地增强。

目前的情况是：朝鲜战争虽然已经停止，但美帝国主义仍然侵占着我国领土台湾，并积极协助蒋介石残余匪帮扰乱和威胁我国沿海的安全；美国政府仍在有计划地使朝鲜停战处于不稳定的状态，并与李承晚集团共同进行着破坏政治会议的预谋；此外，美帝国主义在远东和欧洲仍在企图继续执行扩军备战和挑衅的政策，使国际形势保持紧张状态。这一切都说明：以美国为首的侵略势力仍然反对缓和国际紧张局势，阻挠国际和平协商。

因此，我命令你们：时刻保持高度警惕，加强军事戒备，努力学习苏联先进军事科学和技术，学习政治和文化，锻炼体质，掌握新的战斗技术，加强组织性和纪律性，发扬英勇、机智、艰苦朴素的优良作风，为巩固国防、保卫祖国的安全而奋斗！

中国人民解放军万岁！

中华人民共和国万岁！

以苏联为首的世界和平民主阵营万岁！

中国共产党万岁！

中国人民的伟大领袖毛泽东主席万岁！

中国人民解放军总司令　朱德

1953年国庆阅兵式上的骡马炮兵方队（刘峰 摄）

人民解放军总部命令发布完毕，分列式开始。

中国人民解放军陆、海、空三军仪仗队护卫着鲜艳的"八一"军旗，引导着受阅方队进入天安门广场。兴高采烈地注目凝视着的人们发现，率领受阅方队正步走过天安门的，竟是中国人民解放军的副总参谋长张宗逊。

走在前面的，仍旧是中国人民解放军各院校学员组成的受阅方队。

当海军方队经过观礼台行进到大街上时，观众们热烈地鼓掌，高呼："人民海军万岁！"有的人向旗手献花；一个青年学生还拥抱了旗手，向他亲吻；许多人把自己手中的花掷在海军指战员身上。人民是多么热爱这支年轻的海军啊！

人民海军自从诞生那天起，就是于中国共产党和毛泽东的领导下在战斗里成长起来的，已经拥有了正规的海军学校，有了各种舰队和艇队以及海上空军，已在祖国的沿海岛屿和绵长的海岸线上建立了巩固的海军基地。几年来，人民海军在配合陆军解放沿海岛屿和护航、护渔的任务中，显示了战无不胜、攻无不克的坚强精神。

▲ 1953年国庆阅兵式上的苏式"喀秋莎"火箭炮（红枫 摄）

▲ 1953年国庆阅兵式上，步兵受阅部队高呼万岁（白世藻 摄）

链接 LIANJIE

—— 人民解放军组建海军陆战队 ——

　　1953年4月20日，经中央人民政府人民革命军事委员会批准，海军司令部以陆军1个团和2个步兵营为基础，在华东军区海军组建海军陆战队第1团。翌年12月9日，以陆战队第1团和水陆坦克教导团为基础，抽调华东军区水兵师师部及所属水兵第2团，合并组成第一个海军陆战师。后来由于任务变化等原因，海军陆战队于1957年被撤销。1979年，中央军委决定重建海军陆战队。同年12月20日，人民解放军海军陆战队第1旅在海南岛编成。

—— 毛泽东提出海军建设的总方针 ——

　　1953年12月4日，毛泽东在中共中央政治局扩大会议审查海军建设五年计划方案时指出："为了肃清海匪的骚扰，保障海道运输的安全；为了准备力量于适当时机收复台湾，最后统一全部国土；为了准备力量，反对帝国主义从海

▲ 1953年国庆阅兵式上的加榴炮方队（林杨 摄）

上来的侵略，我们必须在一个较长时期内，根据工业发展的情况和财政的情况，有计划地逐步地建设一支强大的海军。"这一指示，规定了海军的近期任务和长期任务，指明了建设强大海军的大体步骤和基本条件，是新中国成立初期对海军建设总方针的完整表述。

接着是公安部队的方队，他们警惕地维护着国家秩序，保卫生产建设，立下了许多辉煌的功绩。

毛泽东主席发表"提高警惕，保卫祖国"题词

1953年8月10日，毛泽东主席为中国人民解放军公安部队首届功臣模范代表会议题词："提高警惕，保卫祖国。"这不仅是对公安部队，也是对全军的勉励和期望。这一题词，在同年8月21日的《人民日报》上公开发表后，立刻传

1953年国庆阅兵式上的探照灯部队（钱嗣杰 摄）

遍全国，成为中国人民解放军建设的名言，至今还发挥着巨大的作用。

1953年国庆阅兵引人注目的是，各种口径的大炮和火箭炮兵方队第一次出现在受阅队伍中。拖拉机牵引着巨大的加榴炮隆隆而过。"拖拉机拖炮"的摄影照片，是当时风靡全国的佳作，现在则成了那个年代国庆阅兵的经典之作。

阅兵式结束后，盛大的庆祝游行随即开始了。

1300名铁路工人组成的仪仗队，抬着巨大的国徽和"中华人民

▲1952年国庆节，少先队员向毛泽东献花（齐砚山 摄）

共和国万岁"的金色字标，高举600面旗帜，庄严地走过天安门广场。

少年先锋队的队伍过来了。1万名活泼、天真的孩子，在天安门前长久地欢呼："和平万岁！""祖国万岁！""毛主席万岁！"无数洁白的鸽子和无数彩色气球从孩子们的队伍中飞起来。这时，全场掌声雷动。两名少先队员跑上天安门城楼，向毛泽东敬献鲜花。他们代表着全国少年儿童们，向毛泽东献出了热爱和平、热爱祖国、热爱领袖的心意。

▲ 参加1953年国庆游行的文艺大军（刘峰 摄）

▲ 1953年国庆节，教育工作者抬着《毛泽东选集》模型参加游行（红枫 摄）

1914

06

1954:
新中国第六次
国庆阅兵

1954年，全国转入社会主义革命和建设新时期，第一届全国人民代表大会第一次会议胜利召开。

1954年9月27日，中华人民共和国第一届全国人民代表大会第一次会议选举了中华人民共和国主席、副主席，中华人民共和国第一届全国人民代表大会常务委员会委员长、副委员长、秘书长、委员，中华人民共和国最高人民法院院长和中华人民共和国最高人民检察院检察长，并通过了关于中华人民共和国国务院总理人选的决定。

选举的结果如下：

毛泽东当选为中华人民共和国主席，朱德当选为中华人民共和国副主席。

刘少奇当选为中华人民共和国第一届全国人民代表大会常务委员会委员长，宋庆龄、林伯渠、李济深、张澜、罗荣桓、沈钧儒、郭沫若、黄炎培、彭真、李维汉、陈叔通、达赖喇嘛·丹增嘉措、赛福鼎等13人当选为副委员长，彭真当选为秘书长；董必武当选为中华人民共和国最高人民法院院长；张鼎丞当选为中华人民共和国最高人民检察院检察长。

根据中华人民共和国主席毛泽东的提名，大会决定以周恩来为中华人民共和国国务院总理。

中华人民共和国第一届全国人民代表大会第一次会议的召开，正如毛泽东在会议开幕词中所说的："是标志着我国人民从一九四九年建国以来的新胜利和新发展的里程碑"。

这次会议所一致通过的《中华人民共和国宪法》，是一个伟大

▲ 1954年国庆游行队伍，欢呼《中华人民共和国宪法》颁布实施（**高帆 摄**）

的、划时代的法典。它标志着中国人民革命和国家建设事业走上了新的里程，确定了中国从新民主主义过渡到社会主义的历史道路。

　　《中华人民共和国宪法》和全国人民代表大会组织法、国务院组织法、人民法院组织法、人民检察院组织法、地方各级人民代表大会和地方各级人民委员会组织法等各项法律的产生，标志着中国人民民主政治和人民民主法制建设的新阶段。新中国的根本政治制度——人民代表大会制度，将在全国范围内成为国家政治生活的基础。

　　这一年，是新中国军事工作按照1953年12月7日至1954年1月26日召开的全国军事系统党的高级干部会议所确定的方针、原则，全面展

开革命化、正规化、现代化建设的第一年。这一年，国家设立了国防委员会、国防部，重新成立了中国共产党中央军事委员会，进一步建立健全了国防和军队领导体制；组建了海军潜艇部队，人民解放军的合成化进一步加强；召开了全军军事训练工作会议，确定了统一的训练制度，开始了正规、统一的军事训练；雅克－18型飞机试制成功，武器装备进一步改善；颁布了《中国人民解放军政治工作条例》，军队政治工作趋于制度化、规范化；实行了精简整编，继续缩减军队员额。在加强自身建设的同时，中国人民解放军严惩国民党军的骚扰、破坏，击沉国民党军舰"太平"号，击伤、击落国民党军飞机55架；积极支援和参加国家经济建设，抢修沿海铁路，修筑康藏、青藏公路。中国军事顾问团还帮助越南人民军组织实施了著名的奠边府战役，为越南人民的抗法斗争作出了巨大贡献。

援越抗法

　　新中国成立不久，1950年1月，越南民主共和国政府主席胡志明秘密访问中国，以印度支那共产党中央的名义向中国共产党提出援越抗法的请求。为了支援兄弟党和友好邻邦争取国家独立与民族解放，在国家经济尚未恢复、战争创伤急需医治的情况下，中共中央、毛泽东毅然作出援越抗法的决策。中央派遣罗贵波为中共中央联络代表赴越，与印度支那共产党中央协商援越抗法的重大事宜；派陈赓为中共中央代表，协助组织边界战役和负责统一处理中国对越南军事援助的各项工作；决定从第二、第三和第四野战军选调人员，组成以韦国清为团长，梅嘉生、邓逸凡为副团长的援越军事顾问团，协助越南人民军进行军队建设和作战指挥。

　　中国军事顾问团79名顾问和随员共250人，于1950年8月12日抵达越南高平省广渊越南人民军前线指挥部驻地。韦国清任越南总军委和人民军总司令顾问，梅嘉生、邓逸凡、马西夫分别担任越南人民军总参谋部、总政治局和总供给局顾问；同时，向越军当时的3支主力部队第304、第308、第312师派驻了顾问组。

军事顾问团根据中共中央的指示和越南斗争的实际，把协助越南人民军组织指挥作战、打败法国侵略者作为自己的中心任务。从1950年8月赴越，到1954年越南抗法战争停战，军事顾问团先后协助越南人民军组织指挥了边界、红河中游、东北（18号公路）、高平、西北、上寮、奠边府7次规模较大的战役。这些战役，从决策到具体组织实施，都是在军事顾问团帮助下进行

的。在越南劳动党中央和总军委领导下，越南人民军英勇作战，打败了法国侵略军，赢得了抗法战争的胜利。特别是边界、西北、奠边府三次大捷中，军事顾问团都适时提出战略性的建议，并帮助拟订周密的作战计划和实施灵活机动的组织指挥，对夺取战役的胜利，起到了重要的作用。1950年9月16日发起的边界战役，歼灭法军8个整营，毙、俘法军8000余人，缴获大批武器弹药，收复5个市、13个县镇，打破了法军对越北根据地的包围和对中越边境的封锁，改变了越南北部的战场形势。1952年10月14日发起的西北战役，历时2个月，共歼灭法军1.38万人，解放约2.85万平方公里土地和25万人口，使越北根据地进一步巩固和扩大，改变了抗法战争的战略态势。1954年3月起，中国军事顾问团协助组织指挥的奠边府战

▲1954年国庆阅兵式上的152毫米榴弹炮（红枫 摄）

役，历时55天，共歼灭法军3个主力兵团的17个步兵、伞兵营，3个炮兵营，连同工兵、装甲、运输部队及少量非正规部队约1.62万人，其中俘虏莫边府法军最高指挥官德卡·斯特莱少将以下1.09万人，击落、击伤各型飞机62架，击毁坦克4辆，缴获重炮30门、坦克6辆及大量武器弹药和军用物资。莫边府战役的胜利，宣告了法国侵略战争的彻底失败，迫使法国在日内瓦协议上签字。同年7月，法军开始撤出越南和整个印度支那，北纬17°线以北的越南北方全部解放。

军事顾问团根据中共中央和毛泽东等中央领导人的指示，在协助越南人民军组织指挥作战的同时，还从多方面帮助加强越南人民军建设。在军事工作方面，军事顾问团根据作战任务和形势发展的要求，有计划地帮助越南人民军在作战和建军指导思想上实现了三次转变。第一次是从1950年边界战役开始，军事顾问团结合越南人民军实际情况，提出发展更多主力部队的建议，并帮助人民军总部拟制了《建设主力部队方案》和编制装备计划，人民军在一年多时间内组建了3个步兵师和1个工炮师。随着战局的发展和部队的扩大，军事顾问团又向人民军提出了加强军事训练和对部队进行正规化教育、建立各项规章制度的建议，并帮助起草了《战斗条令》、《队列条令》和《内务条令》，经人民军总军委讨论修改通过后颁布执行。人民军顺利地实现了由游击战向运动战的转变。第二次是西北战役后，针对人民军攻克坚固防御集团据点能力较弱的情况，军事顾问团与越方共同研究后，采取两项措施，一是加强炮兵建设，二是加强部队攻坚战术技术训练，使人民军攻坚能力有了较大幅度的提高，实现了由小规模攻坚战到大规模攻坚战的转变。第三次是越南实现停战后，军事顾问团与越南人民军总部一起研究了建军计划和未来作战问题，并帮助越南人民军整编、进行系统的正规训练和特种兵建设等军队建设工作，逐步实现由战争环境到和平环境的转变。在思想政治建设方面，军事顾问团不仅将中国人民解放军行之有效的政治工作经验有针对性地介绍给越南人民军，而且帮助越南人民军建立起一整套的政治工作制度和业务机构，先后有步骤地协助组织了四次重大思想政治教育，开展政治整军，这对保证越南人民军作战的胜利和完成各项任务都发挥了积极作用。在后勤建设方面，军事顾问团帮助越南人民军建立健全了各级后勤组织，完善了各项规章制度，提高了保障能力，使后勤工作逐步走上正轨。

中国军事顾问团在越南的5年多时间里，认真执行中共中央、中央军委的指示，尊重越南劳动党、政府和胡志明主席的领导，同越南人民患难与共，艰苦奋斗，为越南人民取得抗法战争的胜利、为越南人民军建设，作出了积极的贡献，得到越南劳动党、政府和人民军指战员的高度赞扬，也得到中共中央、中央军委的充分肯定。越南停战后，中共中央根据新的形势，并征得越方同意，决定撤销军事顾问团，顾问团成员于1955年9月起陆续全部回国。

在越南抗法战争期间，中国人民解放军还在中国境内帮助越南人民军训练部队，开办军官学校和驾驶、通信等专业技术人员培训班，培训军事、技术干部1.5万余人。越南人民军的许多建制部队都是首先在中国境内接受装备，进行训练，尔后回国参战的。中国还向越南提供了大量的武

↑ 1954年新中国国庆节当天，两位日本新闻记者在北京天安门观礼台上，把新中国人民胜利的、骄傲的声音，用钢丝录音机记录下来，准备带回他们的国家去播放（**红枫 摄**）

器装备物资，据不完全统计，共援助越南人民军枪支15.5万余支（挺）、枪弹5785万发、炮3600余门、炮弹108万多发、手榴弹84万多枚、汽车1200余辆、军服140余万套、粮食和副食品1.4万多吨、油料2.6万余吨，以及大量的医药和其他军用物资，有力地保证了越南人民军抗法战争的需要。

一届全国人大一次会议决定设立国防委员会

1954年9月15～28日，中华人民共和国第一届全国人民代表大会第一次会议在北京举行。会议决定设立国防委员会和国防部，撤销中国人民解放军总司令的设置；任命毛泽东兼任国防委员会主席，国务院副总理彭德怀兼任国防部部长。会议根据中华人民共和国主席毛泽东的提名，通过了中华人民共和国国防委员会副主席和委员人选的决定。朱德、彭德怀、林彪、刘伯承、贺龙、陈毅、邓小平、罗荣桓、徐向前、聂荣臻、叶剑英、程潜、张治中、傅作义、龙云15人为国防委员会副主席。

国防委员会是咨询性质的机构，不直接领导、指挥国家武装力量，先后共三届。1959年4月，第二届国防委员会成立，刘少奇任主席，上届副主席除朱德、龙云外均连任，增补卫立煌为副主席，委员有100人。1965年1月，第三届国防委员会成立，刘少奇任主席，林彪、刘伯承、贺龙、陈毅、邓小平、徐向前、聂荣臻、叶剑英、罗瑞卿、程潜、张治中、傅作义、蔡廷锴为副主席，另设委员107人。1975年1月，第四届全国人民代表大会第一次会议通过的《中华人民共和国宪法》不再有关于设立国防委员会的规定。

中华人民共和国国防部成立

1954年9月28日，中华人民共和国第一届全国人民代表大会第一次会议决定设立国防部，隶属国务院，负责国防建设方面的具体工作。国务院副总理彭德怀兼任国防部部长。此后，历任国防部部长为林彪、叶剑英、徐向前、耿飚、张爱萍、秦基伟、迟浩田、曹刚川。现任国防部部长为梁光烈。国防部未设专门的办事机构，其工作由中国人民解放军总参谋部、总政治部、总后勤部和国防部办公厅（中央军委办公厅兼）等部门分别承担。

重新成立中共中央军事委员会，毛泽东任主席

1954年9月28日，中共中央政治局作出关于成立党的军事委员会的决议。该决议指出：中共中央政治局认为，必须同过去一样，在中央政治局和书记处

之下成立一个党的军事委员会，担负整个军事工作的领导。同时决定，由毛泽东、朱德、彭德怀、林彪、刘伯承、贺龙、陈毅、邓小平、罗荣桓、徐向前、聂荣臻、叶剑英12人组成中共中央军事委员会，毛泽东任主席，彭德怀主持中共中央军事委员会的日常工作。

中国人民解放军各统率机关改换冠称

1954年10月7日，中共中央军事委员会会议决定：鉴于中央人民政府人民革命军事委员会已取消，经中共中央书记处批准，中国人民解放军各总部原冠以"中央人民政府人民革命军事委员会"者，今后一律改冠以"中国人民解放军"的称号，如原"中央人民政府人民革命军事委员会总参谋部"改称"中国人民解放军总参谋部"等。随后，总参谋部和中央军委办公厅将这一决定通知全军。

以人民解放军为主修建的康藏、青藏公路正式通车

新中国成立初期，为完成祖国统一大业，人民解放军奉命进军西藏。遵照毛泽东主席关于"一面进军，一面修路"和"为了帮助各兄弟民族，不怕困难，努力筑路"的指示，西南军区、西北军区先后派出步兵、工兵等部队，会同各民族修路工人，开始修筑康藏、青藏公路。康藏公路（1955年，西康省建制被撤销后，该路改称川藏公路）东起雅安，西至拉萨，全长2255公里，在1950年4月动工修筑；青藏公路北起西宁，南至拉萨，全长2100公里，在1950年6月破土动工。两路蜿蜒于中国西南、西北地区的崇山峻岭之中，平均海拔高度在4000米以上，沿途江河湍急，峰岳险峻，并需穿过大片的冻土地带。

筑路大军忍受了高山缺氧等种种困难，征服了重重天险，挖掘土石3000多万立方米，造桥400余座，终于胜利地完成任务。1954年12月25日，康藏、青藏公路同时全线通车。

此后，人民解放军步兵、工兵和基建工程兵部队又先后参加了对这两条公路的整治工作。1974～1985年，基建工程兵部队承担了青藏公路改建和铺筑沥青路面工程中最艰巨的格尔木到唐古拉山段施工任务，经过11年的艰苦奋战，胜利完成了任务。在川藏、青藏公路的修建与改建过程中，人民解放军指战员付出了艰巨的劳动，先后有逾千人为筑路而英勇捐躯。

1954年，中华人民共和国成立5周年，是"逢五小庆"的年头。社会主义阵营的苏联、朝鲜、越南等国家纷纷组成代表团，应邀前来参加新中国建国5周年国庆典礼。

1954年9月28日中午12时，应中国政府邀请，前来参加新中国建国5周年国庆典礼的朝鲜民主主义人民共和国政府代表团团长、朝鲜民主主义人民共和国内阁首相金日成元帅一行乘飞机到达北京。

—— 朝鲜政府代表团团长金日成在北京机场的谈话 ——

亲爱的同志们，尊敬的诸位！

我们来到朝鲜人民的邻邦——伟大的中华人民共和国首都北京，我以朝鲜民主主义人民共和国政府代表团的名义，谨向你们并通过你们向北京市民和全中国人民，致以衷心的热烈的祝贺。

朝鲜人民欢欣地庆祝：中国人民在光荣的共产党的领导下在进一步巩固人民民主制度及建设社会主义事业中获得的成就，并热烈地祝愿保卫远东及世界和平的强大的力量——中华人民共和国获得更辉煌的成就。

亚洲新时代到来的标志——伟大的中华人民共和国的成立和他的威力的不断增长，不仅是中国人民的历史性的辉煌胜利，也是为自由和独立而斗争的全亚洲人民的胜利。

为庆祝中华人民共和国成立五周年，访问贵国的朝鲜民主主义人民共和国政府代表团向不仅在我们祖国解放斗争中，而且在恢复和建设战后人民经济的时期中，给予我们不断的巨大援助的兄弟般的中国人民致以深切的谢意。

朝鲜人民确信，为我们两国人民的利益和为巩固远东及世界和平，我们两国人民之间永恒的友谊和紧密合作的关系将更加巩固起来。

伟大的中国人民和朝鲜人民之间的永恒的巩固的友谊万岁！

远东和世界持久和平与安全的强大力量——伟大的中华人民共和国万岁！

1954年9月29日下午，应中国政府邀请，前来参加中华人民共和国

建国5周年国庆典礼的苏联政府代表团团长、苏联共产党中央委员会第一书记、苏联最高苏维埃主席团委员尼·谢·赫鲁晓夫一行，乘专机飞抵北京。中共中央书记处书记、全国人民代表大会常务委员会委员长刘少奇，中共中央书记处书记、国务院总理兼外交部部长周恩来等人前往机场欢迎。

苏联政府代表团团长赫鲁晓夫在北京机场的谈话

亲爱的朋友们：

苏联政府代表团在庆祝中华人民共和国成立五周年的盛大节日的时候，来到了伟大中国的古老的首都——北京，代表苏联人民向兄弟的中国人民致以衷心的祝贺。

我们两国人民之间的兄弟同盟和牢不可破的友谊、卓有成效的合作和互助，在建设新生活的事业中，在争取和平的斗争中，已经建立起来，并且正在日益巩固。

苏联人民十分关切你们的创造性的工作，并怀着十分骄傲的心情祝贺中国劳动人民在光荣的共产党和人民政府领导下所取得的卓越成就。这些人民革命的历史性的成就，已由全国人民代表大会最近通过的中华人民共和国宪法固定了下来，这一宪法庄严地宣布了在中国建设社会主义社会的原则。我们热烈地祝贺中国人民：通过了宪法，选出了中国人民伟大的儿子和领袖毛泽东同志为中华人民共和国主席。

中国的人民革命的胜利和在和平建设中取得的巨大成就说明，掌握了自己命运并下定决心要实现国内的伟大改革以达到既定目标的六亿中国人民具有无比巨大的力量。

全世界爱好和平的人民都认为，苏联和中华人民共和国两大强国之间的牢不可破的友谊，是强大的和平堡垒，是一支伟大的不可战胜的力量，这支力量对于为了全人类的利益，为了巩固世界和平来解决一切国际问题，具有日益增长的影响。

中华人民共和国万岁！

伟大的中国人民和中国人民的光荣的共产党万岁！

祝苏联和中华人民共和国两国人民之间的永恒友谊日益发展和巩固！

越南民主共和国主席胡志明因国内抗法斗争需要，未能来华参加中华人民共和国建国5周年国庆盛典，但他给毛泽东主席发来了贺电。

——越南胡志明主席给毛泽东主席的贺电——

中华人民共和国主席毛泽东同志：

欣逢中华人民共和国建国五周年国庆盛典，我谨代表越南人民、越南民主共和国政府向中国人民和您——主席同志致最热烈的祝贺。

五年来，在中国共产党和您的领导下，中国人民已在巩固人民民主政权和建设社会主义社会的事业中取得了许多巨大的胜利，从而使中国人民的生活日益美好，亚洲人民的民族解放运动愈加波澜壮阔，大大地加强了以苏联为首的世界和平民主阵营的力量。

越中两国自古以来就是兄弟之邦。在为争取和平、统一、独立和民主的长期和艰苦的斗争中，越南人民得到了中国人民兄弟般的支持。

我们趁此机会向兄弟和姐妹般的中国人民、中国政府、中国共产党和您表示衷心的感谢。谨祝中国人民在进行社会主义建设和维护亚洲及世界和平的事业中取得更伟大的胜利。

敬祝您，主席同志，身体健康。

越南民主共和国主席　胡志明

一九五四年九月二十九日

国庆节前夕——9月30日晚，首都各界在中南海怀仁堂隆重举行中华人民共和国建国5周年国庆庆祝大会。

怀仁堂里充满着一片喜气洋洋的节日景象。主席台上摆着棕树和鲜花。在银灰色丝绒的帷幕上，正中悬挂着国徽，两旁缀有"一九四九"、"一九五四"的金色大字。

19时15分，毛泽东主席偕同朱德副主席、刘少奇委员长、周恩来总理和全国人民代表大会常务委员会副委员长、国务院副总理、最高人民法院院长、最高人民检察院检察长、国防委员会副主席，以及应邀参加国庆典礼的各国政府代表团的主要贵宾们登上主席台。这时，全体起立，暴风雨般的掌声响彻全场。

庆祝大会由刘少奇委员长主持。大会开始，乐队奏起庄严的《中华人民共和国国歌》。

国务院总理周恩来在会上作了庆祝中华人民共和国建国5周年的讲话。他的讲话不断获得全场热烈的掌声。接着，苏联政府代表团团长赫鲁晓夫走上讲台，向中国人民祝贺新中国成立5周年。然后，刘少奇委员长致词说："我们感谢各位贵宾的祝贺和鼓舞。我们相信，在一切国际朋友的支持下，首先是我们伟大盟邦苏联的支持下，我国人民一定能把我们国家的各项事业推向新的更大的胜利。"

中华人民共和国成立5周年的国庆阅兵，就是在这种气氛中举行的。这次阅兵的规模，是新中国成立后较大的一次。

早在1954年6月26日，中央人民政府人民革命军事委员会总参谋部就根据中共中央主席

▲1954年国庆游行队伍中的学生方队（**刘峰 摄**）

毛泽东、书记处书记刘少奇、秘书长邓小平审定的阅兵方案，发出国庆首都阅兵工作指示，确定了受阅部队的规模和编组，对受阅训练和其他准备工作提出了要求，并决定以华北军区为主组成首都国庆阅兵指挥部，统一领导地面受阅部队训练；由军委空军司令部组成空军阅兵指挥机构，负责组织空军受阅部队训练。9月23日，毛泽东主席亲自任命华北军区兼京津卫戍区副司令员杨成武为国庆阅兵总指挥。

═══ 9次阅兵壮军威 ═══

从新中国成立后第一次阅兵——开国大典阅兵式起，杨成武就以阅兵副总指挥兼阅兵指挥所主任的身份，开始参与组织和领导工作，开创了新中国组织大型阅兵之先河。迄今13次国庆阅兵中，杨成武将军除在1951年和1952年参加抗美援朝作战外，他参加组织了9次。从1954年到1958年，他以阅兵总指挥的身份组织了5次阅兵，并陪同彭德怀检阅受阅部队；1959年，他以副总参谋长的身份协调组织了国庆10周年阅兵。杨成武9次参与组织国庆阅兵，这在中华人民共和国和其他各国阅兵史上都是少有的，对人民解放军大型阅兵作出了开创性的贡献。他在世界阅兵领域享有盛誉。他所训练和指挥的阅兵式，多次受到苏联和美国军事专家的称赞，不仅为人民解放军争了光，也为中国人民争了光。美国西点军校的一名队列教官钦佩地说："中国的阅兵分列式是世界一流的，我们不知道，它的指挥官杨成武将军是用什么办法把成千上万的士兵训练得如此整齐划一、规范标准，确实非常不容易，我们是望尘莫及。"杨成武组织的盛大阅兵仪式壮我军威、扬我国威。在他的精心策划、严密组织下，历次国庆阅兵都搞得很成功，多次受到党中央、毛泽东的赞扬。杨成武匠心独运，不断完善，创造出了具有我军特色的威武雄壮、庄重气派的阅兵仪式，充分展示了人民解放军威武之师、文明之师的良好形象。

受阅部队是从全军60个单位抽调编成的，有军事学院方队，第一步兵学校方队，第八步兵学校方队，第三炮兵学校方队，南京工兵学校方队，第一坦克学校方队，第一和第二海军学校抽组的海军学校方队，"重庆"号舰和第五海军学校抽组的水兵方队，第九航空学校方队，公安第2师抽组的公安部队方队，华北军区3个野战军抽组的步兵师、摩托步兵团方队，内蒙古军区骑兵第5师抽组的骑兵团方队，空降兵部队抽组的伞兵方队，防空部队抽组的高射炮和探照灯方队，解放军炮兵从6个炮兵师和华东军区1个军及所属师炮团抽组的炮兵师方队，解放军装甲兵2个坦克师抽组的坦克和自行火炮方队，东北、华北、华东军区装甲部队抽组的三轮摩托车方队，2个空军师及1个独立团抽组的航空兵梯队等。受阅部队共10384人。

阅兵准备工作的重点是部队训练和技术保障。按照总参谋部和阅兵指挥部的规定，徒步、骑兵和车辆方队从1954年7月1日起，陆续在各自驻地开训，完成单兵教练、班教练和方队教练。8月中旬至月底，各受阅部队陆续进驻北京，完成合练和预演。空军受阅部队从6月15日开始在本场进行分散训练，在8月上旬转场至北京近郊基地，于9月28日完成合练。

徒步方队的训练，分为单兵基础动作和方队教练。单兵基础动作

↑1954年国庆阅兵式上的炮兵方队（高帆 摄）

↑1954年国庆阅兵式上的三轮摩托车方队（红枫 摄）

主要有立正、转头注目、敬礼、齐步、正步、劈枪、端枪。方队教练主要有方队整齐、队形变换、行进间敬礼等。徒步方队由200人编成，横排面20人，共10个排面，要求队形行列整齐，方向正确，间隔距离保持规定尺度，动作有力稳固。为了达到上述标准，指战员不怕苦，不怕累，按照条令要求，从难从严进行艰苦的训练。练立正，蚊叮虫咬，日晒雨淋，个个纹丝不动；拔慢步，腿痛腰酸，汗流浃背，人人一丝不苟。许多人的手和腿练肿了，脚上打了泡，仍坚持训练。

车辆方队的训练，要求队形整齐，间隔距离一致，乘员姿势端正、精神振作。坦克、火炮每方队横排面4台车（炮），共4个排面；三轮摩托车横排面6辆，共27个排面。训练前，各方队试验了标齐方法，组织了示范教练，制定了教案和进度表，修建了环形教练跑道。训练全面展开后，通过单列、小方队训练，逐步过渡到全方队训练。坦克方队将驾驶员分为参观见学组、驾驶准备组、实车驾驶组，适时轮换，互相学习。炮兵方队，摸索出了控制车速、保持间隔距离的方法，达到了训练指标。

航空兵由3机按三角形编队，从几个机场起飞，要求低空、小间距、逐队跟进，准时到达指定空域。受阅飞机通过天安门广场的高度为600米，航速每小时为400～650公里，这对新中国年轻的飞行部队来说，是一个严峻的考验。他们精心组织、精心指挥，采用地面练与空

ЁЁ

中练、小机群练与大编队练相结合的方法，顺利完成了训练任务。

10月1日，地面受阅部队在天安门广场和东长安街列队，空军受阅梯队在北京附近机场待命起飞。

上午10时，毛泽东主席偕同朱德副主席、刘少奇委员长、周恩来总理等党和国家领导人以及应邀参加国庆典礼的赫鲁晓夫、金日成等外国贵宾，登上天安门城楼。这时，广场上响起了经久不息的欢呼声和掌声。

在天安门城楼上的还有：全国人民代表大会常务委员会副委员长宋庆龄、林伯渠、李济深、张澜、罗荣桓、沈钧儒、郭沫若、黄炎培、彭真、李维汉、陈叔通、达赖喇嘛·丹增嘉措、赛福鼎，国务院副总理陈云、彭德怀、邓小平、邓子恢、贺龙、陈毅、乌兰夫、李富春、李先念，最高人民法院院长董必武，最高人民检察院检察长张鼎丞，国防委员会副主席刘伯承、徐向前、聂荣臻、叶剑英、程潜、张治中、傅作义、龙云。

班禅额尔德尼·却吉坚赞也在天安门城楼上。

在天安门观礼的有：苏联、波兰、朝鲜民主主义人民共和国、罗马尼亚、蒙古、捷克斯洛伐克、匈牙利、德意志民主共和国、保加利亚、越南民主共和国、阿尔巴尼亚等国政府代表团的团员。

在天安门上观礼的还有：全国人民代表大会常务委员会委员，国务院秘书长、各部部长、各委员会主任，中国人民解放军高级将领，中国人民政治协商会议全国委员会常务委员。

北京市市长彭真宣布中华人民共和国建国5周年国庆典礼开始。这时，军乐团高奏国歌，礼炮齐鸣。接着，阅兵式开始。中华人民共和国国防部部长彭德怀乘车从天安门出发，他在阅兵总指挥、华北军区副司令员杨成武陪同下，检阅了排列在广场上的各部队，并向他们致以节日的祝贺。

检阅后，彭德怀再次步上天安门城楼，向中国人民解放军指挥员、战斗员们发布命令。

中华人民共和国国防部命令

中国人民解放军全体指挥员、战斗员同志们：

今天是中华人民共和国成立五周年的伟大节日。中国人民解放军同全国人

民一起，热烈地庆祝我们国家五年来的伟大成就，庆祝第一届全国人民代表大会第一次会议的胜利成功，庆祝中华人民共和国宪法的公布，庆祝新的国家领导机关的组成。我们伟大的祖国，在中国共产党、中央人民政府和毛主席的领导下，在过去的五年来，在沿着社会主义建设和社会主义改造的前进道路上，无论在政治、经济和文化方面，都已获得了巨大的进展，全国人民的物质和文化生活已获得初步的改善和提高。朝鲜停战和印度支那和平的恢复，我国人民同伟大的苏联、同各人民民主国家、同各爱好和平的邻邦，以及同全世界一切爱好和平的国家和人民一起，在保卫亚洲和世界和平，缓和国际紧张局势的斗争中，业已获得了伟大的成就，我国同一切爱好和平的国家的和平合作关系正在日益增进。

在全国普选的基础上，我国在今年九月十五日至二十八日，召开了第一届全国人民代表大会第一次会议。正如毛主席所说："这次会议具有伟大的历史意义。这次会议是标志着我国人民从一九四九年建国以来的新胜利和新发展的里程碑。这次会议所制定的宪法将大大地促进我国的社会主义事业。"

宪法规定："中华人民共和国的武装力量属于人民"，因此，我军必须继续发扬为人民服务的光荣传统，拥护政府、爱护人民，模范地遵守宪法和法律，遵守公共秩序，尊重社会公德。

宪法规定，中华人民共和国武装力量的神圣任务是："保卫人民革命和国家建设的成果，保卫国家的主权、领土完整和安全"。因此，解放台湾的斗争是中国人民解放战争尚未完成的任务，解放台湾的任务是中国人民解放军的光荣职责。我军必须紧紧地依靠全国人民，加强努力，一定要把台湾从美国帝国主义和蒋介石卖国集团的统治下解放出来，不达目的，决不休止。我们的斗争是正义的，我们一定能够胜利。

为了解放台湾，为了防御帝国主义向我国神圣边疆的可能侵略，为了保卫祖国的建设，为了保卫亚洲和世界的和平，我命令你们：时刻保持战斗准备，加强军事、政治训练，加强集中统一意志，提高社会主义觉悟，努力学习苏联军队的一切先进经验，掌握现代作战的艺术，发扬革命英雄主义，服从命令，遵守纪律，为争取和保证每一个军事任务的胜利完成而奋斗！

中国人民解放军万岁！

中华人民共和国万岁！

我们胜利的组织者——中国共产党万岁！

中国人民的伟大领袖毛泽东主席万岁！

国防部部长　彭德怀

分列式开始。中国人民解放军最高军事学府——军事学院的学员最先列队进入天安门广场，接受党和人民的检阅。跟进的是步兵学校、炮兵学校、工兵学校、坦克学校、航空学校、海军学校的学员队伍。学员们队形整齐，动作协调一致。

水兵们走着威武的步伐经过天安门前。他们是来自东海前哨的卫士，祖国海疆的保卫者。他们代表着在我们祖国辽阔海洋上日益强大的海军部队。

海军第一支潜艇部队成立

1954年6月19日，中国人民解放军海军第一支潜艇部队在青岛正式组建，番号为海军独立潜水艇大队。为组建潜艇部队，早在1951年4月，海军就成立了275人的学习队，到苏联海军太平洋舰队驻中国旅顺潜艇分队学习。当年6月，又挑选100多名大学生、高中生充实到学习队。1952年5月，在青岛开始修建第一个潜艇基地。1953年8月，成立潜艇学校，为潜艇部队培养骨干。在此基础上成立的潜艇大队，主要装备是1954年6、7月份两次接收的购自苏军的4艘旧式常规动力潜艇。1955年冬，独立潜艇大队扩建，改称潜水艇支队，编为2个大队，装备苏式"M"型和"C"型潜艇各4艘，共690余人。1956年后，又组建了新的潜艇大队和潜艇基地。20世纪60年代，中国自行设计生产的潜艇装备海军，各舰队都组建了潜艇支队。1974年8月1日，中国自行设计制造的第一艘核动力潜艇编入海军战斗序列。1975年2月，核潜艇支队正式成立。

公安部队和步兵师各个方队相继通过天安门广场。这是由一支手枪

参加1954年国庆阅兵的南京
军事学院方队(刘峰 摄)

▲1954年国庆阅兵式上的坦克方队（陆文骏 摄）

方队、冲锋枪方队和步枪方队组成的队伍，队形整齐，步伐有力，步枪方队的劈枪动作标准而一致。

在步兵方队后面的骑兵受阅部队，来自内蒙古草原，功臣、模范占50%。他们共编成6个方队，每个方队都是毛色相同的军马。从侧面看，骑兵和战马各成一条直线，队形整齐。

三轮摩托车团、摩托步兵团、伞兵部队、炮兵部队、坦克部队依次通过天安门广场。行进在炮兵师前面的是120毫米重迫击炮方队，跟进的依次是57毫米反坦克炮、76.2毫米野炮、122毫米榴弹炮、132毫米火箭炮、探照灯、37毫米高炮、85毫米高炮、152毫米加农榴弹炮、HC-2号重型坦克、T-34中型坦克和122毫米自行火炮方队。中国人民解放军的陆军部队在中国革命斗争中已锻炼成一支不可战胜的力量，他们正在为进一步建立现代化陆军而奋斗。

在炮兵部队通过天安门的同时，航空兵受阅部队飞临天安门广场上空。飞在前面的是由1架杜-4型重型轰炸机和2架米格-15比斯型歼击机护航的带队机群，接着是4个轰炸机团和2个歼击机团。受阅的航空兵由111架作战飞机编成。

链接 LIANJIE

—— 中国第一架雅克-18型飞机试制成功 ——

1954年7月21日，中国第一架雅克-18型飞机在南昌飞机制造厂试制成功。该机为活塞式教练机，低空最大平飞速度为每小时248公里，实用升限4000米，后被命名为初教－5型飞机。8月1日，毛泽东主席发贺信表示嘉勉。贺信说：第一架雅克－18型飞机的试制成功，"这在建立我国的飞机制造业和增强国防力量上都是一个良好的开端"。截至1958年，初教－5型飞机共生产379架，为训练海、空军航空兵飞行员发挥了重大作用。

整个阅兵，历时63分钟，给人们留下了深刻的印象。当一个个方队依次经过天安门时，毛泽东和其他中央领导人频频挥手，观礼台上的中外来宾和广场上的群众不时报以热烈的掌声和欢呼声。

这次阅兵较以往有三个变化：一是这次阅兵从以往受阅部队主要由陆军和少量海、空军编成，变为受阅部队由诸军兵种编成，反映了人民解放军海军、空军和陆军诸兵种的迅速发展。二是人员编成，由使用整连整营的部队，变为抽组正规的方队。三是武器装备，由缴获的杂牌，换成型号、口径统一的"苏联造"。整个阅兵由过去的人员、武器、耗时三多，变为兵种全、装备新、用时短，实际效果更好。此次阅兵中最好的武器有米格－15型歼击机、122毫米榴弹炮、152毫米加农炮、132毫米火箭炮、T－34坦克等，院校方队人员全部穿上了卡叽布新式军装，队伍更加整齐美观。中国人民解放军骑兵部队则是最后一次接受检阅。

▲ 参加1954年国庆阅兵的伞兵部队（**红枫 摄**）

1919

1955:
新中国第七次
国庆阅兵

1955年，是新中国军事工作实施重大改革的一年。首先，按照国家颁布的有关法律和条例，中国人民解放军改干部供给制为薪金制，改志愿兵役制为义务兵役制，实行军衔制，并给中国人民解放军（含中国人民志愿军）有功人员颁发勋章、奖章。

链接 LIANJIE

—— 毛泽东主席公布《中国人民解放军军官服役条例》 ——

1955年2月8日，中华人民共和国第一届全国人民代表大会常务委员会第六次会议通过《中国人民解放军军官服役条例》，并由中华人民共和国主席毛泽东以命令公布。该条例对军官的来源和条件、军官职务的任免原则、军官的权利和义务、军衔的评定（军衔定为尉官、校官、将官和元帅4等14级）作出了规定，并决定建立军官预备役制度。这是中国人民解放军第一部军官服役条例，它的颁布，标志着人民解放军的干部管理逐步走上法制化轨道，促进了人民解放军的正规化建设。

—— 全国人大常委会通过《关于规定勋章奖章授予中国人民解放军在中国人民革命战争时期有功人员的决议》 ——

1955年2月12日，第一届全国人民代表大会常务委员会第七次会议通过《关于规定勋章奖章授予中国人民解放军在中国人民革命战争时期有功人员的决议》。决议指出："为了表彰革命功勋，发扬光荣传统，现根据中华人民共和国宪法第三十一条第十四项规定，八一勋章和八一奖章、独立自由勋章和独

立自由奖章、解放勋
章和解放奖章，分别
授予中国人民解放
军在中国工农红军
时期、抗日战争时
期和解放战争时期
参加革命战争的有功
人员。"同时，还通
过了《中华人民共和
国授予中国人民解放
军在中国人民革命战
争时期有功人员勋章
奖章条例》、《关于
规定勋章奖章授予中
国人民解放军在保卫
祖国和进行国防现代
化建设中有功人员的

▲1955年国庆节，邓颖超、蔡畅、张闻天（从右至左）在北京天安门城楼上（程默 摄）

决议》，以及《关于授予中国人民志愿军抗美援朝保家卫国有功人员勋章奖章
的决议》。9月以后，全军各大单位先后隆重举行了授勋典礼。全军共有131人
获一级八一勋章，117人获一级独立自由勋章，570人获一级解放勋章。至1957
年，授予人民解放军有功人员各种勋章共10万余枚、各种奖章52万余枚。

　　1988年7月1日，第七届全国人民代表大会常务委员会第二次会议，批准
通过中央军委提出的《关于授予军队离休干部中国人民解放军功勋荣誉章的规
定》。《规定》共14条，对功勋荣誉章的种类、名称和授予对象、条件，以及
对授予功勋荣誉章的人员给予的优待等事项都作了具体规定。鉴于军队离休干
部对革命的贡献有所不同，《规定》按照中国人民革命战争的不同时期，将功
勋荣誉章划分为3种：中国人民解放军红星功勋荣誉章、中国人民解放军独立功
勋荣誉章、中国人民解放军胜利功勋荣誉章。为了较好地区分1937年7月6日以
前入伍或参加革命工作的离休干部的历史功绩，《规定》又将中国人民解放军
红星功勋荣誉章分为两级。

　　1988年7月30日，中央军委在北京隆重举行授勋仪式，中央军委常务副主
席杨尚昆宣布中央军委主席邓小平授予军队离休干部中国人民解放军功勋荣誉

章的命令。命令授予萧劲光等830人一级红星功勋荣誉章，授予汪荣华等3704人二级红星功勋荣誉章；授予贺进恒等47914人独立功勋荣誉章；授予邓兆祥等31519人胜利功勋荣誉章。授予军队离休干部功勋荣誉章，集中体现了中共中央和中央军委对军队离休老同志的亲切关怀，对提高他们的社会地位、增强他们的荣誉感和责任感、激励他们保持和发扬革命优良传统，以及增强广大群众的国防观念都具有重要意义。

1955年国庆节前夕，即9月27日，在中南海怀仁堂举行了隆重的中国人民解放军首次授衔、授勋仪式。

人民解放军实行军衔制度

1955年9月27日，在北京隆重举行授予元帅军衔及勋章典礼。毛泽东主席将授予中华人民共和国元帅军衔的命令状授予朱德、彭德怀、林彪、刘伯承、贺龙、陈毅、罗荣桓、徐向前、聂荣臻、叶剑英。同日，国务院举行授予将官军衔和勋章典礼，周恩来总理为在京将官授衔。粟裕、徐海东、黄克诚、陈赓、谭政、萧劲光、张云逸、罗瑞卿、王树声、许光达被授予大将军衔。9月28日，国防部举行授衔典礼，国防部部长彭德怀授予在北京的部分校级军官军衔。同年11月至1956年年初，各军兵种和各大军区也先后举行了授衔仪式。贺龙、聂荣臻、叶剑英等人分别代表国务院和国防部授予军衔。首次授衔，全军被授予少尉以上军衔的军官53.1万余名，其中元帅10名、大将10名、上将55名、中将175名、少将800名。这次授衔，将官合计1040名，之后又选升上将2名、中将2名、少将560名。到1965年取消军衔制时，共授予上将57名、中将177名、少将1360名。后来增加的两名上将，是在1956年晋升的王建安和1958年晋升的李聚奎。在57名上将中，授衔时年龄最小的是39岁的"红小鬼"萧华。目前健在的开国上将，只有1905年出生的全国政协原副主席吕正操。

1965年5月，由中共中央军委提议，经第三届全国人民代表大会常务委员会第九次会议讨论决定，自当年6月1日起，取消军衔制度。

▲1955年，周恩来总理授予解放军总部校官军衔（**解放军画报社供稿**）

    1988年7月1日，第七届全国人民代表大会常务委员会第二次会议，通过中央军委提出的《中国人民解放军军官军衔条例》。该条例共8章34条，对现役军官军衔等级的设置，现役军衔职务等级编制军衔，现役军官军衔的首次授予，现役军官军衔的晋级，现役军官军衔的降级、取消和剥夺，现役军官军衔的标志和佩戴等都作了明确规定。现役军官军衔设3等11级，即：一级上将、上将、中将、少将；大校、上校、中校、少校；上尉、中尉、少尉。与此同时，会议还作出了《关于确认1955年至1965年期间授予的军官军衔的决定》。

    1988年9月14日，中央军委在北京举行授予上将军官军衔仪式，党和国家领导人向17位上将颁布由中央军委主席邓小平签发的命令状。这17位上将军官是：洪学智、刘华清、秦基伟、迟浩田、杨白冰、赵南起、徐信、郭林祥、尤太忠、王诚汉、张震、李德生、刘振华、向守志、万海峰、李耀文、王海。10月1日，人民解放军正式实施新的军衔制度，共授予尉官军衔40.5万人、校官军衔18万人、将官军衔1452人。军衔制的再度实施，标志着人民解放军现代化、正规化建设进入一个新阶段。

2009年7月20日，中央军委举行晋升上将军衔仪式，副总参谋长马晓天、军事科学院政治委员刘源、成都军区政治委员张海阳晋升为上将，中央军委主席胡锦涛向他们颁发了命令状。至此，自1955年我国首次实行军衔制和1988年恢复军衔制以来，已有174位高级军官、警官分别获上将军衔与警衔。

—— 人民解放军军衔史上的三个为什么 ——

一、为什么1955年和1988年授衔时两个最高军衔都没有授出去？

1955年2月8日，第一届全国人大常委会第六次会议通过的《中国人民解放军军官服役条例》规定，军官军衔设四等十四级，最高的一等一级为"中华人民共和国大元帅"。《条例》规定，授予大元帅军衔的条件是："对创建全国人民武装力量和领导全国人民武装力量进行革命战争，立有卓越功勋的最高统帅"。按这个条件衡量，只有毛泽东一人能够享受此项殊荣。在1955年9月下旬高级将领授衔以前，解放军总后勤部天津军需工厂的女工们，就精心绣制出两副大元帅肩章，做好了授衔的物质准备。但是，它一直没有授得出去，只好作为一件珍贵展品，摆在博物馆的展柜里供人们参观。这是为什么呢？时任中国人·

民解放军总干部部第一副部长的宋任穷，对毛泽东不愿意接受大元帅军衔的过程，在40多年后有一段回忆，大致意思是：在1955年授衔工作准备阶段，宋任穷和总干部部的其他人，向中共中央领导人汇报授衔工作进展情况时，毛泽东说："我这个大元帅就不要了，让我穿上大元帅的制服，多不舒服啊！到群众中去讲话、活动，多不方便啊！"后来，在全国人民代表大会常务委员会上，一些委员提出，毛泽东作为人民解放军的缔造者和领导者，指挥过很多重大战役，在全党、全军和全国人民中享有崇高声誉，应该被授予大元帅军衔。主持会议的全国人大常委会委员长刘少奇，曾亲耳听毛泽东说过不愿意接受大元帅军衔的话，所以，刘少奇表示不好作结论。有位民主人士提出："全国人大常委会作出决定，毛主席有什么办法！"刘少奇说："全国人大常委会可以作决定，但毛主席是国家主席，还需要他下命令才行呀，他不下命令怎么办？"最后，刘少奇说："你们不是经常见毛主席吗？可以当面说服他，争取他的同意。这次会议不作决定。"但是，人们最终还是没有说服毛泽东，"中华人民共和国大元帅"成了我国历史上的一个空衔。

1988年7月1日，第七届全国人大常委会第二次会议通过的《中国人民解放军军官军衔条例》规定，军官军衔设三等十一级，最高的一等一级为"一级上将"。《条例》规定，中央军委委员的职务编制军衔为上将。对中央军委主席、副主席，《条例》只肯定有编制军衔，但没具体规定编什么衔。1988年4月13日，解放军总政治部在全国人大常委会上作的《关于〈中国人民解放军军官军衔条例（草案）〉若干问题的说明》中指出："上将分两个等级，主要是考虑军委主要领导同志需要授予军衔时，其军衔等级与其他高级军官的军衔等级应有所区别。"这就说明，一级上将是中央军委主席、副主席的职务编制军衔。然而，同1955年的大元帅衔一样，这次军衔等级中设置的最高衔——一级上将也成了空衔。其原因也是有权利获得该衔的人不要。对此，1988年5月27日，杨尚昆在全军贯彻实施干部"三个条例"工作会议上的讲话中披露："邓主席一直讲他不要军衔。""我是武衔门里的文官，也不要军衔。如果军委主席、副主席都不要军衔，变成文官，我看这对全军是一个很好的影响，对全军顺利地改文职是个推动。"鉴于一级上将空缺的实际，1994年5月12日，《全国人民代表大会常务委员会关于修改〈中国人民解放军军官军衔条例〉的决定》，取消了一级上将的军衔，规定"中央军事委员会主席不授予军衔"，"副主席的职务等级编制军衔为上将"。

二、为什么1988年恢复军衔制时没设元帅和大将军衔？

1988年军衔制度的恢复实行，早在1979年10月总政治部召开的全军干部部部长会议上就提了出来。会议结束后，总政治部在向中央军委提交的《关于加强干部队伍建设若干问题的请示报告》中，正式以文字形式提出"恢复军衔制"的建议。1981年，总政治部抽调人员组成起草军衔立法文件报审草案的工作班子。在草案的设计阶段，各方面意见大都主张新的军衔等级不宜设置过高，高级军衔层次宜从简。因此，军衔立法文件草案从一开始，主流意见就是不设置元帅和大将的方案。1988年4月13日，总政治部在向全国人大常委会作的关于《军官军衔条例》(草案)的说明中指出："根据我军军官队伍的实际和目前处于和平时期的状况，这次军官军衔等级的设置与1955年相比，简化了一些"。所谓简化，指的主要是精简了元帅、大将和大尉。简化的理由主要强调了两点，一是"我军军官队伍的实际"，二是"目前处于和平时期"。

关于我军军官队伍。当时是20世纪80年代，我国国内大规模的战争结束已有30多年。在革命战争年代指挥过战役军团作战、立有卓越功勋的高级将领，不少已经作古；在世的人也年事已高，其任务是颐养天年，不在授衔挂帅之列。1988年全军首批授予上将军衔的17位高级将领，是当时我军在职人员中或入伍最早，或资历最老，或任职最高者，是最有条件获得最高军衔的现役军官。然而，与1955年第一次授衔时1000余名在战争中出生入死的将帅队伍相比，他们中间只剩下了其中的10位（其余7位中，2位在1964年晋升少将，5位是校官），所占比例不足1%。由此可见，当时我军干部队伍结构与1955年比较，变化是很大的。军衔等级的设置，不能不充分考虑到干部队伍变化

1955年9月27日，徐向前（前排右）、聂荣臻等人民解放军高级将领在中华人民共和国主席授衔、授勋典礼上（**林杨 摄**）

了的实际情况。

关于国际环境。第二次世界大战结束以后，尽管局部战争一天也没有停止过，但各国军队都有大幅度的压缩。战时授予或战后补授的高衔，如苏联的大元帅、美国的五星上将、南斯拉夫的元帅等，都在当事人谢世后没有再授。我军在抗美援朝战争结束后，军队的规模逐步缩减，到1988年军衔制恢复实

▲ 粟裕大将为在京校官授勋（梦珊 摄）

施时，由1951年的627万人削减到300万人，在部队的编制体制上精简了兵团级机构，军队的层次和人数都减少了。在对战争与和平关系的认识上，改变了以往认为世界大战不可避免的思维模式，认为"未来的一段时间内，不可能有大的战争发生，军队的主要任务是保卫和参加社会主义现代化建设"。中央军委基于对世界形势的上述分析，决定在新的军衔体系中不再设元帅、大将等高衔。

三、为什么我军保留退役军衔的保障政策在16年后才出台？

1988年的《中国人民解放军军官军衔条例》第6条规定："现役军官退役的，其军衔予以保留，在其军衔前冠以'退役'。"1995年的《中华人民共和国预备役军官法》第30条也规定："预备役军官退出预备役后，其预备役军官军衔予以保留，在其军衔前冠以'退役'。"军衔的保留，用什么方式体现？多数国家的做法是，在一定场合与时机，退役军官有权着退役时佩有军衔标志符号的军服。当时，对于我国1988年的相关法律对退役军官军衔的保留规定，不但没有及时出台保障其落实的政策，反而于1990年出台了一个与法律规定相抵触的文件，使退役人员保留军衔的法律条文，成为一句空话。

1990年10月15日，有关部门下发了《关于已离退休和复员转业、免职干部

着装、佩带军衔符号问题的规定的通知》，规定上述干部在"节假日或参加重大活动时，不再着军装和佩戴军衔符号"。这就从政策上剥夺了退役军官在一定场所着军服、佩戴军衔符号的政治权利。直到2004年1月3日，中共中央办公厅、国务院办公厅、中央军委办公厅在《关于进一步做好军队离休退休干部移交政府安置管理工作的意见》中，才对落实1988年《军官军衔条例》的法律规定，提供了政策保障。

中共中央、国务院、中央军委三个办公厅的这个文件，在"政治待遇"一节中明确规定："军队离退休干部参加重大庆典和重大政治活动时，可以按照军队规定着离退休时的军装，佩戴军衔、文职符号和勋章、立功奖章。"

何谓"重大庆典和重大政治活动"？尚未见到有关方面的界定。对退役人员着军服的场所，国际上不同国家有不同规定。苏联规定，退役军官可着军服的场合是，参观部队军事演习、校阅、体育活动，参加军事学术会议、节日集会和阅兵等。美国的规定是，参加爱国游行、军人婚礼或葬礼、军人舞会、军事纪念仪式、军事集会等。我国国防部在20世纪50年代的规定是："参加国家和军队的重大节日、庆典以及军事活动。"

中华人民共和国主席授衔、授勋典礼隆重举行

中华人民共和国主席授予中国人民解放军军官以中华人民共和国元帅军衔及授予中国人民解放军在中国人民革命战争时期有功人员勋章典礼，于1955年9月27日下午5时在北京中南海怀仁堂隆重举行。

主席台正面悬挂着毛泽东主席的巨幅画像，画像两侧挂着国旗。

在主席台上的有：中华人民共和国主席毛泽东、副主席朱德，全国人民代表大会常务委员会委员长刘少奇，国务院总理周恩来。

在主席台上的还有：全国人民代表大会常务委员会副委员长宋庆龄、林伯渠、李济深、沈钧儒、郭沫若、黄炎培、彭真、李维汉、陈叔通，国务院副总理陈云、彭德怀、邓小平、邓子恢、贺龙、陈毅、乌兰夫、李富春、李先念。

全国人民代表大会常务委员会典礼局局长余心清宣布典礼开始，军乐队奏国歌。

全国人民代表大会常务委员会副委员长兼秘书长彭真宣读了中华人民共和国主席授予中国人民解放军军官以中华人民共和国元帅军衔的命令。接着，毛泽东主席将授予中华人民共和国元帅军衔的命令状，一一授予朱德、彭德怀、

林彪、刘伯承、贺龙、陈毅、罗荣桓、徐向前、聂荣臻、叶剑英。

　　授予元帅军衔礼成以后，彭真又宣读了中华人民共和国主席授予中国人民解放军在中国人民革命战争时期有功人员勋章的命令。

　　毛泽东主席接着将一级八一勋章、一级独立自由勋章、一级解放勋章，分别授予在中国工农红军时期、抗日战争时期、解放战争时期参加革命战争的有功人员，在解放战争时期直接领导原国民党军队起义的有功人员、对人民解放战争有功人员，以及对和平解放西藏地区有功人员。

　　荣获一级八一勋章、一级独立自由勋章和一级解放勋章的有：朱德、彭德怀、林彪、刘伯承、贺龙、陈毅、罗荣桓、徐向前、聂荣臻、叶剑英、王宏坤、王近山、王震、王树声、甘泗淇、朱良才、刘志坚、刘亚楼、刘道生、李克农、李达、李涛、宋任穷、陈赓、周士第、周保中、罗瑞卿、洪学智、孙毅、倪志亮、张宗逊、张爱萍、张云逸、张经武、郭天民、许光达、莫文骅、彭绍辉、傅秋涛、程世才、黄克诚、粟裕、冯白驹、赵尔陆、阎红彦、赖传珠、谢富治、萧克、萧劲光、萧华、谭政。

　　荣获一级八一勋章和一级独立自由勋章的有：冯仲云。

　　荣获一级八一勋章和一级解放勋章的有：王尚荣、王诤、朱明、刘少文、李天焕、吴先恩、陈外欧、周仁杰、周纯全、孙超群、徐深吉、唐天际、张广才、杨至成、杨秀山、郑维山、萧向荣、谭家述。

　　荣获一级独立自由勋章和一级解放勋章的有：万毅、王平、刘少

▲1955年9月27日，毛泽东向彭德怀授予一级八一勋章、一级独立自由勋章、一级解放勋章（解放军画报社供稿）

▲ 贺龙元帅为在京将官授勋（梦珊 摄）

卿、刘其人、吕正操、陈士榘、罗舜初、苏振华、张国华、杨成武、阎揆要、韩伟。

荣获一级八一勋章的有：欧阳毅。

荣获一级独立自由勋章的有：孟庆山。

荣获一级解放勋章的有：王文轩、王再兴、王光华、王奇才、王宗槐、王秉璋、王振祥、王智涛、王辉球、牛书申、孔石泉、甘思和、石志本、朱军、成钧、刘子云、刘文辉、刘中华、刘西元、刘华清、向仲华、李人林、李中权、李赤然、李呈瑞、李贞、李耀、李继开、吴烈、吴涛、何廷一、何基沣、何维忠、何辉、谷景生、谷广善、沙克、余秋里、陈沂、陈云开、陈庆先、周希汉、周彪、周彬、苏进、苏静、易耀彩、邱会作、邱创成、邱蔚、封永顺、乌兰夫、查国桢、段德彰、胡奇才、孙仪之、袁子钦、袁升平、袁渊、徐德操、张令彬、张平凯、张池明、张克侠、张廷发、张治中、张开荆、张雄、张轸、张瑞、张逊之、张霖东、张贤约、梁必业、常乾坤、曹达诺夫·扎依尔、梅嘉生、彭富九、贺东生、傅作义、傅崇碧、傅连暲、程潜、黄火星、黄志勇、黄振棠、黄新友、黄炜华、高树勋、曾克林、曾美、曾泽生、童陆生、喻缦云、杨尚儒、叶青山、顿星云、董其武、赵镕、漆远渥、熊伯涛、邓家泰、邓逸凡、郑国仲、潘峰、蔡顺礼、阎捷三、卢汉、龙道权、欧阳文、谢有法、钟汉华、薛少卿、邝任农、魏传统、谭右铭、饶正锡、饶守坤。

授衔、授勋典礼于下午6时半，在《胜利进行曲》的军乐声中宣告完成。

那一颗颗缀在肩章上闪闪发光的金星，是军人地位与荣誉的象征，也是他们奋斗足迹与所作贡献的凝聚。在评定军衔过程中，许多在革命战争年代为中国革命作出巨大贡献的高级将领，新中国成立后因参加政府领导工作而放弃了军衔，如周恩来、邓小平、李先念等人。而另有许多高级将领在授衔时主动让衔或降衔，如被评为大将、时任中国人民解放军装甲兵司令员的许光达就多次要求给自己降衔，并直接给中共中央、中央军委和毛泽东主席写信，报告自己的心愿，体现了严于律己的无私精神，一直被传为美谈，被人称颂。

— 许光达自请降衔信 —

军委毛主席、各位副主席：

授我以大将衔的消息，我已获悉。这些天，此事小槌似地不停地敲击心鼓，我感谢主席和军委领导对我的高度器重，高兴之余，惶惶难安。我扪心自问：论德、才、功，我佩戴四星，心安神静吗？此次，按新民主主义革命时期的功绩授勋，回顾自身历史，一九二五年参加革命，战绩平平。一九三二年至一九三七年，在苏联疗伤学习，对中国革命毫无建树。而这一时期是中国革命最艰难困苦的时期。蒋匪军数次血腥的大"围剿"、三个方面军被迫作战略转移，战友们在敌军层层包围下，艰苦奋战，吃树皮草根，献出鲜血生命，我坐在窗明几净的房间吃牛奶面包。自苏联返回后，有几年是在后方。在中国人民解放军的行列里、在中国革命的事业中，我究竟为党为人民做了些什么？

（我）对中国革命的贡献，实事求是地说，是微不足道的。不要说同大将们比，心中有愧，与一些年资较深的上将比，也自愧不如。和我长期共事的王震同志功勋卓著：湘鄂赣树旗，南泥湾垦荒；南下北返，威震敌胆；进军新疆，战果辉煌……

为了心安，为了公正，我曾向贺（龙）副主席面请降衔。现在我诚恳、慎重地向主席、各位副主席申请：授我上将衔，另授功勋卓著者以大将。

许光达

一九五五年九月十日

——◇ 人民解放军换穿55式军衔服装 ◇——

1955年10月1日，中华人民共和国国防部发布命令，执行国务院批准的《关于中国人民解放军的军衔肩章、领章、军兵种与各勤务符号、制式帽徽和服装规格、样式的决定》，中国人民解放军全体官兵从10月1日起换穿55式军衔服装。军衔服装分常服和礼服两类。军官佩戴军衔肩章及缀有兵种、勤务符号的领章。官兵均佩戴新式"五星八一"圆形帽徽。军官戴大沿帽，士兵除水兵戴水兵帽、佩戴肩章外，均戴船形帽，佩戴缀有兵种、勤务符号的军衔领章。校官、尉官中，除海军校官、尉官外，都扎武装带；士兵都扎腰带。55式军衔服装的式样和用料均有较大改善，较好地展示了军容，显示了国威、军威。

1958年1月，国防部发布命令，规定军官在节日、集会、出国或外交场合佩戴肩章、领章，平时一律佩戴新的制式领章。从1959年4月起，陆、空军士兵改戴解放帽。从1960年起，军官在节日和外交场合戴大沿帽，平时改戴解放帽。1965年取消军衔制度后，55式军衔服装遂告废止。

1955年，重新划分军区，将新中国成立初期的6个大军区改划为12个大军区；并成立了中国人民解放军训练总监部、武装力量监察部等总部机关（至此，八总部领导体制形成，即：总参谋部、总政治部、总干部部、总后勤部、总财务部、总军械部、训练总监部、武装力量监察部）。

1955年国庆阅兵式上的炮兵方队（李云良 摄）

——○ 国务院决定将全国6个大军区改划为12个大军区 ○——

　　1955年2月11日，国务院总理周恩来、国防部部长彭德怀发布《关于全国军区重新划分的若干决定》。《决定》根据中共中央、中央军委对全国战略区的划分和党的中央局、中央分局的设置，将全国东北、华北、西北、华东、中南、西南6个大军区改划为12个大军区，即：沈阳、北京、济南、南京、广州、武汉、成都、昆明、兰州、新疆、内蒙古、西藏军区。1956年，又增设福州军区。1967年5月和1969年12月，内蒙古军区和西藏军区先后改为省军区，分别归北京军区和成都军区领导。1979年5月，新疆军区改为乌鲁木齐军区。

　　在实施一系列政策的同时，人民解放军陆、海、空三军于1月首次举行联合登陆作战，解放一江山岛。2月，中国接收旅顺口海军基地。11月，人民解放军在辽东半岛举行抗登陆战役演习。

人民解放军陆、海、空军协同作战，解放一江山岛

　　一江山岛位于浙江大陈岛西北10公里处，是驻守大陈岛的国民党军的重要外围据点，国民党军舰艇依托它经常对大陆进行骚扰活动。经过充分准备，人民解放军华东军区以4个步兵营、9个炮兵营、各种类型舰艇及其他船只共194艘、空军和海军航空兵22个大队，于1955年1月18日发起一江山岛渡海登陆作战。各参战部队在沿海渔民和广大民兵的大力支援下，密切协同，胜利登陆，经激烈战斗，于19日攻占一江山岛，全歼守军1000余人。盘踞在大陈各岛屿的国民党军，在美国海、空军的掩护下，裹胁岛上居民2万余人撤逃。2月13日，人民解放军进驻大陈岛、渔山岛、披山岛等岛屿。2月26日，人民解放军进驻南麂山列岛。至此，浙江沿海岛屿全部解放。解放一江山岛作战，是人民解放军陆、海、空军首次联合作战，它改变了台湾海峡的斗争形势，锻炼和提高了人民解放军三军协同作战的能力，取得了联合兵种协同作战的经验。

中国接收旅顺口海军基地

　　1945年8月22日，苏联军队在参加对日作战中占领旅顺。1950年2月14日，中华人民共和国政府与苏联政府签订《中苏友好同盟互助条约》和《关于中国长春铁路、旅顺口及大连的协定》，其中规定中苏"两国共同使用旅顺口海军根据地"，并规定苏联军队"不迟于一九五二年末"自共同使用的旅顺口海军根据地撤退。后因朝鲜战争爆发，苏军的撤退时间被推迟。1954年10月12日，中苏两国政府发表《关于旅顺口海军根据地问题的联合公报》，决定"苏联军队的撤退和旅顺口海军根据地地区的设备移交"，"应于一九五五年五月三十一日前完成"。

　　1955年2月21日，中国人民解放军海军和沈阳军区部队开始接收苏联军队驻旅顺、大连地区的防务。4月15日，中华人民共和国国防部发布命令，成立中国人民解放军海军旅顺基地。中苏双方举行交接仪式，在5月24日举行总签字式。同时，中国人民解放军驻旅顺口地区部队也最后完成了对旅顺口海军基地军事设备的接收工作。5月26日，苏军指挥部人员起程回国。中国共有偿地接收苏军1个潜艇基地、5个歼击机师、1个轰炸机师、2个步兵师、1个机械化师、3个地面炮兵师、3个高射炮兵师等部队的大部分武器装备。

人民解放军在辽东地区举行抗登陆军事演习

1955年11月3日至14日，经毛泽东主席批准，人民解放军训练总监部在辽宁省东部地区举行了一次在使用原子武器和化学武器条件下，方面军抗登陆战役中主要行动方向的诸兵种合成的集团军、军两级首长——司令部携带通信工具，并有实兵参加的抗登陆战役演习。演习由训练总监部组织领导，国防委员会副主席、训练总监部代部长叶剑英担任总导演，粟裕、陈赓、邓华、甘泗淇、萧克担任副总导演。参加演习的有陆军1个兵团、4个军、1个机械化师的机关和部分部队，还有海军和空军部分建制单位，共6.8万余人，飞机262架、舰艇65艘，坦克和自行火炮1000余辆（门）。刘少奇、周恩来、邓小平、彭德怀、贺龙、陈毅、聂荣臻等人观看演习，并检阅了演习部队。全军高中级干部800余人，随演习部队一起作业和参观见习。苏联、朝鲜、越南、蒙古4国派军事代表团观看了演习。演习结束后，国防部部长彭德怀发表了总结讲话。这样大规模的演习，在人民解放军的历史上还是第一次。通过演习，丰富了人民解放军在现代条件下抗登陆作战的知识，提高了军队高级干部组织与指挥抗登陆战役的能力，检查了部队的战备工作，熟悉了演习地区的地理情况，并取得了组织较大规模战役演习的经验。

在这样的大背景下，1955年10月1日，首都各界在天安门广场举行了盛大的阅兵式和群众游行，庆祝中华人民共和国建国6周年。

在这全民的节日里，天安门广场显得格外庄严。中国人民解放军各受阅部队，穿着新式的服装，佩

▲ 1955年国庆盛典上的军乐团（刘峰 摄）

▲1955年国庆阅兵式上的摩托化步兵主队（红枫 摄）

戴着军衔肩章、领章，军容威严地排列在飘扬着的无数红旗下接受检阅。

毛泽东主席同朱德副主席、刘少奇委员长、周恩来总理等党和国家领导人在阅兵前登上天安门城楼。

上午10时，北京市市长彭真宣布首都人民庆祝国庆大会开始。军乐团奏国歌，礼炮齐鸣。

阅兵开始，中华人民共和国国防部部长彭德怀元帅乘阅兵车从天安门出发，由阅兵总指挥杨成武上将陪同，检阅陆、海、空军各受阅部队，并向他们致以节日的祝贺。

参加受阅的部队有：南京军事学院、石家庄步兵学校、第四炮兵学校、南京工兵学校、第一坦克学校、第十航空学校、大连海军学校、青岛海军学校，步兵、炮兵、装甲兵、伞兵以及空军飞行部队和军乐团等。受阅总人数10314人，共组成27个方队和轰炸机、战斗机组成的若干飞行梯队。

检阅部队后，彭德怀元帅再次登上天安门城楼，向中国人民解放军全体官兵发布命令。

链接 LIANJIE

—— 中华人民共和国国防部命令 ——

各军种兵种的士兵同志们、军官同志们、将军同志们：

今天，我们同全国人民一起，热烈地庆祝伟大的中华人民共和国成立的第六周年。

中华人民共和国的成立标志着中国人民取得了民主革命的伟大胜利，建立了人民自己的独立自由的国家，开辟了我国走上社会主义的光明道路。正是中国历史上的这个伟大变化，使我国人民有可能按照社会主义的原则来建设真正自由幸福的生活。

六年来，我国人民在中国共产党、中央人民政府和毛泽东主席的领导下，在国家建设的一切战线上都取得了伟大的成就。还在一九五二年底，我国就结束了国民经济的恢复阶段；而从一九五三年起，我国就进入了国民经济的有计划地发展和改造的阶段。我国在自己的前进道路上，获得了苏联和各人民民主国家的巨大援助，也赢得了全世界爱好和平的国家和人民的普遍同情。

不久以前，第一届全国人民代表大会第二次会议通过了我国发展国民经济的第一个五年计划。正如这次会议的决议所说：这个伟大的计划是我国人民为实现过渡时期总任务而奋斗的带有决定意义的纲领，它的实现将为我国社会主义建设和社会主义改造的事业奠定良好的初步的基础，从而促进国家的富强和人民的幸福。

今年是我国发展国民经济的第一个五年计划的第三个年度。过去两年和今年上半年执行计划的结果证明，我国人民有充分的信心实现这个伟大的计划。我国人民正以高涨的劳动热情，发挥着不可限量的积极性和创造性，响应着中国共产党、中央人民政府和毛泽东主席的号召，就就业业，克服困难，努力增产，厉行节约，为完成和超额完成第一个五年计划而奋斗。

我国人民没有权利忘记：帝国主义不愿意看到我国变成一个强大的社会主义工业化的国家；盘踞台湾的蒋介石卖国集团妄想推翻人民革命政权，实现反革命的复辟；一切敌视人民的分子由于心怀仇恨，图谋报复，也必然要进行各种破坏活动。这一切说明，我国的社会主义建设事业的前进决不会是一帆风顺的。我们必须充分估

▲1955年国庆阅兵式上的军官方队（**刘峰 摄**）

▲1955年国庆阅兵式上的步兵方队（**高帆 摄**）

▲参加1955年国庆阅兵的炮兵战士（**李云良 摄**）

计到国内国外敌人的破坏活动，并且同这种破坏活动进行坚决的斗争。

根据中华人民共和国宪法，中国人民解放军在保卫我们国家的独立、安全和保卫社会主义建设事业方面担负着崇高而光荣的职责。由于中国共产党、中央人民政府和毛泽东主席的关怀，我国武装力量的现代化建设已经取得了空前巨大的成就。中华人民共和国兵役法的颁布和实施，将为我国武装力量建立强大的兵源后备。军官服役条例的施行和军衔的授予，更鼓舞了全体军人的爱国心和荣誉感。我国武装力量的不断增长的强大威力更加增强了我国人民对于自己的事业和力量的信心。

在从事规模巨大的和平建设的同时，我国人民始终不渝地关怀世界和平的维护和巩固。我国人民深知，我国的社会主义建设事业需要一个长期的国际和平环境。我国政府外交政策的方针，就是本着我国人民这一和平愿望而尽一切努力建立我国同一切国家之间的正常关系，促进国际紧张局势的不断缓和，实现不同社会制度的国家的和平共处。我国人民和我国政府在这方面已经作了重大的坚持不懈的努力。不久以前举行的日内瓦四国政府首脑会议受到我国人民的欢迎。我国人民愿意看到日内瓦会议精神的不断发展和增强。我国政府并且曾经多次申明，我国愿意通过中美两国的直接谈判来消除由于美国占领我国领土台湾和干涉我国内政而造成的台湾地区的紧张局势。

我国人民坚持对于台湾的主权。我们一定要解放台湾。台湾一天不解放，我国的领土就一天不完整，我国的和平建设就一天不安宁，远东和世界的和平也一天得不到保障。解放台湾是我国的内政，是我国人民永远不可动摇的意志。

为了保卫祖国的独立和安全，为了保卫我国的社会主义建设事业，为了解放台湾和维护世界和平，我命令你们：时刻提高警惕，保持战斗准备，努力加强各军种兵种的军事和政治的训练，严格遵守各种条令制度，爱护武器和资财，增强军内军外的团结，发扬革命英雄主义的光荣传统，在一切岗位上忠诚地履行宪法赋予的崇高职责！

中国人民解放军万岁！

中华人民共和国万岁！

我们胜利的组织者——中国共产党万岁！

中国人民的伟大领袖毛泽东主席万岁！

国防部部长、中华人民共和国元帅　彭德怀

▲1955年国庆节，陈赓大将、粟裕大将、萧华上将、洪学智上将（从右至左）在北京天安门城楼上（**林默 摄**）

　　10时25分，分列式开始，杨成武上将乘指挥车从天安门广场由东向西驶过。在指挥车后面的是军事学院方队，步兵学校、炮兵学校、工程兵学校、坦克学校、航空学校、海军学校方队，水兵方队，公安部队方队。

　　装备精良的步兵、摩托化步兵、伞兵部队，以严整的阵容相继通过天安门。

　　这时，天安门前出现了钢铁的巨流，由牵引车牵引着各式各样大口径、远射程的大炮，循序并列前进。最后，坦克部队通过了广场。

　　地面部队通过广场后，在首都的天空出现了风驰电掣般的"祖国神鹰"。在领航机的后面，一队队喷气式轰炸机、歼击机凌空而过。

　　阅兵历时50分钟结束，又开始了50万人的群众游行。

　　1955年国庆阅兵时，受阅部队指战员身着崭新的新式军装，佩戴军衔肩章、领章，军容严整地通过天安门广场。刚授衔的元帅和大将等高级将领，在阅兵结束后，兴致勃勃地在天安门城楼上合影留念。这些照片现在成为开国将帅们穿着新军装、为数不多的珍贵图片，有的还成了将帅们的标准照。照片上，他们个个露出会心的微笑。

1916

1956:
新中国第八次
国庆阅兵

1956年1～9月，是基本完成社会主义改造的最后阶段。其间，新中国军事工作又有了长足的发展。举其要者：中共中央军委召开第二次扩大会议，确立了积极防御的战略方针，从而解决了军事工作所面临的迫切问题。防化兵、通信兵领导机构相继成立，至此，中国人民解放军完成历史性转折，建成了包括陆军（未单设军种领导机构）、海军、空军、防空军、公安军5个军种，步兵（未单设兵种领导机构）、炮兵、装甲兵、工程兵、铁道兵、防化兵、通信兵7个兵种的合成军队。国产火炮、喷气式歼击机开始装备部队，人民解放军的武器装备明显改善。

1956年9月15日至27日，中国共产党第八次全国代表大会召开，新中国进入全面建设社会主义时期。党的八大明确指出，社会主义改造基本完成以后，党和国家的主要任务，就是要调动一切积极因素，尽快地变落后的农业国为先进的工业国。为贯彻这一精神，减少军费开支，支援国家经济建设，并加速实现军队的正规化、现代化，中央军委于11月25日作出《关于裁减军队数量加强质量的决定》，拟在3年

▲ 新中国自制的85毫米高射炮，参加1956年国庆阅兵式（胡宝玉 摄）

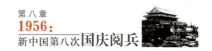

内把人民解放军总员额减少三分之一，即从383万人中裁减130万人左右，保持250万人的水平。这一决定被随后召开的中共中央军委第三次扩大会议讨论通过，对人民解放军的质量建设产生了重大影响。

 LIANJIE

── 中央军委制定保卫祖国的战略方针 ──

1956年3月6～15日，中央军委举行第二次扩大会议。会议着重讨论了保卫祖国的战略方针和国防建设问题。彭德怀代表中央军委作了《关于保卫祖国的战略方针和国防建设问题》的报告。叶剑英、黄克诚、谭政、宋任穷分别就军队训练、组织编制、肃反工作和干部工作等问题作了报告。会议确定，为了有效地防御帝国主义对我国的突然袭击，保卫人民革命和国家建设的成果，保卫国家的主权、领土完整和安全，根据我国社会主义国家的性质和我军实际状况，在未来反侵略战争初期，应该采取积极防御的战略方针。也就是说，应该是在战争爆发之前，不断地加强我国的军事力量，继续扩大我国的国际统一战线活动，从军事上和政治上来制止或推迟战争的爆发。当帝国主义不顾一切后果向我国发动侵略战争的时候，我军要能够立即给予有力的回击，在战争初期将敌人阻止在预定设防地区，把战线稳定下来，掩护全国由平时状态转入战时状态，然后逐渐由战略防御转入战略反攻。会议就落实积极防御的战略方针、我军应采取的作战形式、作战指导上的要求等作出了规定，并对国防建设提出了新的要求。

── 新中国成立以来人民解放军的10次精简整编 ──

第一次精简整编。新中国成立初期，人民解放军总兵力达550万人。1950年6月，全军参谋会议制定的精简整编方案规定全军定额400万人。当年，全军即复员23.9万余人。不久，朝鲜战争爆发，精简整编工作终止。到1951年年底，全军总兵额增加到627万人，是人民解放军历史上兵力最多的时期。

第二次精简整编。1951年11月，中央人民政府人民革命军事委员会召开整编会议，规定到1954年把全军总员额控制在300万人左右。1952年1月，根据毛泽东批准的《军事整编计划》，国防军步兵部队从258万人减为135万人，各军兵种部队由61万人扩大到84万人，各总部和各级机关由112万人减为38万人，各院校由10.8万人扩大为12.8万人，地方部队95万人改编为公安部队，全军总定额保持在300万人左右。

第三次精简整编。1953年8月28日，中共中央又作出军事系统（包括公安部队）应再整顿组织、精简机构冗员、提高部队质量的紧急指示。随后，全军进行了精简整编。截至1953年9月底，全军部队人数减到420万左右。在此次整编尚未结束之际，1953年12月，全国军事系统党的高级干部会议决定，把全军简编为350万人，在体制上重新设立中共中央军事委员会，设立国防委员会和国防部，并形成八总部领导体制，同时还将6大军区改划为12大军区，将军区体制由四级改为三级（即军区、省军区、军分区，并延续至今）。到1954年6月，全军已精减47.2万余人，到年底基本完成计划。

第四次精简整编。1957年1月，中央军委根据党的八大关于减少军费的精神，召开第三次扩大会议，通过了《关于裁减军队数量加强质量的决定》，确定全军总人数再裁减三分之一，要求3年裁减130万人左右，将

全军员额压缩至250万人左右（实际上减至240万人左右，为全军人数最少的时期）。此次精简整编重新恢复了三总部（即总参谋部、总政治部、总后勤部，并延用至1998年）体制，撤销了公安军、防空军，将防空军与空军合并，同时压缩、调整了军事院校，设立了军事科学院和国防部国防科学技术委员会。到1958年年底，全军成建制地集体转业或移交地方的有1个军部、46个师、30余所医院和30余所院校。全军总人数在1956年的基础上精减36%，与新中国建立时相比，精减61.2%。

第五次精简整编。1966年以后的一段时间里，部队组织编制混乱，比例失调，机构臃肿，干部严重超编，军队员额继续扩大。到1971年，全军总人数与1965年相比，又增长20%多；同1958年相比，增长1.53倍。到20世纪70年代中期，全军总员额又突破了600万人。1975年6月24日至7月5日，中央军委召开具有历史意义的扩大会议，集中讨论和重点解决了压缩军队定额、调整编制体制等重大问题，决定3年内将军队员额减少60万人。从1975年第四季度开始，陆军部队和各军区机关进行了整编，铁道兵地铁部队、部分工程建筑部队和县、市中队移交地方有关部门，撤销了部分空军军部、高射炮兵师、地方独

▲1956年国庆阅兵式上的南京军事学院方队（**刘峰 摄**）

立师和步兵师。到1976年，军队总人数比1975年减少了13.6%，精简整编工作取得很大成绩。后来，精简整编任务因受江青反革命集团的干扰、破坏，没有完成就停顿下来。

第六、七、八次精简整编。1977年12月，中共中央军委扩大会议通过了《关于军队编制体制的调整方案》。这个方案肯定了1975年中共中央军委扩大会议确定的精简整编方针、原则和措施，要求全军继续完成1975年规定的精简整编任务。1980年3月，中共中央军委决定，军队再次进行精简整编，减少数量，提高质量，大力精简机关，改革不合理的编制体制，压缩非战斗人员和保障部队，部分部队实行简编，将一部分部队移交地方。同年8月15日，中共中央批转了中共中央军委《关于军队精简整编的方案》。1982年9月，中共中央和中共中央军委又决定军队进一

步进行精简整编。

依据宪法，成立了中华人民共和国中央军事委员会（其组成人员、领导机构、职能与中共中央军事委员会相同）；将部分野战师由整编师改为简编师；将担负内卫执勤任务的部队和边防部队移交公安部门；撤销基建工程兵，所属部队按系统对口集体转业到地方；撤销铁道兵，并入铁道部；撤销省军区的地方部队；将中央军委炮兵、装甲兵、工程兵领导机关分别改为总参谋部炮兵部、装甲兵部、工程兵部（后又被合并为总参谋部兵种部）。整个精简整编工作到1983年结束。

1984年11月，中央军委召开扩大会议，中央军委主席邓小平提出全军裁减员额100万的设想。随后，中央军委研究了人民解放军裁减员额的整编方案。1985年5月底6月初，中央军委召开扩大会议，确定了军队建设指导

▲1956年国庆阅兵式上的坦克方队（刘峰 摄）

思想的战略性转变，并决定裁减军队员额100万。此次裁减的重点是精简总部、军兵种、大军区、国防科工委机关和直属单位；撤并部分院校；减少各级副职，将机关、部队的76种职务由军官改为士兵担任；将武装警察部队和县（市、区）人民武装部划归地方建制；将装甲兵部队的全部，炮兵、高炮部队及部分野战工兵部队与保留的陆军全部统一整编为集团军。精简整编工作到1987年年初基本结束。

第九次精简整编。1997年9月，中共中央总书记江泽民在中共十五大报告中指出，为适应世界军事领域的深刻变化，加强教育训练，提高现代技术特别是高技术条件下的防卫作战能力，在20世纪80年代裁减军队员额100万的基础上，我国将在今后3年内再裁减军队员额50万。到1997年年底，部分集团军建制的乙种师改归武装警察部队。2000年3月，江泽民在参加九届全国人大三次会议解放军代表团全体会议时宣布，到1999年年底，党的十五大提出的裁军50万的重大任务已经完成。在此次裁军中，20余万军队干部退出现役，转业到地方工作，这是新中国历次裁减军队员额中干部精减比例较高的一次。

第十次精简整编。截至2005年12月31日，人民解放军圆满完成军队体制编制调整改革方案确定的任务，如期裁减员额20万，其中全军精减干部17万，军队总员额下降为230万，陆军部队占全军总员额的比例已下降至历史最低点。这次体制编制调整改革中，精减干部是重点。几十种管理岗位和专业技术岗位，原来由干部担任，现改为士官履职；部分文职干部改为文职人员。这次体制编制调整改革结束后，人民解放军压缩了军队规模，优化了编成结构，充实了作战力量，精干了领导机关，收缩了保障摊子，推进了制度改革。人民解放军朝

着规模适度、结构合理、机构精干、指挥灵便、战斗力强的目标迈进，从结构上提升了信息化作战能力。

1956年10月1日，同往年一样，为庆祝国庆，在天安门广场举行了例行的国庆阅兵和群众游行。

军乐团奏起了《东方红》乐曲，毛泽东登上了天安门城楼。随同毛泽东登上天安门城楼的，还有朱德副主席、刘少奇委员长、周恩来总理等党和国家领导人，50多个国家和兄弟党代表团的负责人，其中包括印度尼西亚苏加诺总统和尼泊尔阿查里雅首相。

天安门前观礼台上站满了观礼的人，他们包括50多个国家的外宾，各国驻华使节和外交官员，正帮助我国建设的苏联、各人民民主国家和其他国家的外国专家，中共第八次全国代表大会代表，以及中央和北京市各机关、团体的负责人，共1.3万余人。

对领袖的欢呼声和欢迎贵宾的掌声，盖住了淅淅沥沥的秋雨声。

礼炮轰鸣，国歌凌空，红旗招展，人民英雄纪念碑屹立在雨中。

—— "人民英雄永垂不朽"

——记即将落成的首都人民英雄纪念碑

今年国庆节，当游行队伍涌过天安门的时候，他们可以看到，在雄伟的天安门广场上一座巍峨的纪念碑落成了。高大的碑身上，刻着毛主席的题字："人民英雄永垂不朽"！

国庆节前夕，这个纪念碑的棚架已开始拆除，耸入云霄的起重抱杆早已离开了工地，碑身上的题字和碑文金光闪闪，雄伟的轮廓已经开始吸引成千成万的天安门前的游人。

1949年9月30日，中国人民政治协商会议的全体代表随同毛主席，在这个工地上举行了奠基典礼。毛主席和政协各单位首席代表并一一执锹铲土。中国人民政治协商会议第一届全体会议通过兴建人民英雄纪念碑的决议，是为了纪念一百多年以来，中国人民在反对内外敌人、争取民族独立和民主自由的斗争中而英勇牺牲的英雄；是为了让后代的儿女们永远铭记先辈们为了创造他们的幸福生活而奋斗的不朽功绩，永远地学习他们，纪念他们。

纪念碑开始动工以前，兴建委员会参考了我国古代各种纪念碑的形式，先后设计了一百七十多幅图案和几十座模型，经过多次的征求意见和反复研究。这个石碑的总面积有三千平方公尺，碑顶距地面三十七公尺多，比天安门还要高。碑身是由四百一十三块带粉色的花岗石组成的，碑身正面装着一块十四多公尺长、近三公尺宽的花岗石大碑心。各种美丽多彩的碑石是从几千里以外的祖国各地方运来的，碑心背石的七块大花岗石出产在青岛，光润而坚硬；大浮雕和栏杆是用河北省房山县的大理石镌刻的，洁白而质细。这个石碑的高而挺拔的严峻面貌，象征着人民英雄的不朽功勋和人民革命事业的伟大永恒。

仰头向碑身望去，可以看到侧面刻着的美丽的装饰浮雕，两个由五星、松柏和旗帜组成的图案；碑身的束腰部分，正面刻着牡丹和百合，背面刻着荷花和百合，侧面刻着菊花、牡丹和百合，都以旗帜和垂幔衬托着。这些为中国广大人民所喜爱的绮丽的花朵，象征着革命先烈圣洁的灵魂和光辉永照的功绩。石碑栏杆的设计，和天安门前玉带桥汉白玉栏杆一样秀丽而朴素……石碑上的八幅浮雕，每幅高有二公尺，宽有三公尺以上。这八幅浮雕是：鸦片战争的焚烧鸦片，太平天国的金田起义，辛亥革命的武昌起义，五四运动，五卅运动，八一南昌起义，抗日战争和胜利横渡长江。

……

国防部部长彭德怀元帅在阅兵总指挥杨成武上将陪同下，检阅了中国人民解放军各受阅部队。参加受阅的部队有：南京军事学院、石家庄步兵学校、西安炮兵学校、南京工兵学校、第一坦克学校、徐州第五航空预备学校、大连海军学校、第五海军学校，警卫师、坦克师、伞兵教导师、炮兵师、北京军区防空高炮团、南京军区防空师、大连机械化师、飞行团、飞行部队和礼炮、礼花部队等。受阅总人数

为11929人，组成29个方队和若干飞行梯队。

检阅完毕，彭德怀再次登临天安门城楼，发布国防部命令。

 LIANJIE

—— 中华人民共和国国防部命令 ——

各军种、兵种，各学院、学校，全体同志们：

今天，我们同全国人民一起，热烈地庆祝中华人民共和国成立七周年的伟大节日，庆祝中国共产党第八次全国代表大会的成功。

一年来，我国人民在中国共产党和中央人民政府的正确领导下，在社会主义改造事业上，已经取得了决定性的胜利，基本上实现了农业合作化、手工业合作化和资本主义工商业的公私合营。这个伟大的胜利，有力地推动了我国社会主义建设的发展。我国在工业、农业和科学文化事业方面所获得的巨大成绩，已经充分显示，我国发展国民经济的第一个五年计划将有可能超额完成。经济建设和科学文化事业的发展，进一步地加强了我国的国防力量的基础。

中国共产党召开的第八次全国代表大会，总结了我国十一年来革命斗争的经验和七年来我国社会主义建设和社会主义改造的经验，并且向全国人民提出了发展国民经济第二个五年计划的建议。大会的这些成果，必将更加鼓舞全国人民的生产热情和工作热情，增强全国人民的团结和民族团结，提高全国人民的信心，为迅速把我国建成一个伟大的社会主义工业化的国家而奋勇前进。

目前的国际形势是对我们有利的。以伟大苏联为首的和平、民主、社会主义阵营更加巩固和强大了。亚非各国反对殖民主义和维护民族独立的斗争日益高涨。世界各国人民反对战争，争取和平的斗争有了更大的发展。帝国主义侵略集团更加孤立了。殖民主义者企图侵犯埃及主权和对埃及进行武装干涉的阴谋是一定要失败的。中国人民坚决支持埃及的正义斗争。

现在，美帝国主义侵略集团仍然坚持它的战争政策和侵略政策，继续仇视我国，用新式装备加强着邻近我国的军事基地，侵占着我国的领土台湾。对于这一切，我们必须保持高度的警惕。解放台湾，完成全国的统一，是人民解放军的神圣职责。

为着防御帝国主义战争集团可能向我国发动的侵略，我军全体官兵同志，必须继续加强官兵团结、军民团结，发挥高度的积极性和创造性，努力学习现代化的军事科学知识，提高政治觉悟，熟练技术，时刻提高警惕，加强训练，为解放台湾、保卫祖国社会主义建设，保卫世界和平而奋斗。

　　中国人民解放军万岁！

　　中华人民共和国万岁！

　　我们胜利的组织者——中国共产党万岁！

　　中国人民的伟大领袖毛泽东主席万岁！

国防部部长、中华人民共和国元帅　彭德怀

　　接着，分列式开始。

　　这天的北京从清晨就下着雨，而且越下越大。天安门广场上泛起一片片水汪，受阅官兵们的衣服全被雨打湿了。他们身上蒸发出的热气，成了一层乳白色的薄雾。他们踏着军乐的节奏，高挺胸脯，踏起水花，齐步向前。建军29年来，这支英雄的队伍曾经在滂沱大雨中越过了渺无人烟的草地，在漆黑的雨夜里夺取过日本侵略者的城堡，在大雨连绵的

1956年国庆节，首都群众冒雨游行（白世藻　摄）

季节里爬山越岭，追歼过蒋介石反动军队。那时，衣服淋湿了就用身体暖干，还高声唱着"不怕雨，不怕风，抄后路，出奇兵……"的雄壮歌曲。就是这支不怕风雨的奇兵，冒着风雨和冰雪，走过千万里战斗的道路，他们英雄的足迹留在全国各地的大小道路上、高山密林里，把胜利带到了全国。今天，他们冒着风雨走过天安门，接受毛泽东主席和贵宾们的检阅，来到天安门接受国防部的命令。

雨哗哗地落在广场上，英雄们"咔咔"地迈步向前。穿着海蓝色礼服的南京军事学院的学员们走在最前列。这些身经百战的将军们和校官们，在积极地向军事科学高峰进军。行列中有一位宋忠福少校，他是1950年全国战斗英雄代表会议的代表，也是全国人民代表大会的代表。尽管曾四次负伤，残疾使他走起正步来不能不感到艰难，然而他仍然走得那样有力、那样威武。

跟随南京军事学院行列前进的是步兵学校、炮兵学校、工兵学校、坦克学校、航空学校和海军学校的队伍。当引人注目的海军学校学员和水兵们走过来的时候，人群里响起了春雷般的掌声。荣获"头门山海战英雄艇"称号的某舰艇信号兵陈仁山精神抖擞地走过天安门，他想起那次不平常的头门山海战，想起在演习中看见的各种各样军舰，深深地体验到：我们的装备是大大改善了、加强了。现在，当他第三次走到天安门前的时候，他和战友们有力量击退任何侵犯祖国领海的敌人！

雨下得更大了。强大的步兵行列出现在人们眼前。他们端着国产的新式步枪，枪刺在大雨中仍然闪着白光。他们踏着"我是一个兵，来自老百姓"的乐曲节奏，脚步雄壮而稳健。

一排排崭新的汽车载着步兵和伞兵缓缓开来，碾压的雨水掀起了小浪，向车轮两边喷射。他们乘坐的都是第一批出厂的国产"解放"牌汽车。上士班长安殿印过去常对别人说：有一日驾上祖国制造的汽车走过天安门，那才是最大的幸福呢！他的愿望实现了！当这辆崭新的车子

▲ 1956年国庆节，冒雨前进的首都工人队伍（**白世藻 摄**）

到他手里的时候，他看了一遍又一遍，擦了一遍又一遍，时刻不愿离开它。安殿印在受阅前曾召集过一个临时班务会，他说：同志们，这不简单哪！我们开起了祖国造的汽车，半点儿毛病也不能出呀！

广场上忽然发出震耳的响声，高昂着脖颈的国产大炮过来了！最新装备的高射炮过来了！初次跟人们会面的雷达探照灯过来了！威力强大的火箭炮过来了！重型坦克和自行火炮过来了！这些数十吨重的"钢铁堡垒"震动着大地。

雨还是不住地下着，人们渴望见到的国产喷气式飞机不能参加受阅了，但是，人们知道空军健儿们热爱和平的心和保卫祖国领空的战斗意志是无比坚强的。1956年6月，人民空军在夜间无光空域条件下击落蒋军轰炸机的事迹，仍然在人们心中留着深刻的记忆。

在国土防空作战中，航空兵首次夜间击落敌机

1956年6月22日23时许，国民党空军1架B－17型飞机从浙江路桥以南窜犯大陆，高度约2000米。人民解放军空军航空兵第12师第34团团长鲁珉，奉命驾驶米格－17型歼击机起飞拦截。鲁珉在领航员的具体引导下及时发现目标，两次开炮，于6月23日1时许将这架国民党空军飞机击落。该机坠落于江西省广丰县岭底乡境内。国民党空军少校飞行员叶拯民以下8人丧命。这是人民解放军空军航空兵在国土防空作战中第一次夜间击落敌机。8月23日、11月10日夜间，航空兵第2师第6团领航主任张文逸、第13师领航主任张滋分别在浙江舟山、萧山地区击落美军P4M－1Q型电子侦察机和国民党空军C－46型飞机各1架。人民解放军空军航空兵取得了一年连续3次夜间击落敌机3架的战果。

阅兵结束后，首都50万群众冒雨举行了热烈的庆祝游行。仪仗队走在游行队伍的最前面，千百面红旗引导着欢乐的人群通过天安门广场。广场两侧街道的建筑物平台上，挤满了观看游行的人。

这时候，站立在天安门广场南面的群众队伍，欢呼着涌向天安门城楼。毛泽东主席等党和国家领导人，走到检阅台两侧，向欢呼的人们招手，向观礼台上的国际友人致谢。

1957

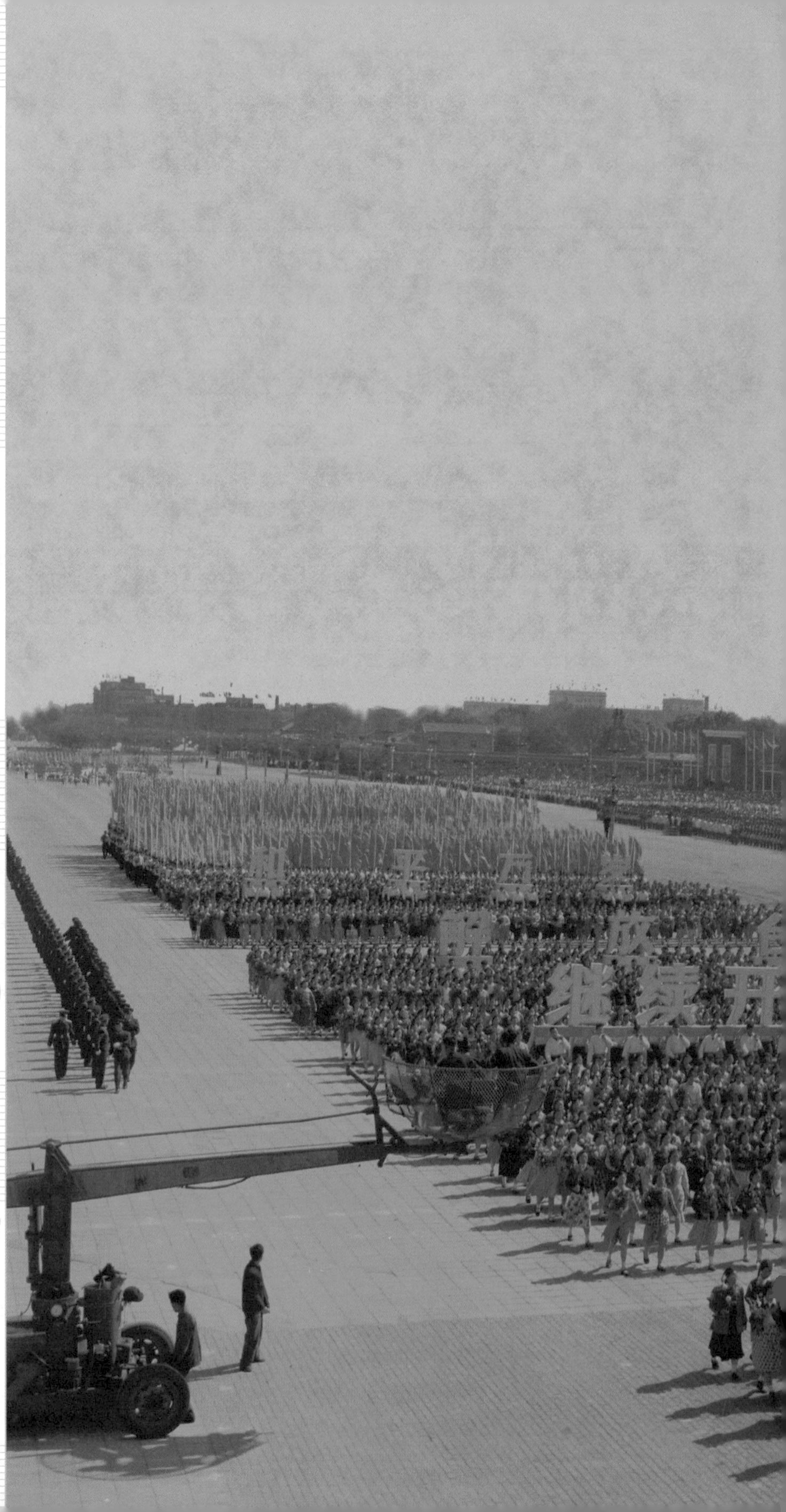

09

1957:
新中国第九次
国庆阅兵

1957年，是新中国开始全面建设社会主义的第一年，也是完成国民经济发展第一个五年计划的最后一年。由于认真执行中共八大的正确方针，这一年又是新中国成立后经济建设发展较好的一年。同样，新中国的军事工作，在这一年也取得了显著成绩。其集中体现在，人民解放军的现代化、正规化建设持续发展：中央军委召开扩大会议，讨论通过了《关于裁减军队数量加强质量的决定》，军委总部、军兵种、军区和兵役机构进行调整，裁减了军队总员额，增编了海军、空军和陆军的技术部队；组建了炮兵学院、高等军事学院、海军军事学院，成立了第一个导弹专业训练机构——炮兵教导大队，召开了第七次全军院校会议，组织全军高级干部进行方面军抗登陆战役集训，促进了部队的教育训练；颁布了纪律条令，进行整风和社会主义教育，较好地解决了官兵关系、上下级关系、军民关系上出现的新问题。此外，中共中央军委发出改进兵役工作的指示，作出了预备役和民兵合而为一的决定，进一步加强了国防和军队建设。

链接 LIANJIE

——• 周恩来提议称"第二炮兵" •——

查阅现有关于中国人民解放军第二炮兵的有关历史资料，从中国人民解放军最高学术研究机构——中国人民解放军军事科学院专门从事中国人民解放军历史研究的军事历史研究所编写的《中国人民解放军八十年大事记》中，查阅到这样一个条目：

（1957年）12月　人民解放军第一个导弹专业训练机构成立

12月9日，经中央军委批准，人民解放军第一个导弹专业训练机构——炮兵教导大队在北京正式成立。教导大队的主要任务是，培训导弹部队各级指挥员、参谋和技术干部。

这个条目写得十分简单，然而有多少人知道，它就是中国人民解放军第二炮兵的始源？

20世纪50年代中期，中共中央作出我国要发展原子弹和导弹的重大决策以后，创建使用战略导弹核武器的部队就成为中国人民解放军建设史上一项十分重要而光荣的任务。当初，把这类部队称为"炮兵特种部队"，归属中国人民解放军炮兵的建制。

1957年12月9日，中央军委决定，中国人民解放军炮兵和国防部第五研究所共同组建炮兵教导大队，为创建地地战略导弹部队培训指挥和技术干部。

1958年1月11日，炮兵教导大队在北京正式开学，苏联教官担任了主要课程的教学任务。

1960年11月5日，中国仿制苏联的P-2型导弹发射成功。这意味着中国人民解放军即将拥有自己的导弹了。为了尽快使导弹武器形成战斗力，中国人民

▲1957年国庆阅兵式上的坦克方队
（孙牛 摄）

解放军部分军区组建了一些地地导弹营。1964年1月31日，中国人民解放军总参谋部批准把这些导弹营改编为导弹团。

1964年6月，我国成功试验第一枚自行设计和制造的中近程导弹。10月，中国自行研制的原子弹爆炸成功。在此基础上，许多科学家根据中央的统一部署，相继对中程导弹、远程导弹和洲际导弹进行研制。在这种形势下，中共中央、中共中央军委决定尽快建立一支独立的核打击力量，由周恩来主持筹建工作。

1965年6月和1966年3月，中国人民解放军副总参谋长张爱萍、中国人民解放军炮兵司令员吴克华先后向中共中央军委建议，中国人民解放军应尽快组建地地导弹部队的领导机构。这两位将军的建议受到了中共中央军委的高度重视。

1966年6月6日，中共中央军委正式作出组建战略导弹部队领导机构的决定。这个机构以原中国人民公安部队的领导机构和炮兵管理战略导弹部队的机构为基础，领导机关由周恩来提议，称为"第二炮兵"。

1966年7月1日，这是一个令中华民族群情振奋、令全世界的目光广泛关注的日子。这一天，经毛泽东主席批准、周恩来总理亲自命名，中国人民解放军第二炮兵正式组建。

向守志任司令员，李天焕任政治委员。从此以后，在中国人民解放军的序列中，增加了一个新的现代化程度很高的军种。

这支部队经过几十年的建设，逐步发展，不断壮大，已具有一定的规模和实战能力，成为新中国主要的核威慑和战略核反击力量。

《2008年中国的国防》白皮书对第二炮兵作了如下的介绍：

第二炮兵是中央军委直接掌握使用的战略部队，是中国实施战略威慑的核心力量，主要担负遏制他国对中国使用核武器、遂行核反击和常规导弹精确打击任务。

第二炮兵遵守国家不首先使用核武器政策，贯彻自卫防御核战略，严格执行中央军委命令，以保证国家免受外来核攻击为基本使命。第二炮兵所属导弹核武器，平时不瞄准任何国家；在国家受到核威胁时，核导弹部队将提升戒备状态，做好核反击准备，慑止敌人对中国使用核武器；在国家遭受核袭击时，使用导弹核武器，独立或联合其他军种核力量，对敌实施坚决反击。第二炮兵常规导弹部队主要担负对敌战略、战役重要目标实施中远程精确打击任务。

创建第二炮兵，是新中国为应对核威胁、打破核垄断、维护国家安全，被迫作出的历史性选择。中国于1956年开始发展战略导弹武器，1957

年组建战略导弹科研、训练和教学机构，1959年组建第一支地地导弹部队，1966年7月1日正式成立第二炮兵。20世纪70年代后期，第二炮兵确立建设中国特色的精干有效战略导弹部队的目标。90年代，第二炮兵组建常规导弹部队，进入了核与常规导弹力量协调发展的新阶段。进入21世纪，第二炮兵努力推进信息化建设跨越式发展。经过40多年发展，第二炮兵已建设成为一支精干有效、核常兼备的战略力量，具备陆基战略核反击能力和常规导弹精确打击能力。

第二炮兵作战指挥权高度集中，实行中央军委、第二炮兵、导弹基地、导弹旅的指挥体制，部队行动必须极端严格、极端准确地按照中央军委的命令执行。

第二炮兵由核导弹部队、常规导弹部队、保障部队、院校、科研机构和机关等组成。导弹部队编有导弹基地、导弹旅和发射营，保障部队编有侦察情报、通信、测绘、气象、电子对抗、工程、后勤和装备等技术专业保障部队，院校编有指挥学院、工程学院和士官学校，科研机构编有装备和工程研究院所。

……

▲ 1957年国庆阅兵式上的炮兵方队（**林杨　摄**）

遵循惯例，1957年10月1日举行了盛大的国庆阅兵。这是人民共和国举行的第9次国庆阅兵。

毛泽东主席、朱德副主席、刘少奇委员长、周恩来总理及党和国家的其他领导人，登上天安门城楼检阅中国人民解放军部队和群众游行队伍。

应邀来我国访问的匈牙利工农革命政府总理卡达尔、保加利亚

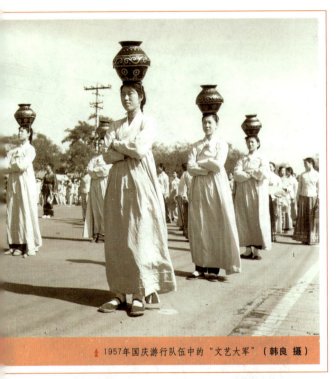

▲ 1957年国庆游行队伍中的"文艺大军"（韩良 摄）

人民共和国部长会议主席于哥夫、印度尼西亚前副总统哈达博士、苏联最高苏维埃代表团团长阿里斯托夫、捷克斯洛伐克国民议会主席费林格、南斯拉夫联邦国民议会主席斯坦鲍利奇、缅甸友好代表团团长吴敏登等人，也在天安门城楼上参加检阅。被邀登上天安门城楼参加观礼的，还有哈达夫人、费林格夫人、柬埔寨的帕花·黛维公主和夏卡朋王子等外国贵宾。

上午10时，北京市市长彭真宣布首都庆祝中华人民共和国建国8周年大会开始。

国防部部长彭德怀元帅来到了金水桥前，杨成武上将报告完毕，彭德怀元帅乘着绿色的检阅车检阅了各军兵种受阅部队。

接着，彭德怀元帅又一次登上天安门城楼，向全体陆、海、空军将士发表讲话。

为解放台湾、保卫祖国建设、保卫世界和平而奋斗

——国防部部长彭德怀元帅国庆阅兵讲话

陆军、海军、空军全体同志们！

今天，我们同全国人民一起，热烈地庆祝建国八周年，热烈地庆祝我国社

会主义建设的第一个五年计划的胜利完成。

一年来，我国人民在中国共产党和中央人民政府的正确领导下，进一步巩固了农业、手工业和资本主义工商业的社会主义改造事业，并遵循勤俭建国方针，发挥高度劳动热情，继续进行社会主义的伟大建设工作，超额地完成了发展国民经济的第一个五年计划，保障了劳动人民生活的逐步提高，为继续进行第二个五年计划和巩固国防奠定了有利的基础。

为着巩固和发展社会主义改造和社会主义建设的胜利，中国共产党中央提出，在全党进行反官僚主义、反宗派主义、反主观主义的整风运动。现在这一运动已经收到伟大的成效，并且正在发展为全民性的整风运动和社会主义教育运动。资产阶级右派分子向共产党、向人民、向社会主义发动的进攻，已经被全国人民所粉碎。全国工人、农民、革命知识分子和一切拥护社会主义的爱国人民的觉悟空前地提高了。全国最大多数的人民，正在空前紧密地团结在共产党和人民政府的周围，为彻底完成经济战线上、政治战线上和思想战线上的社会主义革命而奋斗，为把我国建设成为一个现代化的工业国和现代化的农业国而奋斗。

目前世界的和平民主运动在继续发展。以苏联为首的社会主义阵营的政治经济力量日益强大，科学技术获得惊人的成就。亚非各国反对殖民主义和维护民族独立的斗争日益高涨，叙利亚、阿曼、阿尔及利亚的人民正在进行着英勇的反帝斗争，他们的斗争受到全世界广大人民的支持。世界各国人民反对战争、争取和平和要求解放的运动日益发展，各国人民之间的友好往来日益增多。但是美帝国主义仍然坚持它的战争政策和侵略政策，继续霸占我国的领土台湾，在我国周围加强军事基地和武装力量；在中东和北非继续进行颠覆活动和武装挑衅；对于全世界爱好和平人民大

▲ 参加1957年国庆游行的"体育大军"（韩良 摄）

声疾呼的裁减军备、停止核武器的生产、试验和使用的正义要求，多方进行阻挠，不愿同苏联达成协议。这就说明，战争的危险依然存在，我们不应丝毫放松警惕。

中国人民解放军全体同志，必须继续努力加强军事、政治、文化、技术学习，提高现代军事科学知识，深入进行社会主义教育，巩固官兵团结和军民团结，自觉地遵守政府法令和军队纪律，克服工作中的缺点，改善工作方法，为解放台湾、保卫祖国的社会主义建设、保卫世界和平而奋斗！

中国人民解放军万岁！

中华人民共和国万岁！

我们胜利的组织者——中国共产党万岁！

中国人民的伟大领袖毛泽东主席万岁！

接着，受阅部队开始进行分列式。

穿着海蓝色礼服的军官们首先走过了天安门，他们是南京军事学院的学员，金色的肩章闪闪发光。吴华夺少将迈着雄健的步伐走在军旗前面。这位从12岁起就和父亲一起参加红军闹革命的老战士，在党的领导下，在胜利的道路上一直这样健壮豪迈地前进了将近30年。听吧，这不是他一个人的脚步声。在这里，我们也听到了千千万万老红

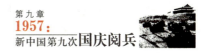

军、老战士们光荣的脚步声。

在南京军事学院的队伍里行进着的，还有一位特等战斗英雄卫小堂。这位从前给地主放羊的牧童，现在是人民解放军的大尉。1954年"五一"劳动节，他曾经被邀请到苏联莫斯科红场观礼。那时，他非常羡慕和敬仰强大的苏联军队的阵容。如今，他也走在强大的现代化、机械化的中国人民解放军的行列里。今天，受检阅的队伍，像他在莫斯科红场上看到的队伍一样的壮大坚强。

步兵学校、炮兵学校、坦克学校、航空学校、海军学校的学员紧跟在南京军事学院的后面精神抖擞地通过了天安门。

来自海洋、舰艇的水兵们的行列，特别引人注目。他们洁白的军服，使十月的高空更加湛蓝，矫健的行进步伐，使他们显得更加年轻壮观。人民海军是同我们年轻的人民共和国一同成长起来的。

不是银龙在飞舞，那是步兵师战士们的刺刀闪闪发光。他们持枪挺胸，雄赳赳地走过了天安门广场。

摩托化步兵、伞兵的汽车通过之后，赵大满大校、沈仲文大校坐在指挥车上率领着强大的炮队来了。1927年"八一"南昌起义，中国工农红军诞生的时候，就有了炮兵。1930年7月，彭德怀率领红三军团打下长沙，缴获了一门山炮，他曾亲手建立了我军第一个炮兵连。今天，我们的炮兵空前壮大了。看吧！强大的国产85毫米加农炮，122毫米、152毫米国产榴弹炮过来了，紧跟着的又是雷达探照灯、85毫米高射炮、最新式的101毫米高射炮、122毫米加农炮，最后面是巨大的、用履带汽车牵引的152毫米加农榴弹炮！今天，在受检阅炮队的行列里，还有来自抗美援朝战场上的中国人民志愿军的炮车、炮手。是他们，英雄的炮兵，在朝鲜战场上，毙伤了敌人18.2万多名，击毁、击伤敌炮570多门、汽车830多辆，击毁敌人碉堡2400多个。

轰隆轰隆的坦克开过来了，通过天安门的67辆坦克、自行火炮当中就有61辆是由技术能手驾驶的。全部受检阅的人员中，有54%以

▲ 参加1957年国庆阅兵式的雷达探照灯方队（韩良 摄）

▲ 参加1957年国庆观礼的解放军代表（柳成行 摄）

上是功臣。

当坦克轰鸣着开进天安门广场的时候，一分一秒也不差，空军准确地出现在天空。比闪电还快、比雷鸣还响的喷气式轰炸机出现了，接着，喷气式歼击机也出现了。空军健儿们驾驶的飞机有的在抗美援朝战场上建立过功勋，有的是我们国家制造的最新式的飞机。一霎时，天上的飞机、地上的坦克同时发出巨大的声响，真个是天摇地动一般。这时，空军带队长机廖坚持上校正驾驶着伊尔—28型喷气轰炸机从华表上面低飞而过，向毛泽东主席致敬！廖坚持从小就参加了红军，1950年，被党送入航空学校培养，如今已经是一个纯熟的空中指挥员了。曾在陆军中立过六次大功，参加过济南、淮海等战役的武保山大尉，原来是陆军通信员的窦鸿儒少校等人驾驶的飞机，紧跟着带

队长机准确、整齐地飞过了天安门。

带领喷气式歼击机群的，是木匠出身的师长刘英中校。他和他的僚机飞行员——城市贫民出身的蔡永生少尉、农民出身的严泽位少尉，三机编队编得又整齐又好。跟在后面飞过的还有一位兄弟民族彝族飞行员罗正高，他也和其他同志一样飞得又快又好……

阅兵历时50分钟结束。

这次阅兵引人注目的不仅是受阅部队，而且国外来宾空前的多。天安门城楼上，毛泽东、朱德、刘少奇、周恩来及党和国家的其他领导人进行检阅。应邀来我国访问的匈牙利、保加利亚、印度尼西亚、苏联、捷克斯洛伐克、南斯拉夫、缅甸等国的客人，也在天安门城楼上参加了检阅。应邀前来访问我国的50多个国家的外宾、各国驻华使节和外交官员，以及在华外国专家，等一同观看了阅兵式和群众游行。

1958

10

1958:
新中国第十次
国庆阅兵

1958年，社会主义建设总路线正式颁布实施，"大跃进"、农村人民公社化运动全面展开，党的"左"倾错误开始泛滥。

中央军委在5月27日到7月22日召开了有高级将领1000余人参加的扩大会议，错误地批判了军队训练中的"教条主义"。会后开展了反"教条主义"斗争，伤害了一大批干部，给军队建设造成了很大的损失。

链接 LIANJIE

—— 错误开展反"教条主义"斗争 ——

新中国成立后，人民解放军进入新的建军阶段，建设一支强大的现代化、正规化革命军队成为一项根本任务。1950年2月《中苏友好同盟互助条约》签订后，全党、全军掀起学习苏联的高潮。毛泽东指示："永远不要骄傲自满，一定要将苏联的一切先进经验都学到手，改变我军的落后状态，建设我军为世界上第二支最优良的现代化的军队，以利于在将来有把握地战胜帝国主义军队的侵略"。遵照毛泽东和中央人民政府人民革命军事委员会的指示，人民解放军采取聘请苏联军事专家、顾问，选送干部入苏联军事院校学习深造，翻译、出版苏军资料等方法，学习苏军的经验。同时，人民解放军从改善武器装备、创办各类军事院校、颁布条令条例、严格军事训练、改革军事制度、调整体制编制等方面入手，借鉴苏军经验，进行现代化、正规化建设。这在人民解放军现代化、正规化建设开始时，不仅是必要的，也是正确的。通过学习苏军，人民解放军在掌握新的军事技术、学习诸兵种协同作战、养成正规生活秩序等方面，取得了明显的成绩，推动了人民解放军的建设。但由于对现代化革命军队建设经验不足，对苏军的经验缺乏充分了解和具体分析，在学习过程中，出现了一些没有很好照顾人民解放军的历史特点和实际、机械搬用苏军某些具体做法的情况。但这只是一时的局部出现的偏差，人民解放军的基本制度始终得到了坚持。

1956年2月，苏共二十大批判斯大林的错误后，中国共产党借鉴苏联和东欧一些社会主义国家的建设经验与教训，开始探索适合中国国情的社会主义发展道路。毛泽东在4月25日召开的中共中央政治局扩大会议上作了《论十大关系》的报告，明确提出建设社会主义必须根据本国国情、走自己的道路这一根本思想。毛泽东提出：对苏联和其他社会主义国家的经验，不能盲目地学，不能一切照抄、机械搬用，要有选择地学。6月，中

共中央发出通知，要求全党要克服实际工作中的主观主义，即教条主义和经验主义。遵照中共中央的指示，人民解放军从1956年开始，在高层领导机关和军事院校中进一步检查与纠正学习苏军过程中的某些偏差，使全军在学习苏军过程中没有形成全局性的教条主义错误。但是，在高层军事训练领导机关和一些军事院校，对本单位教条主义现象的估价、认识并不尽一致。

全国开始"反右"斗争后，中国共产党认为经济战线和思想战线上的社会主义革命已经取得伟大胜利，大大提高了人民群众建设社会主义的积极性，可以用更快的速度进行建设。在毛泽东的号召下，各地区、各部门

1958年国庆阅兵式上的分列式（孙牛 摄）

争相提出"跃进"计划，毛泽东十分高兴。同时，他指出军队落后于形势、落后于地方，建议中共军委召开一次整风会。根据毛泽东的意见，中央军委决定召开一次扩大会议，用整风的方式，讨论军队建设中的重要问题，统一认识，理顺工作关系，改变军队冷清、落后的状况。

此时，军委总部主管军事训练的部门和一些军事院校，由于对学习苏军过程中有无"教条主义"和如何开展反"教条主义"斗争问题存在不同的认识与分歧，正进行着一场争论。

1958年3月，训练总监部召开机关四级干部会议，总结该部成立以来的工作。会上对学习苏军问题，以及部队在训练中是否存在"教条主义"和该不该反对"教条主义"问题产生分歧。这两种意见针锋相对，经过40余天的争论，仍没有统一认识。召开中央军委扩大会议的通知下发后，会议休会，未果而终。林彪在得知了训练总监部四级会议的情况后，认定以训练总监部部长萧克、副部长李达等人为代表的一方是"教条主义"的，而另一方是坚持反"教条主义"的。林彪向毛泽东报告了这一情况，建议在即将召开的中共中央军委扩大会议上，以反"教条主义"为主题。林彪在1959年召开的中央军委扩大会议上批判彭德怀时曾说，1958年军委扩大会议原来并没有确定以反对教条主义为主题，我认为应该开展这个斗争，并报告了毛主席，才有以反教条主义为中心的这次军委扩大会议。

1958年6月，毛泽东在中央军委扩大会议上几次讲话，指出要反对"教条主义"，打倒奴隶思想，埋葬教条主义。他还比较集中地谈了南京军事学院和训练总监部的问题，点名批评了南京军事学院院长兼政治委员刘伯承和训练总监部部长萧克。

这次会议采取大鸣、大放、大字报、大辩论的方法，批判军队中的所谓"教条主义路线"、"资产阶级军事路线"、"反党宗派活动"等等，开展了所谓的"两条军事路线斗争"。继刘伯承、萧克之后，李达、粟裕等人也相继被点名批判。在会议的压力下，刘伯承、萧克、粟裕等人在大会上作了检查发言。

会后，在全军范围内掀起一场反"教条主义"运动，致使绝大多数担任过部队训练工作和军事院校工作的领导干部受到过火的批判与斗争，有的人受到错误处理，严重挫伤了他们的积极性。同时，由于批判和否定了某些旧的做法后，一时又拿不出新的做法来代替，打乱了军队正规化、现代化建设的进程，给军队建设造成了很大的损失。

1986年10月16日，胡耀邦代表中共中央所作的《在刘伯承同志追悼会上的悼词》中说："1980年邓小平同志明确指出：'那次反教条主义是错误的'。这也是党中央一致的意见"。不久，邓小平发表《悼伯承》一文，指出："一九五八年批判他（指刘伯承——引者注）搞教条主义，那是不公正的。"中央军委在1987年《关于新时期军队政治工作的决定》中指出："错误地开展反'教条主义'斗争和批判资产阶级军事路线，

▲1958年国庆游行队伍中的学生民兵方队（**刘峰 摄**）

给我军建设和政治工作造成了很大损害"。1987年11月25日，总政治部和中央军委纪律检查委员会联合发出《关于为萧克、李达同志的所谓教条主义问题彻底平反的通知》，为在1958年因所谓"教条主义"问题受到错误处理的同志彻底平反。

但是，党的正确领导仍占主导地位，新中国军事工作在曲折中仍然取得了很大成绩：人民解放军举办战术教学法集训队，下发新的战斗训练大纲，成立军事科学院、装甲兵学院、空军学院，使军事科研和教育训练进一步加强；组建电子对抗部队、地空导弹部队，使军队的合成化、现代化水平进一步提高；同时，还取得了炮击金门、打击美军入侵飞机和粉碎国民党军飞机空中窜扰的重大胜利。为促进国家经济建设和国防建设的共同发展，中共中央发出《关于加强地方党委对军队的领导和密切地方党委同军队的关系的指示》，中央军委决定

动员10万干部转业复员、参加生产建设，国防部发出节约军费、建设国家的通知。经中共中央和中央军委批准，国防部航空工业委员会改组为国防部科学技术委员会，成立了第一个导弹试验训练基地，加强了对国防科技事业的领导，加速了国防工业的发展和军队武器装备的现代化。同年，中国人民志愿军撤出朝鲜回国。

● 中国人民解放军军事科学院成立 ●

为了适应人民解放军建设事业的发展，适应未来战争的需要，中央军委领导人提出积极地、有计划地逐步建立起中国自己的军事科学研究工作的任务。经过筹建，1958年3月15日，中国人民解放军军事科学院正式成立，叶剑英任院长兼政治委员。军事科学院编制为正大军区级，是中央军委直接领导下的全军军事科学研究中心、全军军事科学研究工作的计划协调机构，当时的主要任务是学习和研究毛泽东军事思想、总结建军和作战经验、探讨未来反侵略战争的规律。1986年3月28日，中央军委明确指示，军事科学院是中央军委的军事学术研究机关，是全军军事科学研究中心，是计划协调全军军事学术研究的机构；要求军事科学院要成为军委、总部从军事理论高度指导军队建设的助手，为军委、总部决策提供咨询建议；要贯彻"面向现代化、面向世界、面向未来"的方针，实行开放式研究，加强横向联系。

═ 中国人民志愿军撤出朝鲜回国 ═

朝鲜停战以后，中朝方面一再提出从朝鲜撤出一切外国军队的建议，都遭到美国政府的拒绝。中国人民志愿军根据中国政府关于和平解决朝鲜问题、一切外国军队撤出朝鲜的主张，开始将部队陆续撤离朝鲜回国。至1957年年底，中国人民志愿军在朝鲜的兵力减至25万余人。1958年2月19日，中朝两国政府发表联合声明，宣布中国政府经过同朝鲜政府协商后，向中国人民志愿军提出主动撤出朝鲜的建议。中国人民志愿军总部根据这一建议，于2月20日发表声明，完全赞同中国政府的建议，决定中国人民志愿军于1958年年底以前分批全部撤出朝鲜。志愿军从3月15日至10月26日，分三批全部撤出朝鲜回国。

中国人民志愿军在朝鲜8年中，遵照毛泽东关于"爱护朝鲜的一山一水、一草一木，不拿朝鲜人民的一针一线"的指示，与朝鲜人民军及朝鲜人民团结一致，休戚与共，生死相依，共同抗击以美国为首的"联合国军"的侵略，为保卫朝鲜民主主义人民共和国、支援朝鲜人民的和平建设、保卫中国安全、维护世界和平，作出了重大贡献。朝鲜民主主义人民共和国曾授予中国人民志愿军英雄模范和功臣以勋章和奖章，并授予彭德怀、杨根思、黄继光、孙占元、杨连第、邱少云、伍先华、胡修道、杨春增、杨育才、李家发、许家朋等人以"朝鲜民主主义人民共和国英雄"的光荣称号。中国人民志愿军回国后，中华人民共和国全国人民代表大会常务委员会和政协全国委员会常务委员会，于10月30日举行扩大的联席会议，通过《关于中国人民志愿军八年来抗美援朝工作报告的决议》。《决议》指出：中国人民志愿军卓越地完成了祖国人民所赋予的光荣使命，他们所建立的丰功伟绩，将永远与日月争辉。中国人民志愿军不愧为伟大中国人民的优秀儿女。

中国政府发表关于领海的声明

1958年9月4日，中国政府发表关于领海的声明，提出中国领海不容侵犯，中华人民共和国政府有权采取一切适当的方法在适当的时候收复台湾、澎湖等地。声明中宣布：（一）中国的领海宽度为12海里。这项规定适用于中国的一切领土，包括中国大陆及其沿海岛屿，同大陆及其沿海岛屿隔有公海的台湾及其周围各岛、澎湖列岛，东沙群岛、西沙群岛、中沙群岛、南沙群岛以及其他属于中国的岛屿。（二）中国大陆及其沿海岛屿的领海以连接大陆岸上和沿海岸外缘岛屿上各基点之间的各直线为基线，从基线向外延伸12海里的水域是中国的领海。在基线以内的水域，包括渤海湾、琼州海峡在内，都是中国的内海。在基线以内的岛屿，包括东引岛、高登岛、马祖列岛、白犬列岛、乌坵岛、大小金门岛、大担岛、二担岛、东椗岛在内，都是中国的内海岛屿。（三）一切外国飞机和军用船舶，未经中国政府的许可，不得进入中国的领海和领海上空。任何外国船舶在中国领海航行，必须遵守中国政府的有关法令。

炮击金门

　　国民党当局退踞台湾以后，在美帝国主义支持下，不断派飞机及小股武装窜扰大陆，并令其驻金门岛的部队炮击福建沿海村镇。1958年7月，台湾国民党当局乘美国军队入侵黎巴嫩、镇压中东人民革命之机，叫嚣"加速进行反攻大陆的准备"，并于7月17日令其陆、海、空三军处于"特别戒备状态"。为了打击对大陆窜扰、破坏的国民党军，反对美国侵犯中国主权、干涉中国内政，中共中央军委于7月18日决定对金门的国民党军实施惩罚性炮击。

　　8月23日，福建前线人民解放军开始向金门的国民党军和驶往金门的国民党军舰船进行大规模炮击，摧毁其大批军用设施。8月24日，人民解放军海军鱼雷快艇部队在炮兵的协同配合下，击沉、击伤国民党海军舰船2艘。至9月初，金门的海上运输补给线中断，全岛基本被封锁。这时，美国从全球各地调兵，加强在台湾和台湾海峡的兵力，并派出军舰、飞机直接为国民党军运输舰护航，把对台湾海峡的侵略范围，扩大到金门、厦门的中国12海里领海范围以内。美国国务卿杜勒斯公然表示：中国"没有权利强制规定12海里的领海界限"。美国台湾海峡巡逻舰队司令竟宣称，美国海军舰艇已"受权不理睬"中国政府宣布的12海里领海范围。同时，金门国民党军不断炮击厦门附近的村镇。在此情况下，福建前线人民解放军炮兵部队于9月8日、11日和13日，又对金门进行了三次大规模的猛烈炮击。10月6日以后，人民解放军采取打打停停、停停打打、半停半打的方针，并于10月20日对金门进行了一次大规模的炮击。10月25日，福建前线人民解放军部队宣布：每逢双日不打炮，逢单日为炮击日。1958年11月3日和1959年1月7日，福建前线人民解放军部队又对金门进行了

两次大规模炮击。1961年12月中旬，中共中央军委根据形势的发展、变化，为保持台湾海峡局势的稳定，指示福建前线人民解放军部队停止对金门的实弹炮击，只在单日打一些宣传弹。这种局面一直延续到20世纪70年代末。1979年1月1日，中美正式建立外交关系，美国宣布与台湾断交，废除《共同防御条约》，从台湾撤军。中华人民共和国国防部部长徐向前于当天发表《关于停止对大金门等岛屿炮击的声明》，持续20多年的炮击遂告结束。

炮击金门作战刚刚打响，但1958年国庆节，如同往年一样，在天安门广场举行了盛大的阅兵典礼，这是新中国第10次国庆阅兵。

据新华社10月1日讯，首都在这一天举行盛大阅兵和有60万人参加的庆祝大会与大游行，庆祝中华人民共和国成立9周年。

在这全民的节日里，北京全城到处都悬挂起五星国旗。工人、农民、学生、干部、市民的游行队伍和中国人民解放军受阅部队，一清早就布满了东半城各条主要街道。组织起来的民兵们，人人紧握枪杆，跑步奔向集合地点，等待检阅。

毛泽东主席同刘少奇、周恩来、朱德、陈云、邓小平等党和国家领导人，在万众欢呼声中，登临天安门城楼，检阅中国人民解放军受阅部队和群众游行队伍。

应邀来我国访问的保加利亚部长会议副主席契尔文科夫、阿尔巴尼亚部长会议第一副主席巴卢库、朝鲜民主主义人民共和国内阁副首相李周渊、保加利亚国民议会主席团副主席格奥尔吉耶夫等外国贵宾，也在天安门城楼参加检阅。

上午10时，北京市市长彭真宣布，首都人民庆祝中华人民共和国成立9周年大会开始。

国防部部长彭德怀元帅在阅兵总指挥杨成武上将陪同下，乘车检阅了中国人民解放军陆、海、空军各受阅部队。接着，他登返天安门城楼，向人民解放军全体陆、海、空军讲话。

坚决给胆敢侵犯的敌人以毁灭性打击

——国防部部长彭德怀元帅国庆阅兵讲话

陆军、海军、空军全体同志们！全体复员军人同志们！全国民兵同志们！

今天，我们同全国人民一起，热烈地庆祝建国九周年，热烈地庆祝我国社会主义建设飞跃的发展和伟大的成就。

过去的一年，是我国各方面建设事业取得伟大胜利的一年。经过反右派斗争和全民的整风运动，我国的社会主义革命在政治战线和思想战线上取得了巨大的胜利。接着，在中国共产党提出的鼓足干劲、力争上游、多快好省地建设社会主义的总路线的光辉照耀下，又出现了工业、农业、商业、交通运输业和科学文教事业的全面大跃进，并且在全国范围内掀起了人民公社运动的高潮。在这种形势下，我国的工业，在主要的产品产量方面，赶上和超过英国的时间，必将大大缩短。全国农业空前丰收，创造了高额丰产的奇迹，农业发展纲要所规定的产量指标，已经接近全部实现。完全可以相信，三年左右，我国人民就能够过丰衣足食的幸福生活，几千年反动统治带来的落后和贫困，将要成为过去。这是中国共产党正确领导的伟大胜利，这是全国人民辛勤劳动的伟大成果。我们向全国劳动人民，向各项工作中的发明家、革新者、高额丰产的创造者，向一切先进的模范人物，表示热烈的祝贺。

中国人民解放军的全体同志同全国人民一样，在大跃进的高潮中，发挥了高度的积极性和创造性，卓越地完成了党和人民所交付的任务，我军在保卫我国海陆边防和领空的战斗中，有力地打击了蒋介石军队的骚扰。我军的政治思想教育和军事训练，大大地加快了进度，使政治觉悟和军事技术水平，得到了进一步的提高。我军在参加和支援国家经济建设方面，也取得了显著的成绩。我们向陆海空军全体同志们，向国防前线的英勇战士们，向全军的先进工作者们，表示热烈的祝贺。

一年来，国际上东风压倒西风的形势有了更大的发展，以苏联为首的社会主义阵营各国，进一步加强了兄弟般的团结，各国的社会主义建设事业都在突飞猛进。这种形势，大大地推进了全世界的和平运动，大大地鼓舞了亚洲、非洲、拉丁美洲的民族独立运动。

帝国主义阵营方面的情况恰恰相反。由于美国垄断资本集团顽固地推行侵略和战争的政策，美国的经济危机日益严重，美国和它的仆从国家之间的矛盾日益加深。美、英军队对黎巴嫩、约旦的侵占，对伊拉克共和国、阿拉伯联合共和国进行的军事威胁，更加暴露了以美国帝国主义为首的殖民主义的狰狞面目，使它们在全世界人民面前陷于空前的孤立。目前美国军队还没有撤出黎巴嫩，美国政府又在远东制造紧张局势。美国至今霸占着我国的领土台湾，最近又不顾我国的一再警告，明目张胆地调兵遣将，集结大量兵力，不断地侵犯我国的领海和领空，并且企图把我国的金门、马祖等沿海岛屿控制在它的武装力量之下，作为侵略中国大陆的跳板。这种疯狂的战争挑衅，使远东和世界的和平受到了严重的威胁。

中国人民解放军坚决拥护周恩来总理和陈毅外长关于台湾海峡地区局势先后发表的声明。台湾和澎湖列岛，自古就是中国的领土，金门、马祖更是我国的内海岛屿。我们一定要收复金门、马祖等沿海岛屿，解除对我国大陆和沿海地区的直接威胁；我们完全有权采用一切适当的方法，在适当的时候，解放台湾和澎湖列岛，实现我国的统一。中国人民是热爱和平的，但是，决不怕帝国主义的战争威胁。如果美国侵略者不顾中国人民的警告和全世界人民的反对，强把战争加在我们头上，那末，我国人民，必将团结在保卫伟大祖国的神圣旗帜下，为反抗侵略而战，为维护祖国的主权和领土完整而战，为保卫远东和世界的和平而战！在以伟大的苏联为首的社会主义阵营的援助下，在全世界爱好和平的国家和人民的支持下，我们的正义斗争一定会取得彻底的胜利！

1958年国庆阅兵式上的海军部队分列式（乐天为 摄）

为了粉碎美帝国主义疯狂的军事挑衅，为了解放台湾和金门、马祖等沿海岛屿，为了保卫远东和世界的和平，我们要加速社会主义建设，进一步加强国防力量。用最新式的技术来装备我军，加强军队训练，熟练地掌握和使用所有新式作战武器，继续提高全军的政治文化水平，使我军每个同志都具有共产主义思想、科学文化知识和作战、生产的技能。发扬人民解放军的优良传统，使我军每个同志都学会打仗和生产两套本领，做到进厂是工人，下田是农民，拿枪是军人，成为又红又专的全面人才。现在随着人民公社的建立，全国已经掀起一个声势浩大的建设民兵的运动。亿万青壮年男女公民，正在组织起来，武装起来。他们是生产劳动大军，同时又是保卫祖国的战斗大军。人民解放军对于民兵建设应该进行巨大的工作。复员军人应当成为民兵的骨干。我们是六亿人民的大国，有现代化装备的强大的常备军队，又有无限雄厚的人民群众的武装力量，我们伟大祖国的安全，是有牢靠保障的。中国人民解放军全体同志要时刻准备好，坚决给卖国残民的蒋介石军队以严厉的惩罚，给胆敢侵犯我们祖国的敌人以毁灭性的打击！

中国人民解放军万岁！

中华人民共和国万岁！

我们胜利的组织者——中国共产党万岁！

中国人民的伟大领袖毛泽东主席万岁！

彭德怀元帅讲话后，受阅部队的分列式开始。

走在最前头的是南京军事学院的学员们。步兵学校、炮兵学校、工程兵学校、坦克兵学校、航空兵学校和海军学校的队伍紧跟在他们的后面，迈开雄健的步伐进入天安门广场。这是一支在中国共产党的坚强领导下，经过长期革命战争锻炼、有着丰富武装斗争经验和军政素养的军官和部队骨干的队伍。

海军部队的水兵队伍通过广场后，装备精良的步兵、摩托化步兵和伞兵部队，以严整的阵容相继通过天安门。接着，牵引车牵引着各种大口径、远射程的大炮，循序前进。许多巨型的完全自动化的高射炮又粗又长的炮身直指天空。操纵它们的炮兵战士，全是"全能炮手"。

一眼望不到头的巨型坦克滚滚而来，大地为之颤动。这时，强大的喷气式轰炸机和歼击机群闪电般地出现在蔚蓝色的天空。

在这次接受检阅的国防力量中，还有代表着全国全民武装的基干民兵队伍。其中，不少人是来自太行山、白洋淀等革命老根据地的民兵杀敌英雄，他们在抗日战争和解放战争中用土枪、土炮、"铁西瓜"打败过敌人。今天，他们人人精神焕发，步伐整齐，全部装备着带着棱角刺刀的新式步枪。他们是国家社会主义建设中的突击队，又是人民解放军强大的后备力量和助手。一旦祖国需要，亿万民兵将立即开赴前线置侵略者于死地。

他们雄赳赳地通过天安门广场时，立即吸引住人们的注意力。杨成武上将在天安门城楼上向毛泽东和刘少奇、周恩来、朱德等人介绍说：他们都是河北、山西每个县和北京郊区的民兵代表，只训练了20多天。毛泽东和其他中央领导人都连声称赞。

民兵们像正规军一样，以正方的队形在广场上前进。保加利亚部长会议副主席契尔文科

1958年国庆游行队伍中的工人民兵师（蒙紫 摄）

参加1958年国庆典礼的农民民兵（蒙紫 摄）

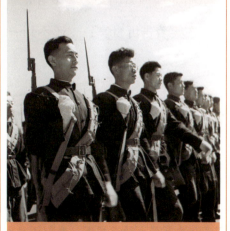

1958年国庆游行队伍中的机关民兵队伍（蒙紫 摄）

夫对毛泽东说："全民皆兵真了不起！"毛泽东说："这是群众的伟大力量！"

观礼台上的人不住地挥动他们的帽子，向民兵们鼓掌、欢呼。

阅兵历时50分钟结束，接着开始了60万人的群众大游行。

与往年不一样的是，除了有民兵方队参加阅兵式外，还有阵营庞大的民兵队伍参加了群众大游行。

民兵的队伍过来了。这些在反对美国侵略者的怒潮中武装起来的民兵们，个个精神抖擞，意志刚强，肩背长枪，手端冲锋枪，腰系子弹带，迈着整齐威武的步伐前进。这时，整个天安门广场轰动起来了。

接受检阅的是首都民兵的代表——工人、农民、干部、学生组成的7个民兵师，他们分成21个方队通过天安门广场。他们虽然训练时间很短，但是队形和步伐都不亚于正规部队。毛泽东告诉契尔文科夫说："北京已经有50个民兵师，全国各地的民兵在很短的时间就组织起来了。参加民兵进行军事训练，人们的身体很快就好起来，工人和农民生产更好了，学生学习更好了，干部也工作得更好了。"毛泽东又说："这是军事组织，又是劳动组织，又是教育组织，又是体育组织。"刘少奇也告诉契尔文科夫："到处是兵，让侵略者寸步难行。""他们组织起来有多久？"看得出神的契尔文科夫问毛泽东。毛泽东笑着告诉贵宾："还不到一个月呢！"

"全民皆兵"，"大办民兵师"

1958年9月29日，毛泽东主席视察大江南北后回到北京，向新华社记者发表了重要谈话。他说："帝国主义者如此欺负我们，这是需要认真对付的。我们不但要有强大的正规军，我们还要大办民兵师。这样，在帝国主义侵略我国的时候，就会使他们寸步难行。"

毛泽东发出"大办民兵师"的号召，是同当时国际和国内的形势密切相关的。1958年，美国当局不顾世界人民和中国人民的坚决反对，在派兵侵占黎巴嫩和约旦之后，又在中国台湾海峡制造紧张局势，对中国进行军事挑衅和战争威胁。美国政府公然扬言，美国海军要随时准备像在黎巴嫩那样在中国大陆登陆。9月初，美国从本土和地中海调遣大批军舰、飞机，加强了在台湾地区的美国海军第七舰队，并不间断地出动军舰、飞机为国民党军队的运输舰护航，一再侵犯中国的领海、领空。

在美国支持下，台湾国民党当局叫嚣"反攻大陆"，一面派飞机向云南、贵州、四川、西藏、青海地区散发反动传单，空投特务；另一面指使大、小金门岛上的国民党军队炮击福建沿海村镇，并派遣大批特务窜入大陆，进行各种破坏活动。这些，都严重地威胁着新中国的安全和社会主义建设的顺利进行。

在此形势下，1958年7月，中共中央军委召开扩大会议，并在7月22日通过的决议中明确提出："必须积极积蓄和壮大后备力量，贯彻执行把预备役和民兵合而为一、实现全民皆兵的方针。"

为实现全民皆兵，这个决议改变了《中华人民共和国民兵组织暂行条例》附则中关于工厂、矿山、商店、企业等单位和大、中城市不建立民兵组织的规定，强调除基干民兵的组织和装备必须加强外，无论城市、农村，无论学校、企业、机关、街道，凡符合一定年龄的公民，必须逐步做到人人接受军事训练，人人学会使用普通武器，彻底解决平时养兵少、战时用兵多的矛盾。

同年8月17日，中共中央政治局在北戴河举行扩大会议。这次会议通过了《中共中央关于民兵问题的决定》：为了保卫国家领土、主权的完整和社会主义建设，保卫世界和平，制止和打击帝国主义的侵略，需要有一支强大的武装力量。除了必须建设强大的常备部队和特种技术部队之外，还"必须在全国范围内把能拿武器的男女公民武装起来，以民兵组织形式实现全民皆兵"。

那么，何谓全民皆兵呢？根据《中共中央关于民兵问题的决定》的解释，它指的是以人民公社为单位，逐步实行全民武装。除了地、富、反、坏、右分子和残疾人员外，把年满16至50岁的、能拿武器的男女公民，都组织在民兵之内。在农村，根据生产组织情况和民兵多少，以基干民兵为主，编为民兵大队、中队、小队；在城市，以厂矿、企业、学校、机关为单位，建立民兵组织。这些武装起来的人民，既是民，又是兵；既是生产队、学习队、工作队，又是战斗队。

1958年12月9日，中共中央通过了《关于人民公社若干问题的决议》（草

GONGHEGUO YUEBING JISHI

案），在说明要点中指出："实行全民皆兵，是保障社会主义建设、对付帝国主义可能发动新战争的一个根本措施，有了这一条，我们的心也就踏实得多了。"1959年，毛泽东又说，我们没有原子弹和氢弹，我们还是靠民兵，甚至还靠小米加步枪。

全民皆兵思想的提出，是毛泽东人民战争思想在新的历史条件下的拓展。

中共中央关于人民公社和民兵问题的两个文件下达后，随着人民公社化运动的发展，各地很快掀起了"大办民兵"的热潮，有的地方还建立了民兵师、团组织。就是在这种情况下，毛泽东于1958年9月29日发表了"民兵师的组织很好，应当推广"的谈话。

在1958年国庆典礼的游行队伍中，北京市民兵率先打出了"首都民兵师"的旗帜，这对全国影响很大。到1958年年底，短短的几个月内，全国打出民兵师旗号的就有5175个，民兵团达到44205个；民兵人数由原来的4000多万，发展到2.2亿；参加民兵的人数占全国人口总数的35%，有的地区达到了40%以上，个别地区甚至超过了50%。1961年，经过调整的民兵数量虽然减少了几千万人，但仍有1亿多人。如此众多的中国民兵，成为中国国防力量的重要组成部分，对任何企图来犯者都有不容低估的震

慑作用。

全民皆兵的思想，在中南海里也得到了体现。毛泽东的机要员小李也参加了中南海里的民兵组织，在一次休息时拍了一张扛枪的照片。1961年2月的一天，小李送文件到菊香书屋给毛泽东时，毛泽东突然问她是不是参加了民兵。她回答说参加了。为了让毛泽东相信她还参加了训练，小李便拿出那张照片给毛泽东看。毛泽东端详了一阵，赞赏道："好个英雄的模样！"然后，他在办公桌上拿起一本看过的书，翻到有半页空白的地方，挥笔写下了《七绝·为女民兵题照》："飒爽英姿五尺枪，曙光初照演兵场。中华儿女多奇志，不爱红装爱武装。"接着，毛泽东对小李说："你们年轻人就是要有志气，不要学林黛玉，要学花木兰、穆桂英！"

"全民皆兵"和"大办民兵师"，作为反对帝国主义侵略的一项战略措施，曾起到了积极作用，是有其历史意义的。它激发了人民群众的爱国热忱，使长期遭受帝国主义侵略的中国人民，深刻地认识到只有把自己武装起来，才能维护祖国的独立与尊严，顺利地进行社会主义建设。大办民兵师，也使毛泽东的人民战争思想、中国传统的民兵制度，更加深入人心。

大办民兵师在国际上也产生了极大影响，引起外国人士和著名军

事家的高度重视。英国元帅蒙哥马利于1958年来中国访问时，在观摩了广州市的民兵表演后说："战争，光靠原子弹解决不了胜负问题。谁要想入侵中国，碰到了中国的民兵，是进得去、出不来的。"美国驻台湾军事顾问团也不得不承认：中共是打游击专家，现在民兵遍地。如果美国和中共一旦作战，登上了中国大陆，就等于陷入了泥沼，将寸步难行。

"全民皆兵"和"大办民兵师"这两个口号，虽然起到了激发广大人民群众爱国热忱和推动民兵建设的作用，但是它们已被纳入"大跃进"这个大框框内，同当时提出的钢铁、交通、文教、邮电、卫生等一系列"大办"一样，浮夸色彩甚浓。而且，大办民兵师随着人民公社化运动的发展一哄而起，不可避免地产生诸如纸上谈兵、弄虚作假、追求形式等问题。有的地方还把民兵组织同生产劳动组织混在一起，以民兵组织代替劳动组织，追求"组织军事化、行动战斗化、生活集体化"等形式主义，更加助长了强迫命令、瞎指挥的不正之风。

对于大办民兵师工作中发生的一些问题，中共中央和毛泽东在1958年下半年已经有所察觉，并开始进行纠正。1962年6月，毛泽东到中南地区视察工作。6月19日，广州军区领导向他汇报工作。当谈到战备工作和民兵工作还不够落实时，毛泽东指出：

"民兵工作要做到组织落实、政治落实、军事落实"（简称民兵工作"三落实"），敌人不管是从"天上掉下来的，地下冒出来的，怎么对付，要有些办法"。在同武汉军区领导座谈时，毛泽东又进一步阐述了民兵工作"三落实"的内容。他说，民兵组织一定要搞好，班、排、连、营编组好，要有强的干部；民兵在政治上一定要可靠，特别是基干民兵；要搞些训练。一有情况，能吆喝来。

从1962年毛泽东提出民兵工作"三落实"到1966年"文化大革命"前，民兵建设一直以"三落实"为指导方针，上上下下采取了许多具体措施。1962年东南沿海地区的紧急战备，特别是1962年、1963年围歼国民党小股武装特务的斗争，是对民兵工作的一次实际检验。广大民兵召之即来，来之能战，战之能胜，充分显示了中国民兵的强大威力，同时也说明中国的民兵建设是有着深厚基础的。

1964年，在全军兴起"大比武"活动的同时，民兵的军事比武活动也搞得有声有色。这年6月，毛泽东、刘少奇、周恩来、董必武、朱德、邓小平等党和国家领导人，在北京观看了由北京军区和济南军区组织的部队与民兵军事汇报表演。当看完了山东民兵代表的射击表演后，毛泽东非常高兴，高度评价了民兵的军事技能。

"文化大革命"期间，许多地方

🔺 1958年10月1日，东北地区机械工业部门制造的各种交通汽车，参加国庆游行（**韩良 摄**）

的民兵卷入了派系斗争甚至是武斗之中，民兵组织特别是城市的民兵组织陷于瘫痪，民兵的正常活动基本停止。1969年珍宝岛事件之后，出于战备的需要，民兵工作开始恢复。但是，"四人帮"插手民兵工作领域，阴谋策划攫取民兵的领导权和指挥权，在上海搞所谓的"第二武装"，还企图把手伸向全国，给民兵工作造成了严重破坏。粉碎"四人帮"之后，民兵工作才得以恢复和发展。

下午2时10分，游行结束。广场上的人群像海潮一般涌向天安门前，向毛泽东以及党和国家其他领导人欢呼致敬。

─── ◦ "我们也要搞人造卫星"，"要抛就抛大的" ◦ ───

1957年10月，世界上第一颗人造地球卫星由苏联发射成功。人类科学的这一伟大成就引起了全世界的震惊，也受到了中国科学家的高度重视。许多科学家提出，中国也要开展航天技术研究。

1958年5月，毛泽东在中国共产党第八次全国代表大会第二次会议上响亮地提出："我们也要搞人造卫星！"

　　会后，国防科委主任聂荣臻要求中国科学院和国防部第五研究院（担负导弹研究任务）的领导，组织有关专家制定发展人造卫星的规划。但是，由于"大跃进"运动的影响，当时有些想法严重脱离了中国国力的实际，使人造卫星的初期工作受到了不小的冲击。后来，中国科学院提出了"以探空火箭练兵，为高空物理探测打下基础，不断探索卫星发展的方向"的发展步骤。

　　从20世纪50年代末起，中国科学院在副院长张劲夫、竺可桢、裴丽生和科学家钱学森、赵九章等人组织领导下，在人造卫星的理论探索、预先研究以及探空火箭研制方面做了大量工作，为开展人造卫星工程研究创造了必要的条件。

　　1965年3月，国防科委提出《关于开展人造卫星研制工作的报告》，国务院副总理、总参谋长兼国防工办主任罗瑞卿认为这个报告切实可行，即转报以周恩来为主任的中央专门委员会（简称中央专委）。5月，中央专委批准将人造卫星工程研制任务列入国家计划。

　　8月，中央专委批准了中国科学院提出的人造卫星发展规划纲要，并同意第一颗人造卫星争取在1970年左右发射，尔后再陆续研制和发射为国防建设与国民经济建设服务的人造卫星。

　　研制工作开始不久，中央专委又提出第一颗人造卫星及其运载火箭要充分做好地面试验和飞行试验，确保质量，力争一次发射成功的要求。

　　正当人造卫星工程按计划进度和要求开展研制工作的时候，"文化大革命"开始了，中国科学院领导机关陷入瘫痪状态。因此，周恩来派驻中国科学院的联络员刘西尧向中央专委提出了将人造卫星工程研制工作改由国防科委直接组织领导的建议。中央专委同意了这一建议。

　　据此，国防科委确定由罗舜初副主任负责领导这项工作，并指派科技部负责人李庄带领工作组，于1967年年初到中国科学院直接处理有关卫星研制的工作。

　　1967年3月，毛泽东批准对中国科学院新技术局实行军事接管。不久，中共中央军委又批准以中国科学院的人造卫星设计院及有关厂、所为基础，并从七机部抽调部分技术力量，组建空间技术研究院，归国防科委直接领导。

　　1968年2月，空间技术研究院正式成立，钱学森兼任院长，常勇任政治委员。1970年5月，空间技术研究院划归七机部领导。这些措施，保证了人造卫星研制工作能比较顺利地进行。

　　1970年春，周恩来多次主持召开中央专委会议，听取汇报，仔细检查每一个关键环节，并提出明确要求。

同年3月底，中央专委检查了人造卫星及其运载火箭的质量情况，并批准出厂运往酒泉卫星发射中心。

4月2日，中央专委检查人造卫星发射情况时，发现有些工作做得不够扎实，当即要求有关部门把各种可能出现的问题都设想到、研究透，以保证成功。中央专委还责成人民解放军总参谋部布置各有关军区，组织广大民兵昼夜守护通信线路，确保通信联络畅通。

4月14日，周恩来和国务院副总理李先念等人听取了钱学森等人关于人造卫星与运载火箭测试情况的汇报。周恩来针对测试中发现的问题，要求参试人员谦虚谨慎，进一步做好发射前的各项工作，并批准人造卫星及其运载火箭转往发射阵地。

4月16日深夜，周恩来又对罗舜初叮嘱说："在发射现场要一丝不苟地进行检查，一颗螺丝钉也不能放过。"

4月20日，周恩来又提出了这次人造卫星发射要做到安全可靠、万无一失、准确入轨、及时预报的全面要求。

4月24日凌晨，毛泽东亲自批准实施发射。

4月24日这一天，卫星发射场区风和日丽。气象部门报告：晚上8点到10点是最佳的发射"窗口"。指挥部决定把发射时间定在晚上9点30分左右。

下午3点50分，周恩来打电报给罗舜初说："毛主席已经批准了这次发射。希望大家鼓足干劲，过细地做好工作，要争取一次发射成功。"

晚上9点35分，随着一声"点火"的号令，火箭在震耳的隆隆声中离开发射架，越飞越高，越来越远……

晚上9点48分，地面卫星观测站报告："星箭分离，卫星入轨。"顿时，发射场欢呼起来，跳啊、叫啊，人人热泪盈眶。钱学森也抑制不住自己的激动，淌着热泪说："我们终于盼来了这一天，我们终于有了自己的人造卫星，这真不容易啊！"

几分钟后，国家广播事业局报告，收到了我国第一颗人造卫星播送的《东方红》乐曲，声音清晰宏亮。

晚上10点整，国防科委向周恩来报告：人造卫星准确入轨！《东方红》乐曲在宇宙空间响起！周恩来非常激动地说："太好了！谢谢大家。应该好好庆贺一下。我立即向毛主席报告这一大喜讯……"

当天晚上，周恩来登上飞机飞往广州，参加由越南、越南南方、老挝、柬埔寨领导人召开的"三国四方"会议。第二天，周恩来高兴地在会议上宣布："为了庆祝这次会议的成功，我给你们带来了中国人民的一个礼物，这就是昨天中国成功地发射了第一颗人造地球卫星。中国人造地球卫星的上天，是中国人民的胜利，也是我们大家的胜利。"

1970年4月25日下午，新华社受权向全世界宣告：1970年4月24日，中国成功地发射了第一颗人造地球卫星。卫星运行轨道，近地点439公里，最远地点2384公里，轨道平面与地球赤道平面夹角68.5度，绕地球一周114分钟，卫星重173公斤。

毛泽东曾在1958年说过："我们要抛就抛大的……不干美

▲1958年国庆游行队伍中，出现新中国第一座原子反应堆的模型（孙牛 摄）

国鸡蛋大的。"毛泽东的预言实现了。苏联的第一颗人造卫星重83.6公斤，他们研制一共用了12年；美国的第一颗人造卫星只有8.22公斤，他们研制一共用了13年的时间；而中国研制人造卫星从1958年开始，其间还停止了几年，实际上加起来也不过用了10年的时间。

4月25日20时29分，中国第一颗人造卫星飞经北京上空时，首都老百姓翘首喜观中国自己研制的人造卫星闪烁着明亮的光辉在夜空中运行。全中国人民感到无比骄傲和自豪！

中国的第一颗人造卫星上天后，西方舆论哗然。美报认为中国"已拥有了原子弹和氢弹"，因此，"必须把这次成功看成是宣布（中国）能把核武器发射到地球上任何地方去的公告"。

一些西方报纸还认为，尽管中国人造卫星上天对世界"最大影响将是在心理和政治方面"，但鉴于中国是世界五个核大国之一，"其军事意义也是明显的"……

1959

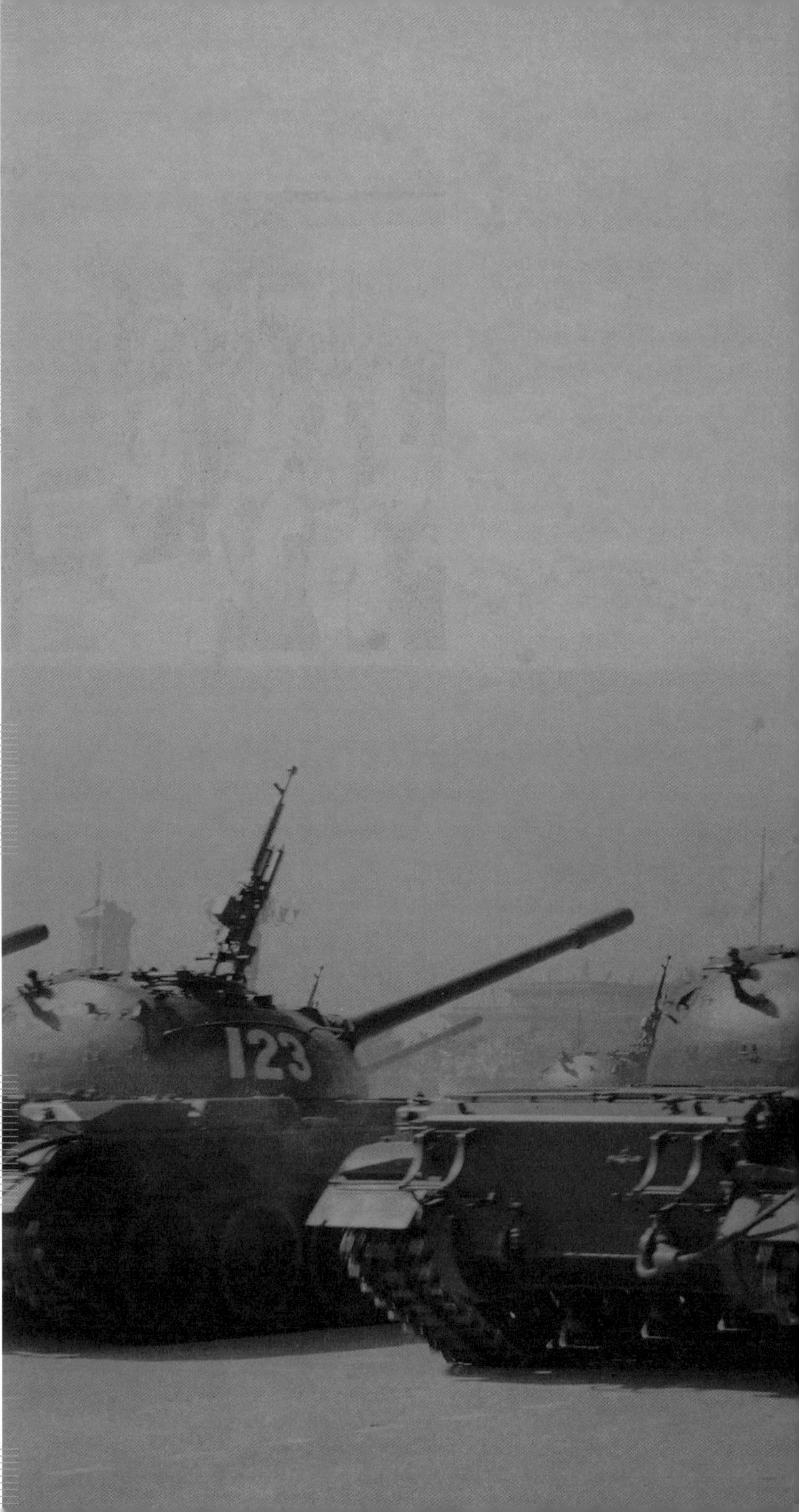

第十一章

1959:
新中国第十一次
国庆阅兵

1959年，是新中国成立第10周年。新中国的军事工作继续在曲折中前进，人民解放军的现代化水平进一步提高：第一支地地导弹部队成立，国产59式中型坦克正式命名并开始装备部队，国庆10周年阅兵式受阅部队装备的最新式自动步枪、火炮和高速喷气式飞机等均为中国自行研制；取得了一系列军事斗争的重大胜利：完成了西藏平叛任务，打击了国民党军飞机对大陆的空中侦察和袭扰，战胜了印度军队在边境地区的武装挑衅，从而保卫了国家安全和领土完整。

链接 LIANJIE

人民解放军平息西藏武装叛乱

1951年西藏和平解放以后，中共西藏工作委员会和人民解放军驻藏部队，遵照中共中央的指示，在8年多的时间里，在工作上一直坚持慎重稳进的方针，对西藏上层人士采取耐心等待的态度，争取由西藏各阶层人士自愿以和平的方式，在多年内逐步地改革西藏的经济和政治制度。人民解放军驻藏部队坚决执行党的民族政策和宗教政策，认真地执行"三大纪律八项注意"，积极参加生产劳动，受到广大藏族人民的衷心拥护和热情欢迎。然而，西藏上层反动集团，不顾中央的耐心等待和再三教育，坚持分裂祖国、维护封建农奴制度的反动立场，竟同帝国主义者和外国干涉者勾结，妄图实现"西藏独立"，于1959年3月10日，公然撕毁中央政府和西藏地方政府签订的关于和平解放西藏办法的"十七条协议"，发动了以拉萨为中心的西藏全区性武装叛乱。3月20日凌晨3时，武装叛乱分子向驻拉萨的军政机关、部队发动全面进攻，走上了自绝于祖国、自绝于人民的道路。

▲ 1959年国庆游行队伍中的"文艺大军"（于天为 摄）

　　为了巩固祖国统一、维护民族团结、彻底解放西藏劳动人民，人民解放军驻藏部队于3月20日开始平息西藏全面武装叛乱的作战。在当地爱国僧俗和人民群众的协助下，人民解放军迅速摧毁了叛乱集团在拉萨、山南地区的两个指挥中心。到1960年7月，叛乱集团的主要力量被歼灭，武装叛乱基本上被平息。接着，人民解放军开始全面进驻西藏边防；随后，转入对流窜在西藏各地的小股叛乱武装进行搜剿。至1962年3月，平叛作战胜利结束。在进行平叛作战的同时，人民解放军驻藏部队遵照毛泽东主席关于"边平边改，先叛先改，后叛后改，未叛的暂时缓改"的指示，积极参加了西藏民主改革的工作，培养了大批藏族干部，充分发挥了工作队的作用，为西藏的社会主义革命和建设作出了贡献。

中国人民解放军边防部队进行中印边境自卫反击作战

　　新中国成立初期，印度军队在西藏和平解放前后，非法地在"麦克马洪线"以南地区全面推进，陆续侵占了约9万平方公里的中国领土，后又在中段侵

占中国2000平方公里的领土，而且还要侵占西段3.3万平方公里的中国领土。中国政府为了避免边境武装冲突，曾在1959年建议中印双方从实际控制线全线各自后撤20公里，并停止巡逻，但遭到印度政府的拒绝。从1961年开始，印度军队先在中印边境西段、后在东段越过中印双方实际控制线，蚕食中国领土，建立侵略据点，多次挑起边界冲突。中国政府多次提出通过谈判解决边界问题的建议，均遭印度政府拒绝。1962年9月，印军第7旅竟然向非法的"麦克马洪线"以北大举推进，侵占克节朗地区的大片土地，并开枪打死、打伤中国边防人员，制造流血事件。10月12日，印度总理尼赫鲁不顾中国政府的多次抗议和警告，公然下令要把守卫在中国领土上的中国军队清除掉。10月20日，印军10个多旅的兵力，在中印边境东、西段同时发动大规模的进攻。中国边防部队忍无可忍，被迫进行了自卫反击作战。

这次反击作战经过两个阶段：第一阶段于10月20日开始，在各族人民支援下，西藏边防部队在中印边境东段，歼灭入侵非法的"麦克马洪线"以北克节朗地区的印军第7旅和其他印军一部；新疆边防部队在西段清除了印军在中国领土上非法设立的37个侵略据点。接着，中国政府于10月24日发表声明，提出停止边境冲突、重开和平谈判、解决中印边界问题的建议。但印度政府在当天就予以拒绝，同时继续在边境上调集重兵，再次在中印边境东段和西段发起猛烈进攻。中国边防部队被迫进行反击，开始了第二阶段作战。自11月16日起，中国边防部队在西山口、邦迪拉和瓦弄等地区先后击溃各路进犯印军，并拔除其据点16处，一直追击到中印边界传统习惯线附近。经两个阶段反击作战，中国边防部队共歼灭印军2个旅和3个旅的大部，毙、伤、俘准将旅长霍希尔·辛格和达尔维以下官兵8700余人。11月21日，中国政府从维护中印两国人民的根本利益、加强亚非团结和保障世界和平的一贯立场出发，宣布从11月22日零时起，中国边防部队在中印边境全线主动停火。自12月1日起，中国边防部队从1959年11月7日的中印双方实际控制线后撤20公里。随后，中国方面还主动把缴获的武器弹药和其他军用物资交还印方，释放并遣返了全部被俘的印度军事人员。

这一反击作战，粉碎了印度扩张主义者的进攻，挫败了帝国主义和霸权主义的反华阴谋，充分体现了社会主义中国反对侵略、保卫和平、坚持自卫的原则，博得了世界舆论的称赞，更加提高了中国的国威、军威。同时，参战部队经受了锻炼，取得了在高原严寒地区和高山密林中作战的经验。

　　但是，8月16日至9月12日，继中共八届八中全会之后召开的中共中央军委扩大会议，在批判彭德怀、黄克诚"右倾机会主义"的基础上，又开展了对他们"反党罪行"、"资产阶级军事路线"的批判。会后，在全军进行"反右倾"斗争，使新中国军事工作再次受到挫折。

━ 反"右倾"斗争和批判"资产阶级军事路线" ━

　　在全国"大跃进"运动狂热发展的形势下，以高指标、瞎指挥、浮夸风和"共产风"为主要标志的"左"倾错误严重泛滥开来。1959年7月2日至8月1日，中共中央在庐山召开政治局扩大会议。会议初期的基本精神是批"左"。7月14日，中共中央政治局委员、国防部部长彭德怀给毛泽东写了一封信。彭德怀在肯定1958年成绩的基础上，陈述自己对全国开展"大跃进"运动的意见，特别对浮夸风、狂热冒进、高指标和一些不切实际的做法提出了看法。7月16日，毛泽东批示将彭德怀的信印发与会全体人员，提出要"评论这封信的性质"。7月23日，毛泽东在大会讲话中批驳了彭德怀信中的观点，认为是右倾的表现。于是，会议主题由纠"左"变为反右。在紧接着召开的中共八届八中全会上，彭德怀和赞同彭德怀意见的人民解放军总参谋长黄克诚、外交部副部长张闻天、中共湖南省委第一书记周小舟等人受到批判。会议通过决议，认定彭德怀、黄克诚、张闻天、周小舟组成"反党集团"，犯了"具有反党、反人民、反社会主义性质的右倾机会主义路线的错误"，确定把彭德怀、黄克诚、张闻天、周小舟分别调离国防部、总参谋部、外交部和湖南省委第一书记等工作岗位。会议决议提出："右倾机会主义已经成为当前党内的主要危险。团结全党和全国人民保卫总路线，击退右倾机会主义的进攻，已经成为党的当前的主要战斗任务"。随即在全党范围内，展开了一场大规模的"反右倾"斗争。

　　庐山会议后，中共中央军委即于8月18日至9月12日，由林彪主持，在北京召开扩大会议，大军区单位领导除留一名值班外全部参加，继续揭发批判彭德怀、黄克诚的所谓"反党罪行"，并清查所谓"军事俱乐部"，号召肃清其流毒和影响。会上对彭德怀的历史，从领导平江起义到庐山上书各个时期的活动进行了追究，认定彭德怀是"反党、反毛主席的篡党篡军的野心家"，在党的历史上出现错误路线时都是跟着走的，大部分时间是反对毛泽东的，一直发展到今天的"篡党篡军"。会议还追查彭德怀所谓"里通外国"问题，说彭德怀是"教条主义"的总根子，是"高岗反党集团的漏网分子、重要成员"，提出要"彻底肃清彭、黄在军队中所散布的毒素和恶劣影响"。

▲1959年10月1日，在北京天安门广场举行盛大阅兵式和群众游行，隆重庆祝中华人民共和国成立10周年（**解放军画报社供稿**）

9月17日，国家主席刘少奇根据第二届全国人民代表大会常务委员会第九次会议的决定发布命令，任命国务院副总理林彪兼任国防部部长，免去彭德怀的副总理兼国防部部长职务；任命罗瑞卿副总理兼任人民解放军总参谋长，免去黄克诚的人民解放军总参谋长职务。

会后，全军进行了"反右倾"的斗争。1959年11月27日，中共中央批转中国人民解放军总政治部《关于划分右倾机会主义分子的标准和处理办法》。全军划出"右倾机会主义分子"1848人，其中团以上干部195人，还有许多人被划为"中右"、"二类"、"三类"人员，作为运动的重点教育和批判对象，并受到不同程度的组织处理。

1974年11月29日，中国人民解放军创建人和领导人、军事家彭德怀，因遭受林彪、江青反革命集团迫害在北京含冤逝世。

这次"反右倾"斗争是完全错误的，不仅打击了一批干部，而且给军队建设造成了很大损害。1978年12月召开的中国共产党十一届三中全会审查和纠正了对彭德怀、黄克诚等人所作的错误结论，予以彻底平反。

1959年10月1日，是国庆10周年的纪念日。按照"五年一小庆，十年一大庆"的规定，国庆10周年要举行一次大的庆祝活动。

此次阅兵规模比以往大，准备工作也比较早。1958年11月11日，中共中央批转了中共中央宣传部《关于建国十周年庆祝活动的意见》，指出，要使庆祝典礼的阅兵式和群众游行，比往年搞得更加隆重盛大。根据这个精神，京津卫戍区司令部于1958年12月拟制了《一九五九年国庆首都阅兵方案》，上报国防部和总参谋部。

1959年4月16日，中共中央军委召开第169次会议，专题研究阅兵问题。会后，以中国人民解放军总参谋部名义下达《一九五九年首都阅兵工作指示》，对阅兵规模、编组、组织指挥以及各项准备工作，作了明确规定。

为了搞好国庆10周年庆典，毛泽东、刘少奇、周恩来等党和国家领导人亲自审定了阅兵方案。

这次阅兵与国庆5周年阅兵相比，取消了骑兵、三轮摩托车和口径在100毫米以下的地炮、高炮方队，徒步方队横排面由20人增加为24人，受阅总人数增加三分之一。

受阅部队由15个徒步方队、14个车辆方队和6个空中梯队组成。其中，徒步方队有：南京军事学院、石家庄步兵学院、郑州炮兵学校、南京工程兵学校、第一坦克学校、石家庄铁道兵学校、沈阳航空学校、大连海军指挥学校等编组的8个院校方队，海军长山要塞区组成的1个水兵方队，北京军区3个野战军组成的6个步兵师方队。

车辆方队有：北京军区组成的2个摩托化步兵方队，空军空降兵教导师组成的1个伞兵方队，北京军区炮兵组成的122毫米和152毫米榴弹

炮方队，北京军区空军高炮师、雷达探照灯团组成的100毫米高射炮和雷达探照灯方队，沈阳军区炮兵组成的122毫米加农炮方队，武汉军区炮兵组成的130毫米加农炮和152毫米加农榴弹炮方队，北京军区所属坦克独立团组成的中型坦克、重型坦克和152毫米自行火炮方队，沈阳军区1个守备师组成的100毫米自行火炮方队。

空中梯队，由1个轰炸机师、4个歼击机师和高级航空兵学校抽组而成。

此次阅兵的装备数量大大增加，且受阅的轻、重武器装备绝大部分已实现了国产化，这标志着新中国军队建设取得了巨大成就。装甲兵方队，装备了中国制造的59式中型坦克，这是我国制造的第一代主战坦克，当年定型，当年投产，当年装备部队并参加国庆阅兵。飞过天安门广场上空的，是由中国制造的歼5型飞机组成的梯队。

北京军区司令员杨勇上将任阅兵总指挥兼阅兵总指挥部主任。北京军区副司令员郑维山中将、谭希林中将，司令部副参谋长罗方坊少将，政治部副主任张正光少将，北京卫戍区司令员吴烈少将、副政治委员张廷帧少将等人任阅兵总指挥部副主任。阅兵总指挥部的办事机构由北京卫戍区组成。

早在4月9日，阅兵总指挥部即已向受阅部队颁发《一九五九年国庆受阅部队训练计划》，明确了训练时间、课目，提出了训练指标和要求，拟制了联合演练计划，要求单兵动作准确、整齐、雄壮，合乎要领，徒步和车辆方队做到队形整齐一致、雄壮有力。

部队开训前，组织了教练员集训，统一动作要领，研究教学方法，并在提前进京投入训练的步兵师、石家庄步兵学院方队驻地召开受阅训练和行政工作现场会，交流了经验。6月1日，各受阅部队正式开训；7月初，集中到北京训练。

徒步方队按照阅兵总指挥部的要求，进行了比往年更加艰苦的训练。南京军事学院方队，是一支由团以上干部学员组成的队伍。他们开训后，有40%的人脚底起了泡，脚腕红肿，但仍忍痛坚持。许多人为做到踢腿有力、踏地有声，在腿上捆绑沙袋进行训练，肩部、肘部、膝部都磨出了老茧，仍一丝不苟地进行操练。

车辆方队为了解决标齐问题，司机们反复琢磨控制车速的方法，仔细体会脚踏油门的要领，精心探讨解决单车超前、拖后的问题，并创造了在驾驶室适当部位安装红、绿小灯，解决夜间或视度不良情况下的标齐问题。

空军受阅编队由国庆5周年时的3机增加到5机，飞机总数由111架增加到155架，受阅飞行高度降低100～150米。这都对受阅训练提出了更高的要求。为了飞好编队，飞行员们地面苦练，空中精飞，每飞一个起落，都认真研究，找出问题和解决办法。

1959年，农业大面积受灾，粮食减产，物资供应紧张，这给阅兵准备工作带来诸多不便。然而，由于受阅官兵们具有高度的政治责任心和坚强的意志，勤学苦练，深钻细研，精打细算，圆满地完成了训练任务。各项受阅准备工作于9月29日全部结束。

10月1日6时，全体受阅部队集结于受阅现场，进行受阅前的最后准备。徒步方队整理、检查着装，车辆方队进行技术检查，飞行梯队校对时间，待命升空。

在这伟大的节日，首都北京以崭新的面貌呈现在祖国人民的面

1959年10月1日的北京天安门广场
（孙宗权 摄）

前。在10个月时间内矗立起来的巨大建筑物，构成了雄伟壮丽的天安门广场。在面积扩大了两倍半的广场东、西两侧，分别是雄伟的中国历史博物馆、中国革命博物馆和人民大会堂。万千红旗迎风招展，成排的树木和各种花样的路灯为壮丽的广场增添了景色。在这面积达40万平方米的广场上，排列着11万群众的队伍，他们手持各色花束，以巧妙的队形在广场中组成了一个巨大的国徽和"1949——1959"等字形。气球带着一排排巨大的标语和红色宫灯在广场上空微微飘动，天安门广场显得非常壮观。

天安门城楼上悬挂着中国人民伟大领袖毛泽东的画像，广场南面人民英雄纪念碑前是孙中山的画像，面对天安门的两侧是马克思、恩格斯、列宁、斯大林的画像。两座具有民族风格的标语塔，分列在天安门的左右。左边塔的四面写着："中国共产党万岁！""马克思列宁主义万岁！""鼓足干劲，力争上游，多快好省地建设社会主义！""人民公社万岁！"右边塔的四面写着："中华人民共和国万岁！""毛主席万岁！""全面深入地开展增产节约运动！""大跃进万岁！"

1959年10月1日9时50分，中共中央主席毛泽东、国家主席刘少奇同苏共中央总书记赫鲁晓夫一道登上天安门城楼。

周恩来、朱德、宋庆龄、董必武、邓小平等党和国家领导人，胡志明、金日成等社会主义国家的领导人，兄弟党代表团团长和党的代表，越南和朝鲜军事代表团团长，8个亚非友好国家政府代表团团长和政府代表，紧随其后。

在天安门城楼上就座的有：全国人大常委会副委员长林伯渠、李济深、罗荣桓、沈钧儒、郭沫若、黄炎培、李维汉、陈叔通、程潜、班禅额尔德尼·却吉坚赞、何香凝、刘伯承、林枫；国务院副总理邓子恢、贺龙、陈毅、乌兰夫、李富春、李先念、聂荣臻、薄一波、谭震林、陆定一、罗瑞卿、习仲勋；全国政协副主席李四光、包尔汉、康生、帕巴拉·格列朗杰、阿沛·阿旺晋美；国防委员会副主席徐向

▲ 1959年国庆节，天安门城楼上依次为（从左至右）：邓子恢、波德纳拉希、加涅夫、萨瓦茨基、邓小平、林彪、金日成、周恩来、苏斯洛夫、胡志明、毛泽东、赫鲁晓夫、刘少奇、诺沃提尼、朱德、泽登巴尔、宋庆龄、艾地、董必武、谢胡（**解放军画报社供稿**）

前、叶剑英、张治中、傅作义；最高人民法院院长谢觉哉，最高人民检察院检察长张鼎丞；此外，还有中共中央委员，国家机关各部门、各民主党派、各人民团体和北京市的负责人，中国人民解放军高级将领等。

在天安门城楼上就座的外宾有：苏联、越南民主共和国、捷克斯洛伐克共和国、朝鲜民主主义人民共和国、蒙古人民共和国、阿尔巴尼亚人民共和国、德意志民主共和国和罗马尼亚人民共和国等11个社会主义兄弟国家党政代表团的全体团员，以及60个国家（除社会主义国家外）的共产党和工人党的代表团及代表。

上午10时整，北京市市长彭真高声宣布："首都人民庆祝中华人民共和国成立10周年国庆典礼开始。"

这时，奏国歌，鸣礼炮，400名少先队员向人民英雄纪念碑献花。

彭真市长在热烈的掌声中讲话，向来自世界各国的贵宾、来自全国各族各界的代表、来自海外的爱国华侨和港澳地区的同胞们，表示最热烈的欢迎。

随后，庄严的阅兵典礼开始了。

国务院副总理兼国防部部长林彪元帅站立在崭新的国产高级敞篷轿车上，徐徐开过金水桥。北京军区司令员、阅兵总指挥杨勇上将向林彪作了阅兵报告。林彪在杨勇的陪同下，乘国产阅兵车，沿着天安门广场南侧和东长安街缓缓行驶，检阅陆、海、空

▲1959年国庆阅兵式上，林彪检阅受阅部队（**杜心 摄**）

三军受阅部队。受阅部队的官兵身着新式服装，佩戴军衔，显得格外精神抖擞。检阅时，林彪频频高呼"中华人民共和国万岁！""中国共产党万岁！""毛主席万岁！"

这是林彪首次也是最后一次进行国庆阅兵。

检阅完毕，林彪重新登上天安门城楼，发布国防部命令。

链接 LIANJIE

中华人民共和国国防部命令

陆、海、空军全体官兵同志们，民兵同志们：

今天，是我们中华人民共和国建国十周年的光荣节日。我们和全国人民一起，和来自以苏联为首的社会主义国家的同志们一起，和来自世界各地的朋友们一起，热烈地庆祝我国十周年来的伟大成就。

十年前的今天，中国人民在伟大的中国共产党和伟大的人民领袖毛泽东同志的领导下，经过长期的艰苦奋斗，赢得了民主革命的胜利，宣告了中华人民共和国的成立。从此，我国进入了社会主义革命的新时期。在胜利以后的头三年中，我国人民在党的领导下，彻底完成了土地改革和其他民主改革的任务，完成了经济恢复工作。接着，党提出了过渡时期的总路线，社会主义革命和社会主义建设同时并举，顺利地完成了对于农业、手工业、资本主义工商业的社会主义改造，基本上实现了生产资料的社会主义所有制。这时候，我国人民一面在国内不停地进行着社会主义改造和建设的工作，一面又进行着伟大的抗美援朝战争。中国人民志愿军和朝鲜人民军一起，打败了以美国为首的侵略军。1953年开始的第一个五年计划的完成和超额完成，为我国社会主义工业化奠定了初步基础。1958年，在全民的整风运动和反对资产阶级右派的斗争取得胜利之后，我国人民在党的鼓足干劲、力争上游、多快好省地建设社会主义的总路线的光辉照耀下，斗志昂扬，意气风发，展开了国民经济的全面大跃进。与此同时，在全国农村中普遍建立起人民公社，经过短期的努力，人民公社已经巩固起来，走上了健康发展的道路，在发展生产、战胜天灾等方面正在显示它的优越性。在党的"百花齐放、百家争鸣"和教育为无产阶级的政治服务、教育与生产劳动相结合的方针下，科学技术和文化教育事业也获得空前的大发展。大跃进和人民公社化的结果，使原定的第二个五年计划的主要指标，有可能提早三年完成。在主要工业产品的产量方面十五年内赶上英国的目标，也将在十年左右的时间内提前实现。短短的十年间，中国人民在中国共产党的领导下，完成了我国前人从来没有做过的伟大光荣的事业。社会主义在各个方面已经基本上战胜了资本主义。几千年来阶级剥削的历史，已经基本结束。穷困和落后的面貌正在迅速地改变。我国各族人民在共产党的领导下，团结在一个大家庭里，现在，正以史无前例的速度，欣欣向荣地发展自己的经济和文化。这一切，充分证明党和毛泽东同志的领导，党的社会主义革命和社会主义建设的总路线是正确的；证明在经济建设中实行在重工业优先发展的条件下，工业和农业同时并举，重工业和轻工业同时并举，在集中领导、全面规划、分工协作的条件下，中央工业和地方工业同时并举，大型企业和中小型企业同时并举，洋法生产和土法生产同时并举的"两条腿走路"的方针和在经济建设中实行依靠群众，发展群众运动的方针是正确的。中国革命的胜利和社会主义建设的大跃进是马克思列宁主义在中国的胜利，是马克思列宁主义普遍真理和中国革命的具体实践相结合的结果，是以毛泽东同志为首的党中央的领导和六亿五千万人民的革命意志相结合的产物。任何帝国主义和反动势力对我国的威胁、诬蔑和破坏，任何右倾机会主义分子的攻击和指责，都不能阻挡中国人民奔向自己的伟大目标！我们一定要把中国在几个五年计划时期内建成一个具有高度发达的现代工业、现代农业、现代科学文化的伟大的社会主义国家！

我国社会主义建设的成就，是同我们伟大盟邦苏联和其他兄弟国家的兄弟般的援助以及世界各国人民的同情和支持分不开的。现在，苏联、中国和其他社会主义国家一起，结成了占世界人口三分之一、在欧亚两洲连成一片、团结友好的社会主义大家庭。十年来，我国一贯维护以苏联为首的社会主义阵营的团结，大力支持亚洲、非洲、拉丁美洲的民族民主运动，坚决反对以美国为首的帝国主义的战争政策和侵略政策，一贯坚持和平外交政策，坚守和平共处的五项原则，在维护远东与世界和平的斗争中，获得了巨大的成就。我们的朋友遍于天下。

中华人民共和国的武装力量，正在向建设一支优良的现代化的革命军队迈进。中国人民解放军是祖国社会主义的保卫者，又是社会主义的建设者。十年来在肃清残匪，解放沿海岛屿，保卫祖国边防、海防、空防的斗争中，在惩罚金门蒋军、准备解放台湾的斗争中，在平定西藏反动势力叛乱中，都圆满地执行了祖国人民的委托。军队参加和支援国家经济建设和群众运动，也取得了重大成绩。现在，我军已经从单一兵种发展成为有现代技术装备的诸兵种合成军队，并且还建设了一支有几亿人民参加的民兵队伍。1958年以来，同全国人民一起，军队也展开了以训练工作为中心的全面大跃进，极大地提高了军队的政治素质和战斗力。我国的武装力量，是一支保卫和平的坚强力量。我们决不会侵犯任何人，但是也决不容许任何人侵犯我们。中华人民共和国神圣的领土、领空和领海主权的完整，必须受到尊重。中国人民以这种方法或者那种方法解放自己的领土台湾和沿海岛屿、完全统一伟大祖国的愿望，一定要得到实现，外国不得干涉。

↑ 1959年国庆游行队伍中的民兵重机枪方队（于天为 摄）

　　全体官兵同志们，民兵同志们：在我们庆祝建国十周年的时候，全国人民为党的八届八中全会反右倾、鼓干劲的战斗号召所鼓舞，一个新的增产节约运动的大高潮已经形成起来，我国社会主义建设正在继续高速度地向前跃进，国内政治经济情况是很好的，是一片光明的。国际形势也在进一步向有利于和平、民主和社会主义的方向发展。伟大的苏联和其他社会主义兄弟国家都是一片蓬勃景象；全世界反殖民主义斗争的烽火正在蔓延扩大；而帝国主义内部则矛盾重重，笼罩着一片阴影。毛泽东同志关于"东风压倒西风"和"敌人一天天烂下去，我们一天天好起来"的英明论断，正为越来越多的事实所证实。但是，对于美帝国主义者的侵略阴谋和一切反对中华人民共和国的恶意煽动，我们必须保持足够的警惕。为此，我命令你们：加紧训练和学习，以马克思列宁主义武装自己的头脑，认真学习毛泽东同志的著作，学习苏联和其他兄弟国家的先进的军事经验，不断地提高自己的政治觉悟和科学文化水平，大力提高军事技术，使每一个人都具有高度政治觉悟，精通业务、熟练地掌握自己手中的武器和装备，以便胜任地履行我们保卫国防、防止侵略的光荣职责。在祖国的大跃进中，每一个指战员，都要满腔热情地支援人民群众，并且按照各自的情况以可能的力量参加国家的经济建设和人民公社的建设，密切与人民群众的团结。军队和人民，官和兵，上级和下级团结一致，高举党的总路线和毛泽东军事思想的红旗，我们的军队是不可战胜的！

　　中华人民共和国万岁！

　　全中国人民团结起来！全世界人民团结起来！

　　总路线万岁！大跃进万岁！人民公社万岁！

　　以苏联为首的伟大的社会主义阵营万岁！

　　伟大、正确、光荣的中国共产党万岁！

　　为争取全世界的持久和平和人民民主而斗争！

　　中国各族人民的伟大领袖毛泽东同志万岁！

　　国际主义万岁！

　　分列式开始了。迎风招展的"八一"军旗，引导着南京军事学院和步兵、炮兵、工程兵、坦克兵、航空兵、铁道兵、海军等学校的队伍，首先进入天安门广场。他们排着24路纵队，精神抖擞，齐步前进。

　　第一个通过天安门城楼的，是南京军事学院方队。南京军事学院

是人民共和国成立后创建的第一所高等军事学府。受阅人员身着海蓝色陆军校官礼服，佩戴金黄色肩章，翻领上绣着彩色图案，迈着整齐的步伐，走过检阅台。

在这支校官队伍的前面，走着两位身材颀长的英俊将军，将星闪耀，格外引人注目。他们是第二次国内革命战争时期的红军战士吴华夺少将和胡定千少将。这两位亲密的老战友，在长征和抗日战争时期就一起并肩作战。两位将军迈着雄壮的步伐，走在军旗的前面，带领受阅部队，伴随着《中国人民解放军进行曲》，徐徐走进天安门广场。

临近观礼台时，两位将军抬臂、敬礼、收腹、踢腿，显示出军人特有的风采。

阅兵场上轰动了，人们的目光都集中在这两位将军身上。中外摄影记者蜂拥而上，镜头对准他俩拍个不停。很快，两位将军带领受阅部队受阅的精彩画面，被纷纷刊登在英、美、意大利、日本、保加利亚等国的报刊上。

我们伟大祖国万里海疆的保卫者——海军军官和水兵们列队通过天安门广场。他们当中，有击沉、击伤国民党军舰船100多艘，俘获50艘的东海舰队水兵；还有来自福建前线的水兵，他们在1958年秋天的两个月里，曾把20多艘蒋军舰艇埋葬在台湾海峡。我们祖国"有海无防"的时代一去不复返了。人民海军已经是一支由大量水面舰艇、水下潜艇和海军航空兵、海岸炮兵等各兵种组成的坚强的海防力量。

装备精良的步兵、摩托化步兵和空降兵等机械化部队的强大阵容循序而过。步兵头戴钢盔，手执自动步枪，整齐如一的前进步伐，充分表现高度的训练水平。受阅的摩托化步兵第1连，曾经坚持过井冈山斗争，在长征途中强渡乌江天险，在抗日战争中又参加平型关大战。到1959年，它已成为一支具有高度机动能力的机械化部队。

炮兵勇士驱车牵引着144门各种口径的远射程大炮前进。这些大炮，绝大部分是我国自己制造的。其中，有威力强大的、自动化的高射炮。拖着大炮的59式履带牵引车和99辆巨型坦克，它们组成的钢铁巨流，发着隆隆的巨响，来到天安门前。受检阅的炮兵部队中，有一支是人民解放军重炮部队中建军最早的部队。它在辽沈战役中大显神威，在解放海南岛的战役中痛击国民党军舰。现在，它拥有新式国产的大口径加农炮，成为无坚不摧的现代化炮兵。此次受阅的我国制造的新型坦克，性能优良，有各种新式的技术装备和强大的火力。

当人们正向广场上的铁流招手欢呼的时候，由155架喷气式轰炸机和歼击机编成的强大机群，出现在天安门东方的天空。这些英雄的战鹰，排着整齐的五机编队，像闪电一般，夹着雷鸣般的吼声一闪而过。毛泽东对身边的友人说：我们自己的飞机飞过来了。

我国自己制造的新式超音速喷气式歼击机，大显威风。驾驶它们的是我国空军建军最早的一个师。这个师从成立以来共击落、击伤敌机88架，涌现出3400多名英雄、模范和立功受奖人员。空军英雄张积慧、李汉、邹炎、王海、刘玉堤和曾在1953年打下美国所谓"第一流喷气式空中英雄"的韩德彩，都是这支部队培育出来的。现在，他们又在掌握各种复杂的飞行技术方面，锻炼得更加坚强。

向着工业化飞跃前进的伟大祖国，给了人民解放军各种现代化武器装备。受阅各部队装备中最新式的自动步枪、大炮、坦克、高速度

▲1959年国庆阅兵式上的三军分列式
（解放军画报社供稿）

的喷气式歼击机，都是祖国制造出来的。外电评说，中国国庆10周年阅兵，标志着中国军队建设取得巨大成就，中国军队已从单一兵种发展成为诸军兵种合成的军队。

链接 LIANJIE

—— 赫鲁晓夫的惊讶 ——

1959年10月1日，新中国10周年国庆。当中国空军以包括亚音速歼－5型和超音速歼－6型在内的155架飞机组成的强大机群，飞过天安门城楼上空时，匆匆忙忙从莫斯科赶来的苏联领导人赫鲁晓夫感到惊讶。

就在几个月前，苏联开始撤回专家、停止航弹和器材供应，上千台飞机发动机无法修复，中国空军面临瘫痪的危险。然而让赫鲁晓夫难以理解的是，短短几年间，中国空军就具备自己生产飞机的能力。

人民空军成立后的那几年，一直是从苏联进口飞机。开始是进口雅克－18型初级教练机，培训空军飞行员；朝鲜战争爆发后，又进口了雅克－1、拉－9、拉－11、米格－9型战机，并迅速装备部队。

1951年1月，毛泽东主席一声令下，中国人民志愿军空军飞过鸭绿江，投入到抗美援朝空战之中。年轻的人民空军飞行员与美军进行空中较量，击落敌机330架，创下了世界空战史上以弱胜强的范例。然而，立下战功的中国飞行员驾驶的飞机，全部是苏制的。

早在1950年12月，周恩来总理在研究中国航空工业的建设问题时就指出，一个拥有960万平方公里的大国，靠买人家飞机不行，必须拥有自己的航空工业！

从仿制开始，中国航空工业终于起步了。

1954年7月21日，我国航空工业职工经过艰苦奋战，在南昌成功地仿制出以苏联雅克－18型飞机为原型的教练机"初教五"。这是新中国生产的第一架飞机。为此，毛泽东主席签署了给南昌飞机制造厂全体员工的嘉勉信："自从盘古开天地，三皇五帝到如今，这是一件惊天动地的大事，虽然还只是一架教练机。"1956年7月19日，我国仿制的第一架喷气式歼击机歼－5在沈阳首飞成功，聂荣臻元帅亲赴沈阳祝贺。1958年，我国第一架喷气式超音速歼击机歼－6又首飞成功。

从1954年到1966年，我国的歼击机、轰炸机、运输机、直升机和地空导弹系统等，先后仿制成功并装备部队，从而结束了依赖外国发展空军武器的历史。

值得一提的是，最先装备部队的歼－5一亮相，便使人民共和国军威大震。当时，一直梦想反攻大陆的蒋介石，不断派飞机对大陆沿海地区轰炸和侦察。歼－5开始起飞反击。到1958年年底，歼－5先后击落国民党空军F－86型飞机9架。

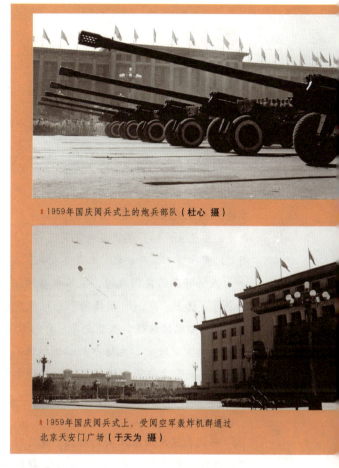

▲ 1959年国庆阅兵式上的炮兵部队（**杜心 摄**）

▲ 1959年国庆阅兵式上，受阅空军轰炸机群通过北京天安门广场（**于天为 摄**）

这次阅兵，受阅部队共计11018人、火炮144门、坦克99辆、汽车240辆、各型作战飞机155架，编为29个方队和6个航空兵飞行梯队。这次阅兵最大的特点是，参加检阅的武器装备的国产化程度大大提高，一些装备的精度和威力已处于世界领先水平，标志着我国国防实力又上了一个台阶。

这次阅兵用时58分钟。气势磅礴的阅兵方阵，充分表现出中国人民与军队敢于迎接各种挑战、勇于战胜任何艰难险阻的坚定决心和勇往直前的大无畏精神，达到了展示成就、鼓舞士气、激励民气的目的。

开国后的10年，是人民解放军遵循着党中央和毛泽东制定的建军方针，向优良的、现代化的革命军队大步迈进的10年；是人民解放军在祖国工业飞跃发展的基础上，从单一兵种发展成为诸兵种合成军队的10年！

—— "原子弹既然是吓人的，就早响" ——

1959年10月1日，迎来了国庆10周年的大喜日子。这次阅兵大典的规模远远超过了此前任何一次国庆阅兵。在大大拓宽了的天安门广场上，15个徒步方队、14个车辆方队和6个空中梯队组成的阅兵队伍接受了检阅。最令人兴奋的是，人民解放军以"五"字开头的新式武器——五六式冲锋枪、五六式半自动步枪、五九式坦克、歼－五型歼击机等新式武器也纷纷亮相，这些武器基本上是中国自己生产的。不过在世界范围内，此时一国军力强弱的主要标志已不再是新型坦克和喷气式歼击机，而是美、苏、英已经装备的核武器和远程导弹。

在1959年国庆阅兵时，毛泽东与时任苏共中央总书记的赫鲁晓夫并排站在天安门城楼上。从当时拍摄的彩色纪录片中可以看出，毛泽东虽然偶有笑容挂在脸上，却比较勉强，并非全是发自内心深处的笑意。

庆典空前隆重，毛泽东的心情却很不愉快。原来这时候，一方面，中国国内经济正处于十分困难的状况；而另一方面，原本答应给予中国核武器技术援助的苏联却突然变卦。这一年6月，苏联通知中国，在核武器技术援助方面要"推迟两年"。

而就在这次国庆阅兵的时候，赫鲁晓夫在天安门城楼上对毛泽东说，苏联准备撤回在华专家，并不再提供核武器技术帮助。毛泽东听到这话，只是淡淡地回答了一句"那也好"，随后便同身边的越南领导人胡志明谈笑，似乎什么事也没有发生。

其实，毛泽东已经下定决心，中国要自力更生搞出原子弹。

早在1955年1月，毛泽东就主持召开了中共中央书记处扩大会议，研究讨论发展我国原子能事业问题，作出了发展中国原子能事业、研制核武器的战略决策。同时，会议指定陈云、聂荣臻、薄一波组成三人小组，负责核工业建设的领导工作。

1956年4月，毛泽东在《论十大关系》中指出："我们现在还没有原子弹。但是，过去我们也没有飞机和大炮，我们是用小米加步枪打败了日本帝国主义和蒋介石的。我们现在已经比过去强，以后还要比现在强，不但要有更多的飞机和大炮，而且还要有原子弹。在今天的世界上，我们要不受人家欺负，就不能没有这个东西。"

1956年10月，毛泽东和中共中央、中央军委批准了聂荣臻提出的"自力更生为主，力争外援和利用资本主义国家已有的科学成果"发展我国核武器、导弹事业的方针。在这一方针指导下，中国在发展"两弹"技术过程中，一方面努力争取苏联的帮助，引进技术，少走弯路；另一方面，强调做好"消化、吸收"工作，从培养人才、建立工业基础设施等方面坚实起步。

1957年，中国政府与苏联政府签订了包括援助发展核武器在内的关于国防新技术协定。据此，苏联于1958年派专家帮助中国建设核武器研制基地，并提供了有关的设备和资料。这对于中国核武器基地的建设起到了积极的作用。

但是，1959年6月，苏共中央来信提出暂缓按协定向中国提供原子弹教学模型和有关的图纸、资料，进而于1960年撤走全部专家，带走了重要图纸、资料，这给中国刚刚开始的核武器研制工作造成了极大的损失和困难。此时，中国恰逢3年经济严重困难时期，国际上有人幸灾乐祸，断言中国"20年也搞不成原子弹"。国内也有人认为研制原子弹困难太大，花钱太多，主张应集中力量发展飞机和其他常规武器。

苏联人走了，中国就不搞原子弹了吗？在这紧要关头，中共中央经过认真研究，毅然决定：自己动手，从头摸起，准备用8年时间，研制出原子弹。

1960年7月18日，毛泽东在听取汇报时指出："要下决心搞尖端技术。赫鲁晓夫不给我们尖端技术，极好。如果给了，这个账是很难还的。"为此，中共中央作出《关于加强原子能工业建设若干问题的决定》，要求集中力量加强和支援原子能工业的建设。

在1962年8月召开的中央工作会议上，很多中央领导人都十分关心原子弹研制工作的进展情况。陈毅对聂荣臻、罗瑞卿说：搞出"两弹一机"（原子弹、导弹和超音速飞机）来，我这个外交部长就好当了！

为尽快研制出原子弹，1962年11月3日，毛泽东亲自批准成立中央专委，由周恩来任主任，罗瑞卿任办公室主任，国务院几位副总理及中共中央军委有关部门的领导参加，并明确提出了力争在1964年爆炸中国第一颗原子弹的目标。中央专委成立后，在周恩来领导下，组织各方面的力量大力协同，及时在人力、物力、财力等方面进行调度，卓有成效地组织了全国大协作，解决了原子弹研制过程中遇到的一系列重大问题。

广大科技工作者在缺少资料和实验设备的情况下，凭着对党和人民事业的无限忠诚，凭着自己的智慧和力量，不仅解决了一系列的理论问题，而且完成了由理论设计到原子弹装置技术设计的全过程，为原子弹的制造和完成地面核爆炸试验奠定了基础。1963年3月，提出了第一颗原子弹理论设计方案。同年4月，毛泽东、周恩来、邓小平等人接见部分技术骨干和专业会议的代表。时任中共中央总书记的邓小平对核武器研究所的代表说："研制原子弹的计划，党中央和毛主席已经批准了，路线、方针、政策已经确定，现在就是你们去执行。你们大胆去干，干好了是你们的，干错了是我们（中共中央）书记处的。"

1964年4月，中央专委批准首次核试验采取塔爆方式实施，并要求在9月10日前做好试验的一切准备工作。尔后，成立了首次核试验委员会，张爱萍任主任委员。6月初，原子弹试验进入紧张准备阶段，全体参试人员奋战3个月，按时完成各项准备工作。

在什么时机进行核爆炸试验呢？当时有迹象表明，有个超级大国图谋阻止中国掌握原子弹，有破坏中国核设施的动向。面对这种尖锐复杂的形势，对中国进行首次核试验时机的选择成为中央专委特别关注的问题。9月16日至17日，中央专委对此进行了慎重研究，并提出了两个方案：一个是早试；另一个是晚试，先抓紧"三线"核研制基地的建设，择机再试。会后，周恩来向毛泽东、刘少奇汇报了首次核试验的准备情况和中央专委对正式试验的方案。毛泽东从战略上对首次核试验作了分析，并指出：原子弹是吓人的，不一定使用，既然是吓人的，就早响。

1964年10月16日，由周恩来亲自领导，张爱萍担任现场总指挥，在中国西北地区核试验基地首次进行了原子弹爆炸试验，并获得圆满成功。

中国首颗原子弹爆炸成功，震惊了全世界，大长了中国人民的志气，激发了中华民族的自信心和自豪感。它给全世界爱好和平的国家和人民以极大的鼓舞，有力地打击了少数大国"核垄断"的阴谋。

在首次原子弹爆炸试验成功的当天，中国即发表《中华人民共和国政府声

明》，表明了中国政府关于核武器的严正立场：

保卫自己，是任何一个主权国家不可剥夺的权利。保卫世界和平，是一切爱好和平国家的共同职责。面临日益增长的美国的核威胁，中国不能坐视不动。中国进行核试验，发展核武器，是被迫而为的。

中国发展核武器，不是由于中国相信核武器的万能，要使用核武器。恰恰相反，中国发展核武器，正是为了打破核大国的核垄断，要消灭核武器。

中国政府郑重宣布，中国在任何时候、任何情况下，都不会首先使用核武器。

1965年5月14日，中国第一次由飞机投掷的原子弹空中爆炸试验成功。这标志着中国有了可用于实战的核武器。中央专委随即作出集中力量研制导弹核武器的决定。

1966年3月，中央专委批准进行"两弹"结合飞行试验。10月24日晚，试验现场总指挥聂荣臻在起程赴试验现场前向毛泽东作了汇报。毛泽东欣慰地说："谁说我们中国人搞不成导弹核武器，现在不是搞出来了嘛！"

1966年10月27日，中国可用于实战的核导弹试验成功！

自从1964年中国成功爆炸第一颗原子弹以来，中国核武器发展取得了举世瞩目的成就，建成了一支具有一定规模的战略导弹核力量。

1965年1月，毛泽东明确提出："原子弹要有，氢弹也要快。" 周恩来要求有关部门立即作出全面规划。

早在1960年，在钱三强负责下，已开始了对热核材料性能和热核反应机理的基础研究。在原子弹研制成功后，氢弹研制全面展开。经过广大科技人员的刻苦攻关，氢弹研制的关键难题一个个被攻破。1967年6月17日，中国成功地进行了第一颗氢弹爆炸试验。从第一颗原子弹到第一颗氢弹，美国用了7年零4个月，苏联用了4年，英国用了4年零7个月；中国只用了2年零8个月，而且赶在了法国前面，成为世界上第4个掌握氢弹技术的国家。

邓小平后来说："如果六十年代以来中国没有原子弹、氢弹，没有发射卫星，中国就不能叫有重要影响的大国，就没有现在这样的国际地位。"

"核潜艇，一万年也要搞出来"

核潜艇以核反应堆作为推进动力源，它可以长期潜伏在水中活动，具有比常规动力潜艇远为优越的作战性能和更为广阔的活动范围。核潜艇装备有导弹等多种武器，既能完成反潜、反舰和对陆上目标实施攻击等多种使命，又具有陆基战略武器无法比拟的"第二次核打击力量"的优点，因而是建设现代海军的一种重要战略武器装备。

早在20世纪50年代末期，聂荣臻就向党中央提出建议：建造中国自己的核潜艇！

1958年，我国按照中央的统一部署开始研制核潜艇。

1959年，苏联领导人赫鲁晓夫访华，并参加中国国庆10周年阅兵和庆祝活动。其间，中国方面提出，希望苏联帮助中国发展核潜艇。没想到，赫鲁晓夫的态度十分傲慢："建造核潜艇，在技术上非常难，花钱也很多，你们中国搞不出来。"

毛泽东得知此事后，非常气愤。他横下一条心："核潜艇，一万年也要搞出来。"

尽管广大科技人员响应毛泽东的号召，千方百计地为早日建造中国自己的核潜艇而努力，但当时，不仅研究核潜艇的专门设备没有，就连研制核潜艇的专用钢板也没有，再加上国家暂时的经济困难，该项目不得不下马。

20世纪60年代中期，中国国民经济有了明显好转，常规动力潜艇仿制和自行研制成功，核动力装置开始初步设计，核反应堆的主要设备和材料研制工作取得进展，具备了开展型号研究的技术基础。中央专委于1965年3月20日批准核潜艇工程重新上马。同年7月，中央专委批准六机部关于先研究反潜鱼雷核潜艇，再研究导弹核潜艇的建议报告，要求尽快突破核动力及其装艇技术，于1972年下水试验，解决核潜艇的有无问题。

此后，核潜艇的研制工作进展顺利，经过8年多的努力，攻克了许多技术难关，但"文化大革命"的动乱局势使研究工作受到了严重干

▲ 参加1959年国庆游行的"体育大军"（杜心 摄）

扰和破坏。为排除干扰，中共中央军委于1967年8月30日为核潜艇的研制工作发布"特别公函"。有关部门的负责人和科研人员根据"特别公函"的精神，发动群众，要求坚持研制、坚持生产。聂荣臻还多次向科研人员强调，核潜艇的研制工作只能提前，不准推后。

"特别公函"加快了核潜艇的研制进度。

1968年，我国开工建造核潜艇。

1970年9月，我国开工建造导弹核潜艇。

1974年8月1日，我国第一艘核动力潜艇正式装备海军部队，我国成为世界上第5个装备有核潜艇的国家。

1981年春节前夕，我国第一艘导弹核潜艇下水；1983年8月，导弹核潜艇正式加入海军的战斗序列。

1985年9月28日，我国的导弹核潜艇进行首次水下发射试验。这次发射，导弹虽然出水，但不久就在空中翻滚自毁。

1986年4月，北海舰队潜艇基地404号核动力潜艇到西沙群岛某海域执行极限深潜、全速航行和深水发射鱼雷等几项试验任务，获得圆满成功。它标志着中国核潜艇的综合技术力量和科研水平已处于世界先进行列。

1988年9月15日，我国两次进行导弹核潜艇水下发射试验，终于获得成功。

1960年年初，人民解放军按照往年国庆阅兵的惯例，组织了陆、海、空军27个方（梯）队驻训京城。9月14日，在各项准备工作基本就绪的时候，中共中央、国务院决定：为了增产节约，支援工农业生产和国防建设，今后逢10年大庆才举行国庆阅兵。遵照中央的指示，阅兵总指挥部立即分工负责，加强思想工作和组织工作，并于9月20日前顺利地把全部待阅部队撤回归建。毛泽东再也没有登上天安门城楼进行阅兵，国庆10周年阅兵也就成了毛泽东辉煌政治生涯中的最后一次阅兵。

1981:
华北大演习
阅兵

阅兵是部队教育训练的一项重要内容，也是新中国国庆大典活动的一项重要内容。从1949年开国大典至1959年建国10周年，新中国每年在北京天安门广场举行一次大规模的国庆阅兵，前后共举行了11次。新中国成立之初的国庆阅兵，常常不止局限于天安门广场，而是遍及解放军驻各地部队。以1950年为例，华北、华东、东北、中南、西南、西北……全国各大行政区、各大城市共有数百万军民在国庆日召开庆祝大会，"举行盛大阅兵式和示威大游行"。

1960年年初，人民解放军按照往年国庆阅兵的惯例，组织了陆、海、空军27个方（梯）队驻训京城。9月14日，在各项准备工作基本就绪的时候，中共中央、国务院决定：为了增产节约，支援工农业生产和国防建设，今后逢10年大庆才举行国庆阅兵。遵照中央的指示，阅兵总指挥部立即分工负责，加强思想工作和组织工作，并于9月20日前顺利地把全部待阅部队撤回归建。毛泽东再也没有登上天安门城楼进行阅兵，国庆10周年阅兵也就成了毛泽东辉煌政治生涯中的最后一次阅兵。

1960年9月，中共中央、国务院本着厉行节约、勤俭建国的方针，决定改革国庆典礼制度，实行"五年一小庆、十年一大庆，逢大庆举行阅兵"。1964年国防部颁布的军队队列条令中，首次出现阅兵条款。后来，由于"文化大革命"的影响及其他方面的原因，国庆阅兵活动被取消。军队内部的阅兵也被当做"形式主义"被取消，人民解放军再没有进行阅兵活动。直到1981年，阅兵才被正式恢复。

在此期间，人民解放军的建设和发展经历了一个极不寻常的艰难前进过程。

1959年至1966年5月，是人民解放军历史上一个比较复杂的阶段。这一阶段，人民解放军虽然受到了来自党内"左"倾思想的影响和林彪的干扰，但正确的建军思想仍占主导地位。在中共中央、中央军委领导下，经过全军指战员的努力，军队建设仍取得了显著成绩。在思想政治建设上，开展学习毛泽东著作活动，加强了部队革命化建设。在基层建设中，大力开展争当"四好连队"、"五好战士"活动，涌现出"南京路上好八连"、"硬骨头六连"、雷锋等先进典型，推动了军队基层建设各项工作的开展。在军事训练中，创造性地掀起了群众性的大练兵、大比武热潮，促进了军事训练的深入开展和部队战斗力的提高。在科研工作中，坚持"自力更生，艰苦奋斗"的精神，相继研制试制成功原子弹、氢弹、导弹等尖端武器和一大批陆、海、空军现代化武

▲1981年9月，华北大演习阅兵式上的分列式
（解放军画报社供稿）

器装备，建立了人民解放军现代化建设赖以发展的国防工业体系。在捍卫国家领土主权和保卫国家安全作战中，圆满完成了边境自卫反击作战、粉碎国民党军窜犯袭扰等作战任务，履行了神圣使命。人民解放军积极参加抢险救灾、支援国家经济建设等各项工作，赢得了全国人民的爱戴和拥护。

与此同时，由于受党内"左"的思想影响，人民解放军的建设也遭受严重挫折和损害。特别是林彪在军队中片面鼓吹"突出政治"、"政治可以冲击其他"等极左的东西，使政治工作严重脱离实际，对军队建设造成了严重的不良后果。

链接 LIANJIE

中国人民解放军第一支电子对抗部队成立

1960年4月，总参谋部决定，以通信兵独立无线电技术勤务营和独立通信第1营为基础，成立中国人民解放军第1无线电技术勤务团。这是人民解放军第一支电子对抗部队。

全军开展争当"五好战士"和"四好连队"运动

1960年10月，中共中央军委扩大会议决议提出：在全军青年中开展以政治思想好、军事技术好、"三八作风"好、完成任务好、锻炼身体好为内容的当"争五好战士"运动。同年12月30日，中央军委办公会议传达的林彪对1961年部队工作的指示中又提出，1961年的连队工作主要是抓四个方面：一是抓政治工作，抓活的思想；二是抓作风，就是"三八作风"；三是抓军事训练；四是抓生活。据此，全军普遍开展了争当"五好战士"和争创政治思想好、三八作风好、军事训练好、生活管理好的"四好连队"运动。

要求战士做到上述五个方面好、连队做到上述四个方面好，是可以的。广大干部、战士响应中央军委的号召，争创"四好连队"、争当"五好战士"的

积极性应予肯定。但是，林彪推行的"政治思想"，是极左的一套东西，后来发展到用这种所谓的"政治思想"，"冲击其他"、"代替一切"，削弱了部队的军事训练、作风建设、生活管理等工作，给军队建设造成了损害。在林彪集团被粉碎后，这一运动便停止了。

毛泽东发出"向雷锋同志学习"的号召

雷锋是沈阳军区工程兵第10团运输连班长，在1962年8月15日不幸因公牺牲。雷锋是在毛泽东思想哺育下成长起来的伟大的共产主义战士，生前努力实践自己的誓言，坚持把有限的生命投入到无限的为人民服务之中，充分体现了革命战士的高贵品质和人民解放军的优良传统。

1963年3月5日，《人民日报》发表毛泽东的题词："向雷锋同志学习"；随后，又发表了刘少奇、周恩来、朱德、邓小平的题词。刘少奇的题词是："学习雷锋同志平凡而伟大的共产主义精神"。周恩来的题词是："向雷锋同志学习憎爱分明的阶级立场，言行一致的革命精神，公而忘私的共产主义风格，奋不顾身的无产阶级斗志"。朱德的题词是："学习雷锋，做毛主席的好战士"。邓小平的题词是："谁愿当一个真正的共产主义者，就应该向雷锋同志的品德和风格学习"。

全军展开"比武"活动

南京军区优秀教练员郭兴福在几年的训练工作中形成的教学方法，具有善于抓思想工作，充分调动战士的练兵积极性，发扬教学民主，把练技术、战术、思想、作风紧密结合，既严格要求、又循循善诱等特点，在继承和发扬人民解放军传统的练兵方法基础上，又有重大革新。叶剑英在江苏省参观总参谋部召开的郭兴福教学方法现场表演会，发现了这一教学方法及其优点后，于1963年12月27日报告中央军委，建议在全军推广这一教学方法。毛泽东指出，叶剑英的这一发现是找到了一个好方法。1964年1月3日，中央军委转发了叶剑英的报告，号召全军立即行动起来，掀起一个学习郭兴福教学方法的运动。同年1月25～30日，罗瑞卿总参谋长在南京军区主持召开推广郭兴福和郭兴福式的教学方法现场会议。各总部、各大军区、各军兵种、各军事院校主管训练工作的领导干部，以及参观、见学者共2000余人出席会议。会议强调要加强相互学

习，要从本单位的实际情况出发，经过典型试验，分期分批地推广郭兴福和郭兴福式的教学方法。

会后，全军各部队掀起了推广郭兴福教学方法的热潮，群众性的练兵运动在全军迅即展开。

为了进一步促进部队的军事训练，中共中央军委决定在全军举行一次全面的"比武"活动。1964年6～8月间，全军分为18个区举行了"比武"大会。参加"比武"表演的共1.37万余人，参观的干部近10万人。"比武"期间，毛泽东、刘少奇、董必武、朱德、周恩来、邓小平等党和国家领导人，于6月15、16两日检阅了北京、济南部队的军事训练汇报表演，对受阅分队和民兵代表的汇报表演，给予了高度的评价和赞扬。

这次"比武"活动，检阅了成绩，交流了经验，发现了典型，树立了标兵，对部队的训练起到了示范和推动作用。但是，"比武"刚刚兴起不久，林彪就以所谓"突出政治"为由，把这场群众性的练兵运动压了下去，使部队的军事训练遭到严重破坏，削弱了部队的战斗力。

全军改换新式着装

1965年6月1日，根据国务院的决定，人民解放军改换帽徽、领章和部分军服样式：一律改佩全红五星帽徽、红领章，戴解放帽；海军服装改为深灰色；原发给校级以上军官的西式礼服予以废止；每人发腰带一条，原发武装带予以废止。

人民解放军派出部队援越抗美

1965年6月，人民解放军依照中共中央的指示和中越两国政府签订的协议，开始向越南派出地空导弹、高炮、工程、铁道、扫雷、后勤、船运等部队，在越南北方担负防空作战，修建和维护铁路、公路、机场、通信设施、国防工程及沿海扫雷等任务。至1968年3月止，先后参加援越的部队共32万余人，最高年份为17万余人。援越部队同越南人民一起，用鲜血和生命保卫了越南北方的领空，保证了越南北方运输线的畅通，并使越南人民军得以抽调大批部队到越南南方作战。援越抗美中，人民解放军援越部队共伤亡5270余人（其中牺牲1070余人）。在完成任务后，人民解放军援越部队奉命先后撤回国内。

　　与此同时，人民解放军无偿地向越南人民军提供了大量军事装备和作战物资。其中有飞机170余架，舰船140余艘，坦克500余辆，汽车1.6万余辆，火炮3.7万余门，枪216万余支（挺），枪、炮弹12.8亿余发等。此外，人民解放军还为越军培训了军事、政治和技术人员6000余人。

　　在整个越南抗美救国战争时期，中国对越南的物资援助折价达200多亿美元，为越南人民的解放事业作出了重大贡献。

　　1966年至1976年"文化大革命"的10年，是党、国家和人民在新中国成立以后遭受严重挫折与损失的10年，人民解放军的建设和发展也深受其害。由于党的指导思想出现长时间、全局性的"左"倾严重错误，特别是受到林彪、江青两个集团的严重干扰和破坏，人民解放

▲参加1981年9月华北大演习阅兵式的火箭布雷车方队（解放军画报社供稿）

军一些正确的建军方针、原则被歪曲，"左"的一套被当做正确的东西加以推行，致使军队的革命化、现代化、正规化建设受到挫折。军事训练长时期在低水平徘徊，甚至一度停顿；院校教育几近毁灭，致使各类军事人才出现断层；军队参与"文化大革命"运动和一些充斥着"左"的思想的政治教育活动，损害了军政、军民关系，军队的优良传统和作风受到破坏。"文化大革命"中，军队进行"三支两军"工作，是在特殊的历史时期担负的特殊使命，为稳定全国局势起到了积极作用。但是，也造成军队职能严重泛化，削弱了军队作为战斗队的根本职能，不但妨害了军队战斗力的提高，而且造成军队臃肿膨胀。动荡的国家政治局势，打断了军队原来的发展规划，军队现代化建设的发展方向摇摆不定。在此期间，世界强国的军事技术取得飞速发展。人民解放军在封闭的"文化大革命"环境中，失去了跟踪世界潮流与其同步发展的机会，军队现代化建设水平与世界强国军队之间的距离进一步拉大。

在"文化大革命"复杂而困难的形势下，老一辈无产阶级革命家、军事家和人民解放军广大指战员同林彪、江青两个集团进行了坚决的斗争，坚持了党对人民军队的绝对领导，保持了人民军队的性质和宗旨，保持了军队自身的稳定，维护了党、国家和人民的利益。在

1981年9月，华北大演习结束后举行阅兵式（解放军画报社供稿）

全国动乱的局势下，人民解放军卓有成效地进行了持续的战备工作，国防科技工业得到一定的发展；严格履行了保卫国家主权和安全的职能，胜利地进行了珍宝岛自卫反击战、西沙群岛自卫反击战、打击美军飞机入侵、打击台湾国民党军窜犯袭扰活动等作战行动，保卫了国家安全。因此，在"文化大革命"的动乱年代，人民解放军仍然是国家稳定、安全、统一最重要的支柱。

 LIANJIE

人民解放军派出部队帮助老挝修筑公路

在老挝人民进行抗美斗争时期，根据中老两国政府的协议，1968年9月至1978年，人民解放军先后派出了15个工程建筑团、3个地面警卫团、8个高炮团和大批后勤保障部队与民工等共10万余人，组成援老筑路部队，开赴老挝执行筑路施工和掩护筑路的防空作战任务。经10年的努力，共修建6条沥青公路，全长760公里，加铺沥青路面82公里，有力地支援了老挝人民的抗美斗争和后来的经济建设。

人民解放军进行珍宝岛自卫反击作战

珍宝岛位于乌苏里江主航道中心线中国一侧黑龙江省虎林县境内，历来是中国领土，一直在中国政府管辖之下。自1967年起，苏联边防军多次入侵珍宝岛及其以北的七里沁岛地区，破坏中国边民生产，打死、打伤中国边民和边防战士。中国方面一再严正要求苏联方面停止入侵、挑衅活动，但是苏联对中国的要求置若罔闻。

1969年3月2日，苏联边防军出动70余人，装甲车2辆、卡车和指挥车各1辆，入侵珍宝岛，首先开枪打死、打伤中国边防战士多人。中国边防巡逻队被迫进行自卫反击，经小时战斗，给入侵者以歼灭性打击。3月4～12日，苏军又出动边防军和飞机，连续入侵珍宝岛。3月15日，苏军使用坦克20余辆、装甲车

30余辆、步兵200余人,在飞机掩护下,再次向珍宝岛发起攻击。中国守岛军民英勇奋战9小时,打退了苏军的3次攻击。3月16日,苏军登岛收尸。中国边防部队按照有理、有利、有节的原则,严密监视,未予出击。3月17日,苏军又先后出动坦克3辆、步兵100余人,在猛烈炮火掩护下,向珍宝岛进攻。中国边防军以前沿和纵深的火炮对登岛的苏军予以突然、猛烈的还击,击退入侵苏军,毙伤其一部。

在珍宝岛自卫反击作战中,中国人民解放军边防部队指战员和参战民兵、人民群众,发扬了"一不怕苦,二不怕死"的革命精神,英勇顽强,连续作战,粉碎了苏军多次入侵,胜利地保卫了祖国神圣领土,捍卫了民族尊严。

中国成功地进行了首次地下核试验

1969年9月23日,中国在西部地区成功地进行了首次地下核试验,这是中国核试验取得的新成就。中国政府重申,中国进行必要而有限制的核试验、发展核武器,完全是为了防御,为了打破核垄断,其最终目的是为了消灭核武器。

人民解放军取得西沙群岛自卫反击作战的胜利

1973年9月,南越当局为了抢夺石油资源,悍然宣布将中国南沙群岛中的南威、太平等十多个岛屿划入其版图。1974年1月11日,中华人民共和国外交部发表声明,重申中国对南沙、西沙、中沙和东沙群岛的领土主权;同时严正指出,这些岛屿附近海域的资源也属于中国所有。

南越当局不顾中国政府多次警告,在1974年1月15日派驱逐舰侵入西沙永乐群岛海域,对在甘泉岛附近从事生产的402号和407号中国渔轮进行袭扰,向悬挂中华人民共和国国旗的甘泉岛进行炮击,无理要求中国渔轮离开自己的海域。1月17日,南越军队侵占中国的金银岛和甘泉岛,公然取下中华人民共和国国旗。1月18日上午,南越当局的两艘舰艇蛮横无理地冲撞中国的402号和407号渔轮,在羚羊礁北侧,将中国的407号渔轮驾驶台撞毁。中国人民解放军海军为维护国家领土、主权,保护渔民生产,奉命于1月17日、18日派出舰艇4艘进至永乐群岛执行巡逻任务。1月19日上午7时许,南越当局派武装部队向中国

琛航、广金两岛发动进攻，并使用军舰、飞机对该岛实施炮击和轰炸，打死、打伤中国渔民多人。中国海军6艘舰艇和渔民、民兵在忍无可忍的情况下进行自卫反击，将敌击退。10时20分，南越军舰4艘突然向中国执行巡逻任务的舰艇开炮。中国舰艇坚决反击，激战1小时，将南越军舰击沉1艘、击伤3艘。1月20日，中国人民解放军陆军由海军舰艇和渔轮输送、掩护，向侵占甘泉、金银、珊瑚三岛之敌发起反击，收复了以上三岛，生俘南越军队官兵48人和美国联络官1人。

西沙群岛自卫反击作战的胜利，保卫了中国领土和主权，粉碎了南越当局妄图侵占中国西沙群岛的野心，受到了国务院中央军委的通令嘉奖。

1976年10月6日，中共中央一举粉碎江青集团，结束了10年"文化大革命"的动乱，全国局势逐步趋于稳定。1977年8月19日，中共十一届一中全会通过由63人组成的中共中央军委。主席华国锋，副主席叶剑英、邓小平、刘伯承、徐向前、聂荣臻。1981年6月27~29日召开的中共十一届六中全会，一致同意华国锋关于辞去中共中央主席、中央军委主席职务的请求，选举邓小平为中共中央军委主席。人民解放军在新一届中共中央、中央军委的领导下，积极稳妥地开展思想上的拨乱反正、组织上的清理整顿，平反大批冤假错案，医治"文化大革命"给军队建设造成的创伤，使全军在思想认识上达到了高度的统一，为军队的现代化建设打下了良好的思想、组织基础。同时，人民解放军遵照中共中央、中央军委的命令，被迫进行了中越边境自卫还击作战，出色地履行了保卫国家领土、主权的神圣职责。

落实政策，平反冤假错案

"文化大革命"中，林彪、江青两个集团制造了大量冤假错案，一大批开国元勋、建军功臣被打成"军队走资派"、"反革命修正主义分子"、"历史

↟ 1981年9月，华北大演习阅兵式上的步兵分列式（**解放军画报社供稿**）

反革命"、"叛徒"、"自首变节分子"、"特务"、"现行反革命"，遭受
残酷迫害。有的人被长期监禁，有的人被强行劳动改造，有的人被残害致死、
致残，其家属、子女、亲友也均受到程度不同的株连。

粉碎"四人帮"后，关于真理标准问题的讨论和对"两个凡是"的批判，
促进了全党、全军的思想解放。1978年12月召开的中共十一届三中全会，讨论
了党的历史遗留问题，审查、解决了历史上一大批冤假错案及一些重要领导人
的功过是非问题，为从组织上全面、彻底纠正"文化大革命"的错误，彻底平
反冤假错案创造了条件。在邓小平、叶剑英等老一辈无产阶级革命家的支持和
推动下，在全军官兵的强烈要求下，军队各级党委彻底冲破"左"的指导思想

的束缚，坚持有错必纠、实事求是、全错全平、部分错部分平的原则，并依照过去由哪一级定的由哪一级纠正的程序，进行了大量艰苦细致的工作，使大批冤假错案得到平反。

自1978年11月起，全军平反、纠正的冤假错案先后有：为原国防部部长彭德怀元帅平反；为"文化大革命"中被林彪、江青和康生一伙迫害致死的贺龙元帅平反；为1967年在武汉"七二〇事件"中遭受迫害的原武汉军区司令员陈再道等干部、战士平反；为在1976年4月"天安门事件"中受到迫害的干部、战士平反；为1973年遭受"四人帮"迫害的原海军司令员萧劲光平反；为创造"郭兴福练兵法"的优秀教练员郭兴福平反；为1967年7月在林彪"砸烂总政阎王殿"中受到打击、迫害的萧华等人，以及在1960年9月中央军委扩大会议及其后受到迫害的谭政等人平反；为原总参谋长罗瑞卿平反；为原代总参谋长杨成武、原空军政治委员余立金、原北京卫戍区司令员傅崇碧平反；为在贯彻《1966年2月部队文艺座谈会纪要》过程中受审查人员和作品平反；为聂荣臻、徐向前、罗瑞卿、杨成武的所谓"晋察冀山头主义"、"华北山头主义"平反；为1959年庐山会议以后受到错误批判、处理的原中共中央书记处书记、总参

谋长黄克诚，原副总参谋长兼沈阳军区司令员邓华，原总后勤部部长洪学智等人平反；为1974年在"批林批孔"运动中受迫害的原中共中央副主席、总政治部主任李德生平反；等等。据统计，全军共有2600余起错误案件得到纠正，2.6万余人得到平反昭雪。

在平反冤假错案和落实政策过程中，还根据中共中央关于摘掉"右派"分子帽子决定的精神，对在军队1957年反"右派"斗争中被错划为"右派"分子的5799人作了改正；随后，又对在1959年反"右倾"斗争中，被错定为"右倾机会主义"分子、错戴上其他政治帽子的1.7万余人给予平反；对1958年错误开展反对"教条主义"斗争而受到不公正对待的干部也作了平反。根据中共中央关于落实国民党起义、投诚人员政策的指示精神，对他们当中一些在"文化大革命"期间被错误地定为"历史反革命"的人也作了认真复查，进行了平反。

各种冤假错案的平反，不仅有效地医治了"文化大革命"给军队造成的创伤，而且还极大地调动了广大指战员的积极性，促进了安定团结，推动了军队的革命化、现代化、正规化建设。

人民解放军边防部队被迫进行中越边境自卫还击作战

越南在1974年统一后，黎笋当局开始推行地区霸权主义，并把曾长期全力支持其抗法、抗美战争的中国视为它推行地区霸权主义的最大障碍，反华、排华愈演愈烈，先后把20多万华裔和华侨强行驱逐到中国境内，对中国无理提出领土要求，宣称中国的西沙、南沙群岛为越南领土，并悍然出兵侵占南沙群岛的一些岛屿，在中越边境地区进行武装挑衅，严重地威胁和破坏了中国边境地区的建设与安全。对于越南当局的武装挑衅和入侵，中国政府和领导人多次提出劝告、警告与抗议，但越南当局一概置之不理。中国政府忍无可忍，被迫决定对越南地区霸权主义者进行自卫还击作战。

1979年2月17日，中国人民解放军边防部队奉命对越南进行自卫还击作战。此次自卫还击作战历时28天。中国人民解放军参战部队先后攻克了越南的谅山、高平、老街3个省会和17个县、市（镇），摧毁了越南在其北部地区针对中国构筑的大量军事设施。人民解放军参战部队在完成自卫还击作战任务后，于3月16日全部撤回国内。

此次自卫还击作战，沉重地打击了越南地区霸权主义者的嚣张气焰，在政治上、军事上取得了重大胜利，达到了预期的目的。3月25日，中共中央、全国人大常委会、国务院、中央军委给参战部队、民兵和支前民工发出慰问信，并派出以王震、方毅为团长的中央慰问团，分赴广西、云南进行慰问；随后，又组织中越边境自卫还击作战英雄报告团，到各省、自治区、直辖市介绍英雄模范事迹，进一步激发了全军和全国人民的爱国主义与革命英雄主义精神。9月17日，中共中央军委发布命令，授予对越自卫还击、保卫边疆战斗中的52个英雄模范单位和91名英雄模范个人以荣誉称号。

粉碎"四人帮"后，邓小平和中央军委重新明确了教育训练的战略地位，领导全军在教育训练指导思想上实现重大转变，教育训练工作得到迅速恢复和初步发展。全军围绕提高部队整体作战能力，把干部训练和实兵演习作为军事训练的重点，军事训练呈现出良好势头。1980年9月17日至10月17日，中央军委举办了被称为"801"会议的全军高级干部研究班，探讨和确立了新形势下人民解放军的军事战略方针以及在未来反侵略战争初期的作战样式。

　　"801"会议后，人民解放军总参谋部提出进行华北演习，集训各大军区、军兵种领导，目的是研究在主要方向上防御作战的组织实施，具体地点定在张北地区，并委托北京军区拿出具体的演习方案。

　　1981年3月10日，邓小平听取中国人民解放军总参谋长杨得志、副总参谋长张震关于北京军区组织战役演习方案的汇报后，作出重要指示。

── 邓小平指示：搞实兵演习，提高部队实战水平 ──

　　搞这么一次实兵演习有好处，我们部队可以实际锻炼一下，也可以看看部队训练的成果。这样大规模的演习，我们好久没有搞了。以前只在辽东半岛，叶帅（指叶剑英——编者注）主持搞了一次，我去看了。搞这么一个演习也是给军队打打气。要搞合成军，天上地下该有吧！这次演习，有地面部队，有空军协同，只是没有海军。这样的演习对军队有鼓励作用，经过训练再搞实兵演习，可以提高部队实战水平。多年没有搞了，还是要搞一次。

　　部队阅兵式、分列式也好久没有搞了。不能说阅兵式、分列式是形式主义，它对部队作风培养有教育意义。现在有的部队懒懒散散不像个样。我想适当的时间要搞一次阅兵。阅兵对军队在人民的观瞻中有好处。通过阅兵式、分列式，把军队摆一摆给人民看，这样加强了军民关系，使军民关系更好些，对加强军队训练也有作用。

　　就按第一方案（指中国人民解放军总参谋部拟制的10万多人参加的演习方案——编者注）搞一次，节约一点。总参具体抓。看看部队这次搞得怎么样，这样规模的演习我们过去没有搞过，关键是看组织能力怎么样。演习时各军区、各军兵种要组织一些干部来看。总参要抓，这笔钱还是要花，要搞好一点，要把军队的气鼓一下，要把军队训练得像个军队的样子。

　　邓小平定下"大方案"，要通过大规模实战演习，"把军队训练得像个军队的样子"。

　　面对党的工作重心的转移，面对遭受"文化大革命"干扰、破坏的军队建设，邓小平站在国家建设大局和军队建设全局的高度，下决心搞大规模实兵演习，就是要扭转局面，让饱受林彪、"四人帮"严重干扰和破坏的军队打起精神、鼓起干劲，并以此凝聚军心、重振军威，把军队建设引导到以现代化为中心的正确轨道上来。

　　邓小平指明关注点，就是"要看军队组织和指挥现代化战争的能力怎么样"。

　　邓小平点明期望值，要把一支威武之师、文明之师"摆一摆给大家看，给人民看"。

　　邓小平主张在华北演习过程中搞阅兵式、分列式，并通过它提高军队的正规化训练水平，塑造军队威武、文明的良好形象，增进人民的信赖和爱戴，提升军队的社会威望，让人民军队忠于党、忠于国家、忠于社会主义、忠于人民的性质和本色，以生动具体、有巨大震撼力和感染力的方式展示出来。

　　1981年3月18日，中国人民解放军总参谋部根据中共中央军委的决定，通令全军，恢复军队内部的阅兵。

　　1981年9月，北京军区部队和空军部队在华北的张北地区，成功举行了一次现代条件下的大规模军事演习（代号"802"）。这次演习在中共中央军委和总参谋部领导下，由北京军区导演和组织指挥。参加演习的有陆军1个军部、8个师另29个团、11个营，空军2个航空兵大队，以及3个后勤分部、3所医院，共11万余人，出动坦克、装甲车1300余辆，火炮1500余门（辆），飞机285架，汽车1万余辆。演习重点突出四个课题：一是模拟"蓝军"坦克师进攻，二是空降和反空降演习，三是坚固阵地防御，四是集团军首长机关带部分实兵实施战役反击。党和国家、军队领导人，党中央、国务院各部委，各省、自治区、直辖市主要领导人，全军师以上和北京军区团以上军官，当地地方干部和民兵共3.2万人参观了演习。

这次演习是新中国成立以后人民解放军规模较大的一次军事演习，也是邓小平出任中共中央军委主席后抓的第一件大事。邓小平在亲自领导和指挥这次演习的过程中，第一次明确提出"必须把我军建设成为一支强大的现代化、正规化的革命军队"的总目标。这标志着新时期军队建设在根本方向上实现了拨

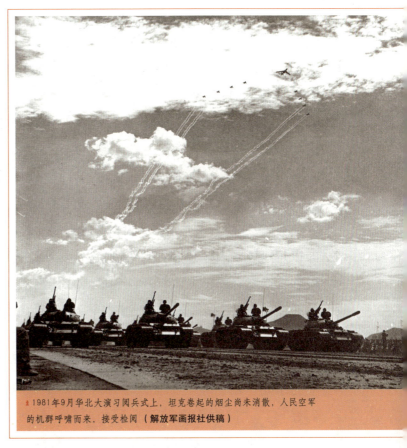

▲1981年9月华北大演习阅兵式上，坦克卷起的烟尘尚未消散，人民空军的机群呼啸而来，接受检阅（**解放军画报社供稿**）

乱反正，标志着邓小平新时期军队建设思想基本形成。

华北演习结束后，举行了盛大阅兵活动。邓小平检阅了参加演习的陆军、空军以及部分海军部队。

中共中央主席胡耀邦以及李先念、华国锋、王震、韦国清、方毅、李德生、余秋里、张廷发、耿飚、彭冲、陈慕华、万里、王任重、宋任穷、杨得志、廖承志、杨尚昆、薄一波、姬鹏飞、黄华等党和国家领导人，中共中央军委常委韩先楚、杨勇、王平、陈锡联，政协全国委员会副主席陆定一、康克清、王首道、萧克、程子华等人，观看了演习并检阅了参加演习的部队。

1981年9月19日，这是人民解放军建军史上一个有重大意义、值得

纪念的日子。这一天，在华北张北地区举行了隆重的阅兵仪式。胜利完成军事演习任务的陆、空军部队，以及部分海军部队，代表全军广大指战员，在这里光荣地接受中共中央军委主席邓小平，以及党和国家其他领导人的检阅。

秋阳灿烂，金风轻拂，群山苍翠。群山环抱的阅兵场上，战旗飘飘，军威雄壮。高高耸立的检阅台屏风正中，巨大的"八一"军旗在阳光下闪耀。装备着现代化武器的，一眼望不尽的人民解放军陆、海、空军部队，英姿勃勃地在这里举行盛大阅兵。

上午9时整，中共中央主席胡耀邦、中央军委主席邓小平以及党和国家其他领导人，登上了检阅台。这时，已在检阅台和参观台上的人民解放军三总部、各大军区、各军兵种、各军事院校，党和国家机关各部门，各省、自治区、直辖市的领导向他们热烈鼓掌。

在雄壮的军乐声中，身穿军装、神采奕奕的邓小平乘一辆"红旗"牌敞篷汽车，在北京军区司令员秦基伟的陪同下，缓缓地行驶，检阅了陆、海、空三军部队。邓小平向全体指战员频频发出"同志们好！""同志们辛苦了！"的问候，队列里立即回答："首长好！""为人民服务！"亲切的问候、响亮的回答，汇成阵阵声浪，在空中回荡。

阅兵式完毕，邓小平站在敞篷车上，向受阅的陆、海、空三军将士讲话。

链接 LIANJIE

◦ 邓小平在华北大演习阅兵式上的讲话 ◦

演习部队的全体指战员同志们：

你们胜利地完成了这次演习任务。我代表党中央、国务院、中央军委向同

志们致以热烈的祝贺和亲切的慰问！

这次演习，检验了部队现代化、正规化建设的成果，较好地体现了现代战争的特点，摸索了现代条件下诸军兵种协同作战的经验，提高了部队军政素质和实战水平。这对全军的建设、战备和训练是一个有力的推动。演习达到了预期目的，是成功的。这充分表明，我们党缔造的、用毛泽东思想武装起来的人民军队，军政素质是好的，是有优良的战斗作风和严格的组织纪律的，是有战斗力的。我们完全相信，有这样一支好的军队，又有广大人民群众的支持，一定能够打败任何侵略者。

当前，我国正处在继往开来的重要历史时期。由于党的正确路线、方针、政策得到了有力贯彻，全党、全军和全国各族人民在政治上更加安定团结，各条战线出现了越来越好的形势。国际上，反霸斗争更加发展，霸权主义更加孤立。但必须看到，超级大国的争夺日益加剧，苏联霸权主义加速推进全球战略部署，严重地威胁着世界的和平和我国的安全。对此，我们必须保持高度的警惕。

我军是人民民主专政的坚强柱石，肩负着保卫社会主义祖国、保卫四化建设的光荣使命。因此，必须把我军建设成为一支强大的现代化、正规化的革命军队。

我们一定要坚持四项基本原则，加强政治思想建设，努力使部队成为贯彻执行党的路线、方针、政策的模范。

我们一定要在国民经济不断发展的基础上，改善武器装备，加速国防现代化。

我们一定要进一步密切军政、军民关系，增强军队内部团结，加强民兵建设，继承和发扬人民军队的光荣传统。

我们一定要加强军政训练，进一步增强部队的军政素质，努力提高现代条件下诸军兵种协同作战的能力。

我们一定要谦虚谨慎，戒骄戒躁，进一步开展“四有、三讲、两不怕”活动，加强作风培养，使部队具有严格的组织纪律。

我们一定要扎扎实实做好反侵略战争的准备，为保卫世界和平，为保卫祖国领土的安全，为争取台湾早日回归祖国，实现祖国统一的神圣大业作出新的贡献。

在经历“文化大革命”10年动乱的破坏之后，邓小平重新确立了人民解放军革命化、现代化、正规化建设的总目标，为军队建设指明了正确的方向。

当邓小平代表中共中央、国务院、中央军委，向胜利完成演习任务的部队致以热烈祝贺和亲切慰问的时候，队列里和参观台上爆发出激动人心的欢呼声与掌声。

邓小平的讲话，说出了广大指战员的共同心声，极大地振奋了军心，许多人的眼里满含着激动的泪花。

隆重的分列式开始了。

受阅大军循序通过检阅台。在这英雄的行列里，有昔日战功卓著，今天在革命化、现代化、正规化建设中成绩优异的部队；有大批的神枪手、神炮手、技术能手和出色的导弹、火箭发射手；有雷锋式的干部、战士和"四有、三讲、两不怕"的精神文明标兵；还有新成长起来的一大批年轻、优秀的干部。这次阅兵显示出部队的武器装备有了很大改善，军政素质和现代条件下诸军兵种协同作战能力有了很大提高，也显示出全体指战员为建设一支强大的现代化、正规化革命军队而奋勇前进的崭新面貌。

鲜红的"八一"军旗在陆、海、空三军仪仗队的护卫下，作为受阅部队的先导，通过检阅台。党和国家领导人、各大单位的负责同志，以及前来参观的各界代表，肃然起立，庄严地向军旗行举手礼和注目礼。

看！绿色的钢盔映出一片片田野，水兵的飘带跳动着大海的浪花，白色的头盔系着蓝天的云霞。走在受阅部队最前面的，是陆、空军军校和海军某训练团学员组成的方队。要把我军建设成一支强大的现代化、正规化革命军队，必须培养和造就大批懂得现代战争、能够带兵打仗、又红又专的指挥员、政治工作人员和技术人员。新中国成立以后，人民解放军的院校建设经历过大起大落。粉碎了林彪、江青集团以后，特别是中共十一届三中全会以来，中共中央和中央军委采取紧急措施，迅速恢复和筹建了各级各类军事院校。这些学员，是近几年迅速恢复起来的大批军事院校中的年轻一代。他们热爱党，热爱

社会主义祖国，正在奋发学习现代军事科学技术，努力把自己锻炼成为保卫祖国、保卫现代化建设的优秀人才。看着新一代茁壮成长，检阅台上许多两鬓斑白的老将军，脸上露出了喜悦的光彩。

身穿水兵服的海军方队健步走来了。他们是保卫祖国海疆的人民海军的代表。看着他们走过，人们不禁想起人民海军现代化建设的一个又一个成就：一艘艘万吨远洋辅助舰船成功下水，一队队军舰乘风破浪万里远航，一双双舰载战鹰如海燕搏击海空，庞大的特种混合舰队在波涛汹涌的太平洋留下了胜利的航迹……

"提高警惕，保卫祖国！"在响彻云天的口号声中，由步兵、空降兵组成的一个个徒步方队走过来了。整齐的步伐，足音如鼓；雪亮的枪刺，闪耀寒光。远望，队伍像汹涌的海洋在波动；近看，五星帽徽和红领章格外鲜明。

在艰苦的革命战争年代，几支特别英勇善战的部队，今天带着现代化、正规化的新成果豪迈地走过检阅台。这些部队现在有的已经发展成为摩托化、机械化大军。他们经过检阅台的时候，车轮滚滚，铁马奔腾，一派雄风。这些都是人民解放军战功卓著的英雄部队。他们之中，有创建于红军时期，参加过反"围剿"和二万五千里长征的老部队；有在抗日战争中，参加百团大战的部队；有在解放战争中，保卫延安、奔袭清风店、进军大西北的部队；有在抗美援朝二次战役中，为扭转战局作出重大贡献的部队。黄继光、邱少云……这些部队涌现的英雄人物至今仍然是我们的学习楷模。

铁流滚滚，机声隆隆，大地在颤抖。英雄的炮兵，地对空导弹、反坦克导弹、工程兵、坦克等特种兵方队，排列整齐、气势磅礴地缓缓驰过阅兵场。看吧：

——各种口径的火箭炮、加农炮、榴弹炮、高射炮，在不同型号的牵引车牵引下，依次通过检阅台，显示出"战争之神"的威严气概。

——一排排轻便灵巧的反坦克导弹，引起人们极大的兴趣。这是

在中央军委把打坦克之风吹遍全军的号召下，新近装备我军的现代化反坦克武器。

——由大型运输装填车装载的银灰色地对空导弹，在阳光的照射下，像一片钢铁的波涛，汹涌澎湃。

——由火箭布雷车和重型舟桥组成的工程兵方队，踏着胜利的通途，临近检阅台。

——由几百辆坦克、装甲车组成的钢铁洪流，在发动机的轰鸣声中，以排山倒海之势，滚滚而来。

炮车、坦克卷起的漫天烟尘尚未消散，远方天际传来了春雷般的吼声。蓝天白云间银光闪闪，人民空军的强大机群飞来受阅了。当歼击机、轰炸机、强击机组成的6个飞行梯队，发出雷霆般轰鸣，一批批地呼啸着掠过阅兵场上空的时候，检阅台和参观台上的全体人员，都翘首仰望，高兴地向英雄的航空兵鼓掌致意。

大编队机群刚刚过去，开始了精彩的特技飞行表演。9架红色喷气式歼击机，编着整齐密集的队形，时而像利箭直刺几千米高空；时而一个鹞子翻身，流星般直落几百米低空。机身后分别拉出红、黄、白、橙色彩的烟带，宛如九条彩练当空飞舞，惊心动魄，蔚为壮观。最为动人的是"九机开花"表演。只见五机俯冲而下，四机直上云霄，各自拖着彩色烟带，如山花怒放一样奋飞，霎时在空中绘就了两个硕大的绚丽花朵。它们象征着团结战斗之花，胜利进军之花！

这时，扩音喇叭里传出解说员激动的声音："有这样的勇士守蓝天，人民请放心，祖国春常在。"检阅台上的人们都为人民空军不断发展壮大，感到由衷的喜悦和兴奋。战鹰就是闪电，就是霹雳！祖国的神圣领空，决不容许"空中强盗"侵犯。

历时1小时50分，振奋军威的盛大阅兵结束了。

检阅台和参观台上赞扬声与掌声连成一片，热烈祝贺人民解放军在党的旗帜下，同心同德、高歌猛进取得的突出成就。不少观众激动

地说，大开眼界，大受鼓舞。有这样好的军队保卫祖国、保卫现代化
建设，人民十分放心。

　　这次阅兵，在形式上不是重大节日的庆典阅兵，而是人民解放军
内部阅兵，但实质上是饱受林彪、"四人帮"严重干扰和破坏的人民
军队，在新时期向党和人民汇报建设成果、重振军威的一次大检阅，
是人民共和国对人民军队的一次大检阅，更是人民共和国历史上承前
启后的一次大阅兵。

　　中华人民共和国成立35周年国庆阅兵，是在中国人民经过"文化大
革命"的动乱之后，全面改革和现代化建设取得巨大成就的形势下举行
的。由于20多年没有举行国庆阅兵，这次阅兵就显得格外引人注目。

1981年9月华北大演习阅兵式上的装
甲输送车方队（解放军画报社供稿）

13

1984:
新中国第十二次
国庆阅兵

华人民共和国成立35周年国庆阅兵，是在中国人民经过"文化大革命"的动乱之后，全面改革和现代化建设取得巨大成就的形势下举行的。由于20多年没有举行国庆阅兵，这次阅兵就显得格外引人注目。

早在1981年9月华北演习大阅兵后，根据邓小平的提议，1981年12月，中共中央就决定，1984年10月1日举行建国35周年国庆阅兵。要通过国庆35周年阅兵活动，振奋民族精神，鼓舞爱国热情，检阅现代化建设成就，增长现代化建设志气。

1983年11月中旬，中共中央书记处专门召开会议，研究部署中华人民共和国成立35周年国庆庆祝活动和阅兵筹备工作。会议决定，成立庆祝建国35周年活动领导小组，中共中央政治局委员、中央书记处书记万里、杨得志、胡启立、乔石、田纪云和中共北京市委书记段君毅等人为领导小组成员，万里任组长，杨得志任副组长，日常工作由胡启立、乔石、田纪云负责。为贯彻落实中共中央的决定，中央军委副主席杨尚昆于11月15日主持召开会议，研究部署国庆35周年阅兵工作，明确提出1984年国庆阅兵活动要遵循6条原则：一是受阅部队为1.5万～2万人，通过天安门广场的时间不超过1小时；二是受阅部队要着新式服装，武器装备要新一点、精一点、好一点；三是改变国庆阅兵程序，由国庆阅兵总指挥向中央军委主席报告后即开始阅兵，国防部部长不再讲话；四是整个受阅部队的组织工作由阅兵领导小组负责；五是受阅部队到北京集中时，不能占据公园，可以进驻机场。六是搞好国庆阅兵部队训练、合练和演练。

1983年12月10日，庆祝建国35周年活动领导小组召开会议，明确指出，这次国庆阅兵，陆、海、空军和第二炮兵部队、中国人民武装警察部队、民兵都要参加，一定要搞好，以振奋人心，鼓舞士气，扩大国际影响；并决定成立阅兵领导小组，由中国人民解放军总参谋长杨得志任组长，北京军区司令员秦基伟、总后勤部部长洪学智、副总参谋长何正文任副组长。12月27日，成立了阅兵总指挥部，秦基伟任总指挥，北京军区副司令员马卫华、参谋长周衣冰任副总指挥，由各总部、各军兵种、国务院和北京市领导组成阅兵总指挥部办公会议，下设办公室，对阅兵筹备工作实施集体领导。

与此同时，阅兵总指挥部研究制定了阅兵方案。

1984年2月8日，杨得志主持召开阅兵领导小组会议，审议阅兵方案。3月2日和5日，周衣冰受阅兵领导小组委托，分别向中央军委常委和中共中央书记处汇报了阅兵方案，并获得批准。

按照阅兵方案，航空兵飞行梯队由空军抽组，徒步和车辆方队分别由9个大单位抽组，受阅部队为10370人，组成46个方（梯）队。

1984年国庆典礼上，少先队员带着的百万只汽球和美好理想飞向蓝天（孙牛 摄）

即：除陆、海、空三军仪仗队外，北京军区组成28个方队，海军组成3个方队，空军组成4个方队，第二炮兵组成1个方队，军事学院、炮兵学院、装甲兵学院和武装警察部队总部各组成1个方队，北京市组成男、女民兵各1个方队。具体是：地面方队42个，包括由陆、海、空三军指战员组成的仪仗队，6个军事院校学员方队，5个步兵方队，水兵、空降兵、女卫生兵、武警部队以及男民兵、女民兵各1个方队，2个反坦克导弹方队，7个炮兵方队，1个火箭布雷车方队，1个轮式装甲输送车方队，3个履带装甲车方队，6个坦克方队，1个海军导弹方队，2个地空导弹方队，1个战略导弹方队。空中梯队共有4个，最大的机群为9机编队，比1959年国庆阅兵时的空中编队增加4架飞机。受阅部队的总人数，是根据各个方队精确计算出来的。18个徒步方队中，每个方队为14个排面，每排25人，共计352人（包括领队两人），比国庆10周年阅兵增加4个排面、110人。24个车辆方队中，战略导弹方队为4个排面，每排3辆车，加上两辆指挥车，共14辆车；其他方队均为4个排面，每排4辆车，加上两辆指挥车，共18辆车。

3月20日，各受阅方队组建完毕，开始进行阅兵训练。

由于参加受阅的摩托化、

参加1984年国庆阅兵式的火箭布雷车方队（颜志洪 摄）

机械化部队数量大，军兵种多，技术装备复杂，物资和技术保障要求高，过去那种分散驻训的方法已不适应。为了解决这个问题，阅兵总指挥部决定，分别在北京沙河、通县、南苑3个机场按正规化要求修建临时驻训区，实行集中驻训。据此，共搭帐篷2191顶，修筑道路50余公里，铺设训练场90万平方米，并设置了配套的生活设施。营区整齐清洁，道路四通八达，宛如一座村落，人们称之为"阅兵村"。为做好阅兵技术保障工作，阅兵总指挥部制定了分级负责制和岗位责任制。阅兵总指挥部的技术保障组、受阅单位和兵器生产工厂派遣的技术服务队各负其责。各种武器装备均实行包干负责制，做到定人、定车、定部位，经常进行严格的检查、维修。驻训期间，先后解决了802项技术质量问题，排除6492个故障，为受阅部队提供了良好的技术保障。

为搞好阅兵训练，开训前，阅兵总指挥部根据各部队训练改革成果和历次国庆阅兵的经验，拟制并颁发了《国庆三十五周年受阅院校、部队训练要点和要求》、《一九八四年国庆受阅部队队列动作规定》、《受阅部队单个军人队列动作毛病的纠正方法》、《徒步方队阅兵训练成绩评定标准》和《机械化方队阅兵训练成绩评定标准》，使阅兵训练有了具体依据。同时，还组织

1984年国庆典礼盛况 （张磊 摄）

了教练员集训。

整个阅兵训练分为五个阶段进行。第一阶段（1984年3月至5月），进行徒步方队的单兵基础训练和车辆方队、飞行梯队驾驶技术训练。第二阶段（6月1日至7月15日），地面方队和空中梯队分别进行综合训练，逐步达到整齐划一、威武雄壮的要求。第三阶段（7月16日至8月15日），按阅兵程序组织各方（梯）队进行四次合练，重点模拟演练阅兵式和分列式。第四阶段（8月16日至9月5日），在天安门广场进行夜间适应性训练，以熟悉阅兵程序、指挥方法和场地环境。第五阶段（9月6日至23日），按阅兵程序进行两次预演。第一次预演于9月6日夜间至7日拂晓进行，中央军委领导、阅兵领导小组和阅兵总指挥部办公会议成员审查了这次预演，各军兵种、北京军区、武警总部、北京市和有关部门负责人以及军内外7000多人参观了这次预演。第二次预演于9月22日夜至23日拂晓进行，受阅部队与群众游行队伍参加，主要解决分列式与群众游行队伍的衔接问题。党和国家领导人万里、杨尚昆、秦基伟、胡启立等人审查了这次预演，并给予很高评价。

阅兵训练是一种严格艰苦的制式训练。遵照中央军委关于这次阅兵一定要显示出军威、国威，体现人民解放军革命化、现代化、正规化建设新成果的指示，受阅部队和民兵以坚忍不拔的毅力、勇于克服困难的勇气和吃苦耐劳的精神，训练十分刻苦。为练好一个动作，受阅人员往往经过千百次甚至上万次的练习。练端正、庄严的军姿，不少受阅人员对着镜子靠墙根站立，一站就是几个小时；练正步，受阅人员在腿上绑0.5公斤重的沙袋；练步伐，受阅人员每天早晨腿上捆着2公斤重的沙袋跑步5公里。在7个月时间里，受阅的徒步方队平均完成训练日208个、2023小时；地空导弹方队平均完成训练日154个、709摩托小时；空降兵徒步方队练步伐的行程达1万公里，每人磨破4双翻毛皮鞋；空中梯队组

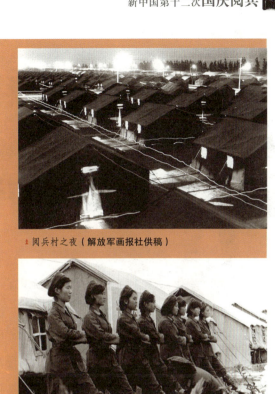

▲ 阅兵村之夜（解放军画报社供稿）

▲ 女战士在阅兵村严抠训练，一丝不苟（高凤章 摄）

▲ 热气腾腾的阅兵村训练场景（高凤章 摄）

织训练1.66万架次，飞行1.1465万小时，平均每个飞行员飞行142.5架

▲1984年国庆阅兵式上的联合军乐团（靳开寿 摄）

次、98小时30分钟。经过强化训练，受阅人员精神振奋、军容严整、姿态端正，步幅、步速和车速准确；方队队列达到了"三等"（即等间隔、等距离、等速度）、"三线"（即队列纵、横、斜一条线）、"两不差"（即时间不差分秒、间隔距离不差分毫）的总标准和总要求。至9月下旬，受阅部队经过艰苦训练和共同努力，圆满完成了国庆阅兵的各项准备工作。

节日的天安门广场，格外壮观。修饰一新的、雄伟的天安门城楼，在朝阳照耀下，七彩斑斓，气象万千。代表祖国尊严的五星红旗，凌空招展。鲜花簇拥着的观礼台上，闪现着一张张欢笑、激动的面孔；宽阔的广场上，10万名少先队员、青年学生和青年工人身着盛装，用花束组成巨幅国徽图案。站在金水桥畔举目东望，东长安街上，一道"绿色长城"突兀而起：人民解放军陆、海、空三军1万多名指战员组成的受阅大军雄壮的队伍，威武的战车，从天安门红墙下一字形地一直排过王府井南口。从接受受阅任务那天起，受阅部队指战员的心情就一直难以平静。每个人都以在天安门广场接受祖国和人民的检阅为荣。今天，盼望已久的、欢庆的日子来到了。他们身着新式军服，天不亮就来到这里，等待着庄严的时刻。

1984年10月1日9时40分，党和国家领导人胡耀邦、邓小平、李先念、陈云、彭真、邓颖超、徐向前、聂荣臻、乌兰夫等人，偕同全国各界代表和各国来宾，在雷鸣般的掌声中登上天安门城楼。

10时整，北京市市长陈希同宣布："庆祝中华人民共和国成立35周年大会开始！"

陆、海、空军1200人组成的联合军乐团高奏国歌，礼炮齐鸣。万人仰头肃立，向国旗致敬！

10时05分，在节奏鲜明的检阅进行曲的旋律中，中国改革开放的总设计师、中央军委主席邓小平乘黑色敞篷轿车驶出天安门城楼，越过金水桥。阅兵总指挥、北京军区司令员秦基伟迎上去，在指挥车上向邓小平大声报告："军委主席：庆祝建国35周年阅兵式受阅部队列队完毕，请检阅！"

军乐团奏起阅兵曲。随着检阅车的徐徐行进，千万双眼睛向邓小平翘望，三军健儿向邓小平敬礼，热流冲击着心扉。检阅吧，这支经过战火的洗礼、动乱的冲击而又重新迈开大步前进的英勇军队。邓小平神采奕奕，满意地注视着人民子弟兵的新一代，频频举手答礼。

"同志们好——"

"首长好！"

"同志们辛苦了——"

"为人民服务！"

三军健儿的回答，响彻云天。

这是新中国成立以来一次隆重的国庆阅兵式，也是1959年以来的

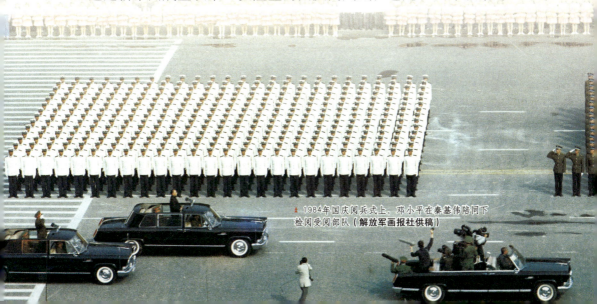

▲ 1984年国庆阅兵式上，邓小平在秦基伟陪同下
检阅受阅部队（解放军画报社供稿）

▲1984年国庆节，北京天安门广场上万众欢腾（张韫磊 摄）

第一次。弹指一挥35载，道不尽的人间沧桑；祖国母亲从幼年进入了成熟的壮年，人民军队同人民共和国一样，也在曲折中前进。望着邓小平那炯炯有神、充满期望的目光，三军将士心潮滚滚：邓小平主持中央军委工作以来，拨乱反正，革故鼎新，对军队建设作出了一系列战略决策，部队军政素质有了新的提高，适应现代作战的能力大大增强。今天，部队指战员带着新的成果向祖国汇报，怎不感到光荣、自豪！

━━ 中国首次成功地用一枚运载火箭发射三颗人造卫星 ━━

　　1981年9月20日，即华北大演习阅兵后的第二天，中国成功地发射了一组空间物理探测卫星。这是中国首次用一枚运载火箭发射三颗人造卫星。这次发射成功，使中国成为继美国、苏联和西欧航天局之后，第四个掌握星箭多次分离技术的国家。人民解放军的一些科技人员和部队参加了这项科研实验。

━━ 六届全国人大一次会议选举邓小平
为中华人民共和国中央军事委员会主席 ━━

　　1982年12月4日，第五届全国人民代表大会第五次会议通过了中华人民共和国的第四部宪法。新宪法明确规定了军队在国家体制中的地位及其性质、职能、任务，并规定设立中华人民共和国中央军事委员会，领导全国的武装力量。

　　1983年6月18日，六届全国人大一次会议选举邓小平为中华人民共和国中央军事委员会主席，并根据邓小平的提名，决定叶剑英、徐向前、聂荣臻、杨尚昆为军委副主席，余秋里、杨得志、张爱萍、洪学智为军委委员。

此前，1982年9月12日，中国共产党第十二届中央委员会第一次全体会议决定邓小平为中共中央军事委员会主席，叶剑英、徐向前、聂荣臻为中共中央军委副主席，杨尚昆为中共中央军委常务副主席。

中国第一台"银河"亿次电子计算机研制成功

1983年12月6日，由国防科技大学与20余个协作单位研制成功的中国第一台超高速巨型电子计算机，在湖南长沙通过了技术鉴定。这台计算机具有强大的数值计算能力和数据处理能力，在一秒钟内可进行向量计算亿次以上。它的诞生，是中国科技史上的一次重大突破，标志着中国电子计算机技术进入了一个新的阶段。国防部部长张爱萍给这台计算机命名为"银河"亿次电子计算机。1984年6月7日，中央军委主席邓小平发布命令，给国防科技大学电子计算机研究所记集体一等功，以表彰他们在研制"银河"亿次电子计算机过程中表现出的勇于探索、大胆创新、百折不挠地攀登科学高峰的精神。

在邓小平检阅下，陆海空三军、武装警察和男女民兵、机械化部队，一色的国产装备，组成整整齐齐的42个方队。横看一条线，竖看一条线，斜看还是一条线，像一座威严的城墙，这是伟大祖国的钢铁长城。

请检阅吧！这支军队更加显出了军威。在边境自卫反击战中，他们用鲜血和生命捍卫了祖国的尊严、独立和安全。有这样的统帅、这样的军队，现代化建设就有了可靠的保障。

云南、广西边防部队进行自卫还击作战

1979年，人民解放军边防部队完成对越自卫还击作战撤军之后，越南军

队又开始在中越边境地区进行武装挑衅，继续严重地威胁着我国边境地区的安全。为了严惩侵略者，保卫祖国领土和边境人民生命、财产的安全，人民解放军云南、广西边防部队从1984年5月起，奉命再次进行反击入侵越军作战。此后至1986年，人民解放军边防部队先后取得法卡山、扣林山、老山、者阴山、八里河东山等地区反击入侵越军作战的胜利，对入侵的越军给予应有的惩罚。

请检阅吧！这支军队更加密切了同党和政府、同人民群众的关系。在邓小平主持下，军队工作正在努力开创着新局面，正在人民群众的心目中树立起更加崇高的威望。这就是等待着接受检阅的人民军队，他们的昂然雄风，勇冠神州。

—— 全军开展军民共建活动 ——

1982年4月3日，邓小平指出，建设社会主义精神文明，是实现社会主义现代化的一项保证。全党、全军、全国人民要把建设社会主义精神文明活动经常化、制度化，长期搞下去。根据这一指示精神，人民解放军一些部队在进行自身精神文明建设的同时，积极和驻地人民群众一起，开展军民共建文明村（镇、街、学校）的活动。总政治部及时推广了他们的经验，使军民共同建设社会主义精神文明活动（简称军民共建）在全军迅速展开。

—— 全军培养军地两用人才工作全面展开 ——

1983年5月10～18日，解放军总政治部在浙江金华召开全军培养军地两用人才经验交流会。会议决定，在全军范围内，普遍开展军地两用人才的培养工作。

会后，全军培养军地两用人才工作全面展开。1983～1985年，全军有组织、有领导参加学习的就有462万多人，其中160多万人领取了合格证书或技术等级证书。在开展培养军地两用人才的工作中，许多部队摸索出了好的经验。其中，南京军区某师把学习民用技术纳入了教育训练规划，创造出军地两用一体化教育训练的新经验。1986年5月下旬，南京军区在该师召开了现场会。总政治部主任余秋里在讲话中，要求全军普遍推广该师经验，把培养两用人才的工作推向新阶段。此后，全军培养军地两用人才的工作不断向深度和广度发展，逐步实行了"军、政、文、民"一体化训练的教育训练体制。1986年，全军开办各种类型的民用技术培训班2.5万多个，参训人员65万人，其中有43万人获得了技术等级证书或合格证书，退伍战士中有70%的人掌握了一门以上民用技术。

实践表明，培养军地两用人才，是一项利国、利民、利军的事业。它符合和平时期军队建设的方向，适应党和国家工作重点转移和军队建设指导思想战略性转变的客观需要，反映了广大干部、战士和人民群众的迫切愿望，是在新的历史条件下加强军队建设的一个创举。

在这举世瞩目的一天，一个有趣的现象引起了细心人士的注意：受阅部队全部换上了新式军装；而站在天安门城楼上的人民解放军高级将领，穿的还是旧式的确良军服。这个细节似乎在向人们无声地透露：我们的军队和整个国家一样，正处于变革的交替之中。

阅兵完毕，邓小平再次登上天安门城楼并发表讲话。

参加1984年国庆阅兵式的三军仪仗队
（高凤章 摄）

—— 邓小平在中华人民共和国成立35周年庆祝典礼上的讲话 ——

中国人民解放军全体指战员同志们！

全国同胞们，同志们和朋友们！

在伟大的中华人民共和国成立三十五周年的这个光荣时刻，我向为进行社会主义现代化建设、为完成祖国统一大业、为保卫祖国安全而奋斗的同志们、同胞们、朋友们，致以最热烈的节日祝贺！

三十五年前，我国各族人民的伟大领袖毛泽东主席，在这里庄严宣布了中华人民共和国的成立。我们中国人从此站立起来了。三十五年来，我国不但完全结束了旧时代的黑暗历史，建立了社会主义社会，也改变了人类历史的进程。特别是中国共产党第十一届三中全会以来，由于彻底纠正了"四人帮"反革命集团的倒行逆施，恢复和发展了毛泽东同志的实事求是的思想方法，陆续实行了一系列适合新情况的重大政策，全国的面貌更是焕然一新。在全国实现安定团结、民主法制的基础上，我们把进行社会主义现代化建设放在一切工作的首位。我国的经济获得了空前的蓬勃发展，其他工作也都得到了公认的成就。今天，全国人民无不感到兴奋和自豪。

党的十二大提出，到二〇〇〇年，我国的工农业年总产值，要比一九八〇年翻两番。最近几年的情况，表明这个宏伟目标是能够达到的。当前的主要任

参加1984年国庆阅兵式上的多管火箭炮方队（周万平 摄）

务，是要对妨碍我们前进的现行经济体制，进行有系统的改革。同时，要对全国现有的企业，进行有计划的技术改造。要大大加强科学技术研究工作，大大加强各级教育工作，以及全体职工和干部的教育工作。全党和全社会都要真正尊重知识，真正发挥知识分子的作用。这样，我们就一定会逐步实现现代化。

我国的对外政策是众所周知和持久不变的。我们坚决主张维护世界和平，缓和国际紧张局势，裁减军备，首先是裁减超级大国的核军备和其他军备，反对一切侵略和霸权主义。我国将长期实行对外开放，愿意在和平共处五项原则的基础上，同世界一切国家建立、发展外交关系和经济文化关系。我们主张用谈判方式解决国际争端，如同我国和英国通过谈判解决香港问题一样。现在国际局势并不太平，我们必须巩固国防，中国人民解放军的全体指战员，务必时刻保持警惕，不断提高自己的军事政治素质，努力掌握应付现代战争的知识和能力。

我们主张对我国神圣领土台湾实行和平统一，有关的政策，也是众所周知和不会改变的，并且正在深入全中华民族的心坎。大势所趋，祖国迟早总是要和平统一的。希望全国各族同胞，包括港澳同胞、台湾同胞和海外侨胞，共同促进这一天早日到来。

伟大的中华人民共和国万岁！

伟大的中国共产党万岁！

伟大的中国人民解放军万岁！

全国各族人民大团结万岁！

↑ 出席1984年国庆典礼的解放军观礼代表（吴寿庄 摄）

▲1984年国庆阅兵式上的空军学院方队（**杨绍明 摄**）

阅兵副总指挥周依冰宣布：分列式开始。

军乐团奏响了雄壮有力的分列式进行曲，受阅部队42个方队浩浩荡荡地依次通过天安门广场。

在接受检阅的部队里，有参加过秋收起义、平江起义和井冈山反"围剿"斗争的红军连队，有参加过平型关战斗和百团大战的英雄部队，更有当年刘邓大军的劲旅，他们的新一代带着新的捷报来见老首长。江山代有英雄出，在这些英雄部队中又涌现出成千上万的英雄模范、人民功臣。

走在最前头的是护卫着军旗的中国人民解放军陆、海、空三军仪仗队。在仪仗队护卫下，鲜红的"八一"军旗迎风飘扬。这是张思德生前所在部队，现在成为代表国家、军队迎送国宾的专业仪仗队。仪仗队官兵像老班长那样全心全意为人民服务，兢兢业业对待工作，为军旗增添光彩。

紧跟在仪仗队后面的是军事学院方队。学员们头戴金黄色风带大沿帽，身穿纯毛凡尔丁新军服，棕绿色底板肩章上缀着陆军军种符号，红领章上闪耀着金黄色的星徽，个个精神抖擞、意气风发。军事学院，是人民解放军在新中国成立后创建的第一所高级学府。建院以来，从这里毕业的指挥员遍布全军。20世纪50年代，她把许多放牛娃出身的红军战士培养成了文武双全的高级将领；党的十一届三中全会以后，她又哺育出一大批年轻优秀指挥员。

军事学院方队后面，是海军学院方队、空军学院方队、炮兵学院方队、装甲兵学院方队、石家庄陆军学校方队。粉碎江青集团以后，中央军委作出了关于办好军队院校的决定，进一步规定了在新的历史条件下军队院校建设的方针和任务。10年动乱期间遭到严重破坏的军队院校迅速得到恢复和加强，并有了新的发展，形成了一个比较完整的体系。全军院校面向现代化，面向世界，面向未来，办得生机勃勃、欣欣向荣，成为培养各级各类干部、输送建军骨干的重要基地，正为国防现代化培养高质量的德、智、体全面发展的合格人才，对于促进干部的革命化、年轻化、知识化、专业化起了重要作用。

中央军委转发总参谋部、总政治部、总后勤部《关于加强军队院校建设的报告》

1983年5月17日，中央军委批转总参谋部、总政治部、总后勤部《关于加强军队院校建设的报告》，要求全军遵照执行。三总部的《报告》指出，大力加强院校建设要做到：舍得拿最强的干部办院校，舍得让优秀的干部、战士进院校学习，舍得把先进的技术装备发给院校，该花的钱舍得花，下大力把院校办好。《报告》规定，军队院校的办校方针是：以马列主义、毛泽东思想为指导，以积极防御的战略方针为依据，以教学为中心，为建设现代化、正规化的革命军队培养德、智、体全面发展的合格人才。

人民解放军开始选调地方应届大学毕业生担任指挥干部

1983年3月15日，国务院、中央军委发出联合通知，决定从1983年起，人民解放军每年从地方高等院校选调一批应届大学毕业生到部队，经短期训练后担任军政指挥干部。这是逐步改变军队干部知识结构，加快干部队伍革命化、年轻化、知识化、专业化的一项重要措施。

▲ 1984年国庆阅兵式上的步兵方队（刘志斌 摄）

"向前！向前！向前！我们的队伍向太阳……" 5个步兵方队踏着雄壮的进行曲走来。那一片象征着青春和生命的绿色，像草原，像连绵的青山，给人一种蓬勃向上的感觉。整齐如一的步伐，形象地展现出优良的军政素质和开拓前进的英雄气概。在革命战争年代，英雄的步兵靠两只"铁脚板"，爬雪山，过草地，挺进敌后抗敌顽，踏破辽河千里雪，日夜进军大西南，走遍祖国的每一片土地。如今，为了祖国的繁荣昌盛，他们又踏着新的旋律进行新的长征。老一代功在民族，新一代继往开来。

随之而来的一片白色，由点成线地起伏着、翻滚着，像海洋的波浪，那是来自万里海疆的水兵方队。他们身着上白下蓝的水兵服，头戴新式的水兵帽，佩有黑底金黄色铁锚的水兵肩章。年轻的海军和伟大的祖国一起成长。20世纪50年代，海军创建之初，装备的是从国民党军队缴获来的舰艇；建国10周年的时候，才有了第一艘自己制造的舰艇。现在，海军的主要作战舰艇数量比50年代增加近10倍，装备了导弹驱逐舰、导弹护卫舰、导弹快艇、登陆舰、猎潜舰、鱼雷艇、扫雷艇、常规潜艇与核潜艇。多次海上作战演练和从近海跨进太平洋的远航训练，展示出海军的远航技能和现代作战水平。随着祖国的繁荣强大，具有多种作战能力的"海上长城"已经巍然屹立在万里海疆。敬礼，向亲爱的祖国母亲。前进，海军的新一代！

链接 *LIANJIE*

⸺ 中国首次以潜艇从水下发射运载火箭获得成功 ⸺

　　1982年10月7~12日，中国在本国海域首次以潜艇从水下向预定海上目标区发射运载火箭获得成功。人民海军有73艘舰艇和19架飞机，在发射区及溅落区参加了发射试验。中共中央、国务院、中央军委于10月16日致电参加这次运载火箭研制和发射试验的全体科学工作者、工程技术人员、工人、解放军指战员和一切有关人员，表示热烈的祝贺和亲切的慰问。这次以潜艇从水下发射运载火箭获得成功，标志着中国运载火箭技术有了新的发展，它使中国一跃而成为世界上第5个拥有水下发射战略导弹能力的国家。

▲ 参加1984年国庆阅兵式的女卫生兵队（张桐胜 摄）

　　银盔闪亮气如虹，飞将军自重霄入。空降兵战士头戴伞兵银盔，身穿上绿下蓝小翻领跳伞服，胸佩跳伞证章，行进在天安门前。在强大的合成军中，空降兵是一个现代化的新兵种。参加阅兵的伞兵由"黄继光连"和"上甘岭特功八连"组成。他们的前辈在战场上英勇杀敌，功勋卓著；新一代又在为人民建立新的业绩。这个部队的"八一"跳伞队曾经在许多国际跳伞比赛中为人民解放军和国家争得荣誉，"上甘岭特功八连"在新的历史条件下又荣获"从严

▲ 1984年国庆阅兵式上的空降兵方阵（张勇 摄）

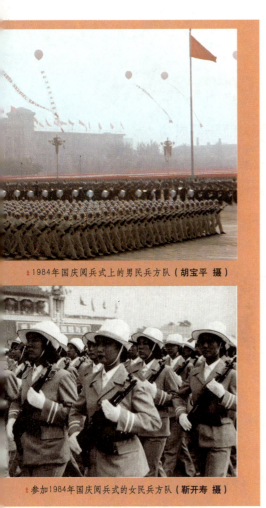
▲ 1984年国庆阅兵式上的男民兵方队（胡宝平 摄）

▲ 参加1984年国庆阅兵式的女民兵方队（靳开寿 摄）

治军文明带兵特功八连"称号。

"向右——看！"随着清脆的口令声，女卫生兵方队向天安门城楼上的党和国家领导人致敬。这个在我国阅兵史上第一次出现的女兵方队，来自汉、满、回、壮、彝、蒙古、朝鲜、达翰尔、鄂温克9个民族，由北京军区军医学校——当年著名的白求恩卫生学校的学员组成。年轻的女兵头戴大沿帽，身着棕绿、藏青小翻领裙服，佩戴红十字袖章，脚穿黑色光面皮靴，英姿飒爽、生气勃勃。她们那整齐的步伐，赢得了天安门城楼和观礼台上一阵接一阵的掌声。

绿色的浪潮在金水桥畔奔涌，整齐的步伐在天安门前行进。接受祖国检阅的，还有身着橄榄绿色警服的中国人民武装警察部队方队，头戴银盔、身着米黄色服装、肩荷自动步枪的男民兵方队，头戴白底蓝边航空帽、身着艳蓝色服装、手持冲锋枪的女民兵方队。有人民解放军、人民武装警察部队和民兵三位一体的中国特色的武装力量体制，我们的祖国将会长治久安，实现现代化更有保障。

链接 LIANJIE

中国人民武装警察部队总部成立

1983年4月6日，中国人民武装警察部队总部在北京成立。李刚任司令员，赵苍璧任政治委员。人民武装警察部队，是党和国家的一支武装力量，是公安部队的一个组成部分，按照统一规划、分级管理、分级指挥的原则，在各级党委、政府和公安部门的领导下进行工作，并接受上级人民武装警察部队领导机关的领导。它的任务是，维护国家主权和尊严，维护社会治安，保卫国家安全和现代化建设，保卫党政领导机关、重要目标和人民生命、财产的安全。人民武装警察部队及其各级领导机关，实行义务兵和志愿兵相结合的制度，继承并发扬人民解放军和人民警察的光荣传统，执行人民解放军的条令、条例，享受人民解放军的同等待遇，按照武装警察部队的特点进行建设。

18个徒步方队刚刚过去，24个机械化方队又向天安门前奔来，长安街响起隆隆的马达声。反坦克导弹、火箭炮、火箭布雷车、榴弹炮和加农炮、装甲输送车、坦克车、装甲自行火炮、自行加农榴弹炮、导弹、战略火箭汇成一条钢铁巨流。履带滚滚，机声隆隆，铁甲生光，大地颤动！注视着这强大的机械化、现代化武装力量，每个人心中都涌起一股激动的热流；天安门城楼上、观礼台上、爆发出一阵又一阵热烈的掌声。

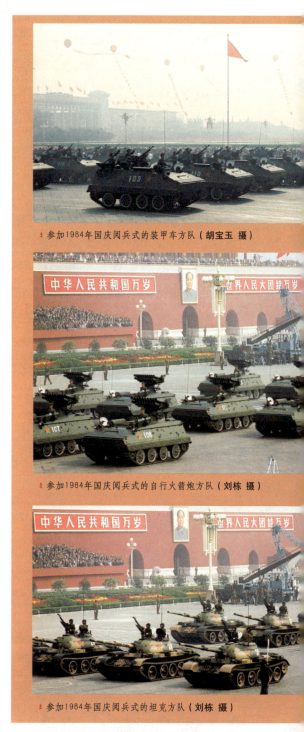

▲ 参加1984年国庆阅兵式的装甲车方队（**胡宝玉 摄**）

▲ 参加1984年国庆阅兵式的自行火箭炮方队（**刘栋 摄**）

▲ 参加1984年国庆阅兵式的坦克方队（**刘栋 摄**）

35年前的今天，受阅队伍里的重型武器，是从战场上缴获来的美式榴炮和日式坦克。如今，那些陈旧的武器早已被送进军事博物馆。展现在人们眼前的金戈铁马，再没有一件"外国造"了。

长剑倚天，银光闪闪，人民共和国的导弹部队方队开过来了！岸舰导弹、潜地导弹、地空导弹已使人欢呼雀跃，战略导弹部队方队的中程导弹和远程导弹更使人精神大振。你看那鲜红的弹顶、乳白色的弹体，横卧在几十米长的起竖车上，这个庞然大物使观礼台上的人们接连发出赞叹声。35年前，此时此地此刻，

受阅的最后一个方队，是披着征尘的骑兵。当"红马连"、"白马连"、"黑马连"五马并行，一排排驰骋在天安门前的时候，曾引起热烈的喝彩。今天，不闻马蹄声声碎，但见"神剑"倚天来！军中喜长缨，雕弓射天狼。我国战略火箭部队的建立和发展，标志着我国国防现代化已经提高到一个新水平。

当战略导弹部队方队行进到天安门前时，空中传来了飞机的轰鸣声。人民解放军空军健儿驾驶的94架战鹰——轰炸机、强击机、歼击机组成楔形的空中梯

△1984年国庆阅兵式上的反坦克导弹方队（袁汝逊 摄）

队，出现在天安门上空。广场上万众翘首，只见红、绿、蓝、黄彩练当空舞，护卫机拉出八条绚丽的彩烟。此刻，天上地下，引擎声、军乐声、欢呼声、鼓掌声交织在一起，响遍行云，震撼大地！

空中，战鹰在翱翔；地上，铁流在前进！金戈铁马，壮我国威，壮我军威。

在这难忘的时刻，站在天安门城楼右侧的中央军委领导同志，登高临风，抚今忆昔，感怀油然而生。他们为人民共和国的诞生曾率领千军万马南征北战；为人民军队的发展壮大深谋远虑，日理万机。今天，他们看到受阅部队严整的阵容、威武的气势、崭新的面貌，抑制不住激动的心情。

整个阅兵历时1个小时。

这次阅兵展示的武器装备共

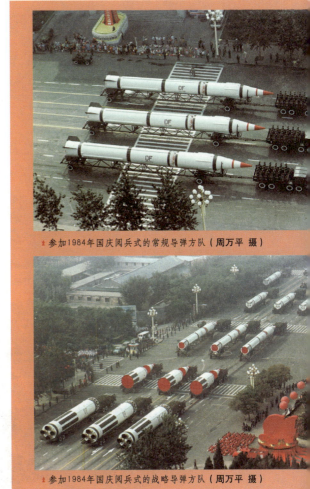

▲ 参加1984年国庆阅兵式的常规导弹方队（**周万平 摄**）

▲ 参加1984年国庆阅兵式的战略导弹方队（**周万平 摄**）

有28个种类，包括：各型作战飞机94架，导弹189枚，坦克、装甲车205辆，火炮126门，火箭布雷车18辆，轻武器6429支（挺），汽车2216辆。这些武器装备，全部是中国自行研制的。其中，19种是首次公开展示的新装备，具有较高的现代化水平，有的还达到了世界先进水平，充分展示了中国国防现代化建设特别是武器装备发展的最新成果。此次阅兵，在组织的时机、阅兵规模、受阅内容、对外影响等方面都具有重要意义，在新中国阅兵史上占有重要地位。

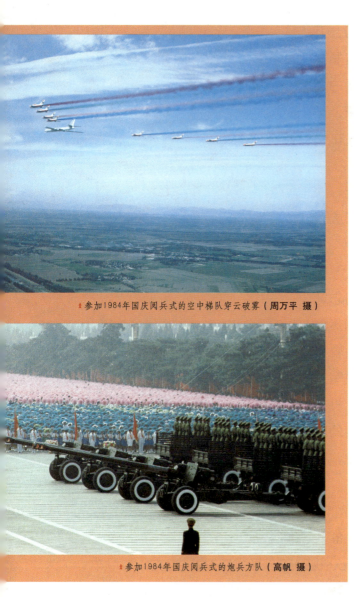

▲ 参加1984年国庆阅兵式的空中梯队穿云破雾（周万平 摄）

▲ 参加1984年国庆阅兵式的炮兵方队（高帆 摄）

金水桥畔雄风展，神州十亿尽开颜。这次盛大的阅兵式，是国庆10周年以来的第一次，也是新中国成立以来规模较大、装备较新、机械化程度较高的一次。它标志着中国武装力量现代化建设走进了一个崭新的历史时期，显示了走上改革开放道路的中国人的豪迈心情，大大提高了中国的国际威望。这次阅兵所展示的中国军队威武雄壮的形象，深深地印在了亿万人的心中。

国庆35周年阅兵的盛况，在国内外引起强列反响，人们高度赞扬这次阅兵所展现的人民解放军建设成就和精神风貌。10月5日，邓小平向参加受阅的人民解放军陆、海、空三军，人民武装警察部队和民兵发布嘉奖令。嘉奖令指出：这次国庆阅兵以崭新的风貌、严整的军容、雄壮的气势，显示了国威、军威，深刻反映了中共十一届三中全会以来，人民解放军在革命化、现代化、正规化建设上所取得的巨大成就，充分展示了人民解放军武器装备已经提高到一个新水平，生动表现了人民解放军优良的军政素质和一往无前的英雄气概。亿万人民看到了人民解放军的强大阵容，看到了巩固的国防，极大地振奋了民族精神，鼓舞了爱国热情，增长了实现祖国现代化的豪情壮志。

各国舆论盛赞中国1984年国庆阅兵和群众游行，认为这次庆祝活动显示了中国人民的崭新风貌，展示了人民解放军的雄壮军威，是"力量与欢乐的检阅"。

—— 各国舆论盛赞中国1984年国庆阅兵和群众游行 ——

1984年10月1日，中国首都北京举行的国庆盛大阅兵仪式和群众游行，吸引了全世界的目光。各国的报纸、通讯社、电台和电视台作了大量而突出的报道，几乎一致认为从天安门国庆盛典中看到了中国人民向现代化进军的成就和信心。这些报道，详细描述或转播了国庆阅兵情景，对中国人民解放军威武的军容、高昂的士气，特别是自制的现代化武器装备表示赞赏和惊奇。

美联社报道说："邓小平乘着中国'红旗'牌敞篷轿车，容光焕发，面带笑容，检阅了部队和最新式武器"。"邓小平作为党和国家的军事委员会主席，领导着这支武装部队"。日本《读卖新闻》发表的题为"前进中的'中国式社会主义'"的社论也

▲1984年国庆典礼上的群众游行队伍（周万平 摄）

▲1984年国庆节的北京天安门广场（刘志斌 摄）

说："在敞篷车上阅兵并站在登上天安门的领导干部中心位置的邓小平，精神焕发，充满信心，看不出是一位八十高龄的老人。"

日本《朝日新闻》、《每日新闻》、《东京新闻》等各大报刊和美国、联邦德国、瑞士等西方国家的报纸和通讯社都指出，这次军事检阅"是1959年以来25年来的第一次"，它展示了中国进行"国防现代化取得的成果"。中国人民解放军在阅兵式上第一次公开的各种国产新型导弹"大放异彩"。天安门前大阅兵第一次出现的新型导弹等武器，表明"中国向军事现代化迈出了一大步"，是"中国执行现代化路线的成果"。葡萄牙《晨邮报》、《日报》等主要报纸用文字和照片突出报道了中国的盛大阅兵式，并指出首次展示的新式导弹表明，中国军队正"不容置疑地走向现代化"。瑞士《晨报》写道，检阅中，"人民解放军穿上了新装，新的导弹、新的自行榴弹炮、新的轻型而操纵灵便的小吉普吸引了观察家的注意力"。这是"老的解放军继续进行着深刻的改造以便适应现代战争的要求"，并"通过采用'中国制造'的武器来实现的"。一些西方军事观察家认为："这是一个给人留下深刻印象的武器展览。"

《东京新闻》还说，人们通过电视观看这一阅兵情景，"可能多数都会对军人步伐整齐、一丝不乱的行进队伍印象强烈"。

朝鲜、罗马尼亚、南斯拉夫和一些第三世界国家的报纸、电台，也报道了中国首都国庆阅兵和群众游行盛况。罗马尼亚报纸指出，阅兵式表明中国人民解放军具有高度的训练和装备水平，群众游行队伍反映了中国人民实现社会主义现代化、国家统一和保卫和平的决心。

意大利《团结报》刊登驻北京记者金兹伯格写的一篇报道说，如果25年前的军事检阅"具有备战"作用的话，而今天展现导弹则是为了说明缓和才是发展的条件。联邦德国《世界报》发表评论说，中国国庆阅兵显示了实力。该评论指出，中国自制的新式洲际导弹虽然还不能形成同超级大国的核平衡，但它突出地表明了北京要打破两极世界的目的。"中国不是侵略性国家。这个巨大的国家稳定、处于防卫，但时刻准备给予任何来犯者以迎头痛击。"

英国《泰晤士报》惊呼："一个沉睡的东方巨人醒了，美苏两国在决定世界事务时，不得不考虑中国战略导弹部队的存在。"

纽约《美洲华侨日报》则说："北京阅兵大振国威、军威，全球炎黄子孙激动不已。"

1999:
新中国第十三次
国庆阅兵

20世纪80年代中期，中共中央、中央军委作出了军队建设指导思想实行战略性转变的重大决策，即由过去立足于"早打、大打、打核战争"的临战准备状态，转变到和平建设的轨道上来。这是新中国国防和军队建设史上一次根本性、革命性的转变，对人民解放军的革命化、现代化、正规化建设和增强整体国防实力发挥了巨大的推动作用。

在以江泽民为核心的中共中央领导集体和中央军委的领导下，人民解放军认真贯彻邓小平理论和新时期军队建设思想，按照"政治合格，军事过硬，作风优良，纪律严明，保障有力"的军队建设总要求，贯彻新时期军事战略方针，紧紧围绕"打得赢"、"不变质"两个历史性课题，深入推进中国特色军事变革，思想政治建设进一步加强，军事斗争准备扎实推进，后勤建设与改革不断深化，武器装备建设和国防科研取得新进展，军事训练力度明显加大，管理教育工作得到加强，基层全面建设有新的进步，军事理论研究取得新的成果，国防和军队建设呈现整体推进、协调发展的局面，军队现代化建设不断迈上新的台阶，有力地推进了军队建设为完成双重历史任务的跨越式发展。

链接 LIANJIE

═ 全军干部、战士换穿新式服装 ═

1985年5月1日，经中央军委批准，全军干部、战士换穿新式服装。新式服装在用料和式样等方面作了改进。全军干部和男战士戴大沿帽，女战士戴无沿帽，帽徽为"五星八一"军徽，领章加缀了军种符号。干部领章、肩章的颜色，按军种作了区分。

人民解放军海军编队访问南亚三国

1985年11月16日至1986年1月19日，应巴基斯坦、斯里兰卡和孟加拉三国的邀请，中国人民解放军海军编队（导弹驱逐舰一艘、油水综合补给舰一艘）对南亚三国进行了友好访问。这次访问，是人民解放军海军军舰首次正式出访、首次进入印度洋。出访舰只都是中国自行设计、自行制造的，它标志着中国工业发展和海军现代化建设的水平。这次访问，受到了南亚三国海军和社会各界的热烈欢迎，也引起了国际舆论的广泛重视，扩大了人民解放军海军在国际上的影响。

中国人民解放军国防大学成立

1985年12月24日，根据国务院、中央军委的决定，中国人民解放军军事学院、政治学院、后勤学院在北京合并组成中国人民解放军国防大学。张震任校长，李德生任政治委员。国防大学是直属中央军委领导的中国最高军事学府。

▲1999年国庆阅兵式上的舰空导弹方队
（**陈立人 摄**）

它以积极防御的战略方针为依据，以教学和科研为中心，面向现代化，面向世界，面向未来，努力培养适应国防现代化建设和现代战争要求的高级指挥人才、高级参谋人员和高级理论研究人员，把学校办成符合中国国情、具有中国人民军队特色的合同指挥大学。综合性、研究性、开放性是国防大学的显著特点。它的成立，是人民解放军在新的历史条件下干部培训体制、教育内容和方法的重大改革，对加速军队革命化、现代化、正规化建设具有深远的意义。

预备役部队正式列入中国人民解放军建制序列

根据中央军委的决定，从1983年起，人民解放军有计划地组建了陆、海、空军的预备役部队。经过3年建设，预备役部队已经初具规模。这支部队是以现役军人为骨干，以预备役军官、士兵为基础组建起来的，是战时实施快速动员的重要组成形式。平时寓兵于民，一旦需要就能很快转为现役部队，担负作战任务。组成这样的部队，可以节省大量的经费开支，既有利于国家经济建设，又有利于国防建设。1986年8月10日，总参谋部、总政治部、总后勤部发出通知，明确规定预备役部队列入中国人民解放军建制序列，其师、团级单位授予番号、军旗。

人民解放军第一个陆军直升机大队成立

1988年1月8日，人民解放军集团军编成内的第一个陆军直升机大队，在华北某集团军成立。成立陆军直升机部队，是中共中央、中央军委批准的人民解放军精简整编、体制改革的一项重要战略决策，是加强军队现代化建设的一项重要措施。它的成立，是陆军作战能力实现由地面合成向立体合成的飞跃，将大大增强陆军快速机动与合成作战能力。

中央军委确定《中国人民解放军军歌》

1988年7月25日，经中共中央批准，中央军委发出通知，决定将《中国人民解放军进行曲》定为《中国人民解放军军歌》。通知指出，《中国人民解放军军歌》体现了人民解放军的性质、任务、革命精神和战斗作风，反映了人民解放军的光辉战斗历程。通知要求全军指战员认真学习军歌歌词，广泛进行唱军歌、讲传统教育。

《中国人民解放军进行曲》原名《八路军进行曲》，1939年秋作于延安。解放战争时期，更名为《人民解放军进行曲》。1951年，总政治部组织修订了歌词。同年2月1日，总参谋部颁布的《中国人民解放军内务条令（草案）》附录二，以《人民解放军军歌》之名刊登了该歌曲。1953年5月1日颁布的第二个《中国人民解放军内务条令（草案）》附录二刊登的这首歌曲，改名为《人民解放军进行曲》。1965年，改名为《中国人民解放军进行曲》。这次正式颁布为《中国人民解放军军歌》，对激发全军指战员在党的领导下，继承和发扬光荣传统，努力加强军队革命化、现代化、正规化建设，肩负起历史重任，都具有重要的促进作用。

中央军委确定毛泽东等36人为军事家

1988年10月14日，中央军委常委会议确定，在中国人民革命战争中，有33名人民解放军的创建人和著名高级将领为军事家。他们是：毛泽东、周恩来、朱德、邓小平、彭德怀、刘伯承、贺龙、陈毅、罗荣桓、徐向前、聂荣臻、叶剑英、杨尚昆、李先念、粟裕、徐海东、黄克诚、陈赓、谭政、萧劲光、张云逸、罗瑞卿、王树声、许光达、叶挺、许继慎、蔡申熙、段德昌、曾中生、左权、彭雪枫、罗炳辉、林彪。1994年8月8日，中央军委又确定，黄公略、方志敏、刘志丹3人为军事家。

人民解放军舰载机部队诞生

1991年1月上旬，人民解放军第一支舰载机部队被正式编入海军航空兵序列。以舰艇为活动基地的舰载飞机，具有机动性强、作战半径大、海上用途广

1999年国庆阅兵式上的防空导弹部队
（陈立人 摄）

等优势，是现代海战中的重要打击力量。1988年12月，海军舰载直升机首次着舰成功，并开始在水面舰艇加装直升机、培养第一代舰载直升机飞行员。舰载机部队的诞生，显示出海军水面舰艇的战术、技术性能有了显著提高，标志着海军航空兵开始由岸基向舰基发展。

海军驱逐舰编队全部国产化

1992年4月24日，人民解放军海军某驱逐舰支队为人民共和国第一艘驱逐舰，也是服役的最后一艘苏制驱逐舰——"鞍山"舰举行隆重的退役仪式。"鞍山"舰原名"列什切里内依（果敢）"号，是1954年中国向苏联购买的。随着"鞍山"舰退出现役，中国海军的驱逐舰编队，已全部由国产现代化导弹驱逐舰组成。

新时期军事战略方针确立

1993年1月，中央军委召开扩大会议。在江泽民主持下，制定了新时期军事战略方针，即：今后一个时期我们实行积极防御的军事战略方针，其基本精神是："以毛泽东军事思想和邓小平新时期军队建设思想为指导，服从和服务于国家安全战略，军事斗争准备立足打赢一场可能发生的现代技术特别是高技术条件下的局部战争，加速我军质量建设，努力提高我军作战能力，扬长避短，灵活应变，遏制战争，赢得战争，保卫国家领土主权和海洋权益，维护祖国统一和社会稳定，为改革开放和现代化建设提供强有力的安全保障。"

1999年国庆阅兵式上的舰空导弹方队（陈立人摄）

科技强军战略和"两个根本性转变"战略思想的提出

1995年12月，中央军委扩大会议讨论通过了《"九五"期间军队建设计划纲要》，明确提出了科技强军战略。其重点是加强国防科研，改善武器装备，提高官兵的科技素质，建立科学的体制编制，提高科技创新能力和科学管理水平。同时，中央军委领导在对《纲要》作说明时，把军事斗争准备上的转变和军队建设上的转变联系起来，正式提出了"两个根本性转变"，即在军事斗争准备上，由准备应对一般条件下局部战争向准备打赢现代技术特别是高技术条件下局部战争转变；在军队建设上，由数量规模型向质量效能型、由人力密集型向科技密集型转变。1996年11月，中央军委在《关于贯彻党的十四届六中全会精神，加强军队精神文明建设的意见》中，首次公布了军队建设的"两个根本性转变"。

江泽民题写人民解放军建设总要求

1996年4月16日，中共中央总书记、国家主席、中央军委主席江泽民为人民解放军题写了"政治合格 军事过硬 作风优良 纪律严明 保障有力"。这五句话是江泽民于1990年12月1日在接见总参谋部军事工作会议代表时，提出的新时期军队建设的总要求。

▶1999年国庆阅兵式上的野战防空
导弹方阵（骆飞 摄）

中国人民解放军驻香港部队进驻香港特别行政区

1997年6月30日10时整，人民解放军驻香港部队进驻香港欢送大会在广东深圳同乐营区隆重举行。深圳市举行了3万多人参加的隆重的欢送仪式。

6月30日午夜，中英两国政府在香港会议展览中心举行香港政权交接仪式。7月1日0时0分，在雄壮的《中华人民共和国国歌》声中，中华人民共和国国旗和香港特别行政区区旗冉冉升起！在威尔斯亲王军营，人民解放军驻港先遣部队举行了庄严、隆重的防务事务接管仪式。

7月1日6时整，驻港主力部队分别从陆地、海上、空中同时陆续进驻香港。7月1日8时40分，人民解放军各路驻港部队先后准时、安全进驻完毕，并立即履行防务职责。

人民解放军驻香港部队进驻香港后，忠实地履行了《中华人民共和国香港特别行政区基本法》和《中华人民共和国香港特别行政区驻军法》赋予的神圣职责，保持人民军队的性质和宗旨，发扬人民军队的优良传统，树立起了威武之师、文明之师的良好形象。

"打得赢"、"不变质"两个历史性课题的提出

1997年12月，中央军委召开扩大会议。会上，江泽民把在现代技术特别是高技术条件下"打得赢"、在改革开放和社会主义市场经济条件下"不变质"

两个历史性课题，郑重提到全军面前。打得赢，就是把我军建设成为一支具有强大实战能力和威慑能力的现代化军队，为建设中国特色社会主义提供安全保障；不变质，就是我军始终坚持中国共产党的绝对领导，永远保持人民军队的性质、本色和作风，永远成为党的军队、人民的军队、社会主义国家的军队。"打得赢"、"不变质"，是新的历史条件下人民解放军建设面临的两个历史性课题，人民解放军跨世纪建设都是以解决这两个历史性课题为根本出发点和归宿的。

中央军委制定国防和军队现代化建设 "三步走"的发展战略

中国共产党的第十五次全国代表大会，制定了我国社会主义现代化建设的长远发展战略，作出了在21世纪分三阶段基本实现现代化的战略部署。国防和军队现代化作为国家现代化建设的一个重要组成部分，必须被纳入国家建设的总体进程之中，依据国家经济发展战略进行相应的规划，有一个与之相适应的、科学的长远发展战略。以利于国防和军队建设与国家经济建设的协调发展。为此，1997年年底召开的中央军委扩大会议，提出了到21世纪中叶国防和军队现代化建设分三步走的发展战略。第一步，到2010年，用十几年时间，努力实现新时期军事战略方针提出的各项要求，主要解决好军队的规模、体制编制和政策制度问题，为国防和军队的现代化打下坚实基础。第二步，到2020年，随着国家经济实力的增长和军费的相应增加，加快我军质量建设的步伐，使国防和军队现代化建设有一个较大的发展。第三步，再经过30年的努力，到21世纪中叶，实现国防和军队的现代化。"三步走"发展战略所确定的目标，头10年是关键，前20年是基础，21世纪前50年要实现国防和军队的信息化。

★图为我国自行设计生产的某新型加农榴弹炮，被成为我军地炮中的"长拳头"（彭山 摄）

▲1999年国庆阅兵式上的陆军车载式地空导弹方阵（贾明祖 摄）

"三步走"发展战略明确了国防和军队现代化建设的总体思路，是一个国情、军情与时代要求相统一的战略构想，也是一个国防和军队现代化发展战略与国家现代化发展战略相配套的战略构想。这一构想，从战略高度指明了国防和军队现代化建设的方向、目标及发展步骤。

中国人民解放军总装备部成立

1998年4月，中央军委决定以国防科工委为基础，合并总参谋部装备部、总后勤部有关部门组成总装备部，负责全军武器装备的管理、建设工作。首任总装备部部长曹刚川、政治委员李继耐。总装备部组建后，各大军区机关装备部、军兵种机关和部队的装备部门也作了相应调整。组建总装备部和各大军区、各军兵种装备部，形成自上而下的武器装备管理体系，有利于中央军委加强对全军武器装备的集中、统一领导，有利于实施科技强军战略，加强军队质量建设，推进武器装备现代化建设。此次调整后，军队实行中央军委领导下的总参谋部、总政治部、总后勤部、总装备部体制。总装备部的成立，改变了人民解放军延续了40年之久的三总部体制，是人民解放军领导体制的重大调整、改革。

组建新的国防科技大学

1999年6月18日，中国人民解放军国防科学技术大学成立暨授旗大会在湖南长沙隆重举行。中共中央政治局委员、中央军委副主席、国务委员兼国防部部长迟浩田在会上宣读了江泽民签署的命令，代表中央军委向新的国防科技大学授予军旗并作重要讲话。新的国防科技大学作为全军科学和工程技术院校的最高学府，担负着培养军队高级科学和工程技术人才与指挥人才、培训军队高级领导干部、从事先进武器装备和国防关键技术研究的重要使命，尤其在实现人民解放军现代化、实施科技强军战略中肩负着重要责任。

—— "神舟"一号试验飞船成功发射 ——

1999年11月20日6时30分，"神舟"一号飞船在酒泉卫星发射中心由新型长征运载火箭发射升空；次日15时41分，在内蒙古自治区中部地区成功着陆。

这次发射首次采用了在技术厂房对飞船、火箭联合体垂直总装与测试，整体垂直运输至发射场，进行远距离测试发射控制的新模式。我国在原有的航天测控网基础上新建的，符合国际标准体制的陆、海基航天测控网，也在这次发射试验中首次投入使用。飞船在轨运行期间，地面测控系统和分布于公海的4艘"远望"号测量船对其进行了跟踪与测控，成功进行了一系列科学试验。

作为我国航天史上的又一里程碑，"神舟"一号试验飞船的成功发射与回收，标志着我国载人航天技术获得了新的重大突破。我国载人航天工程从1992年开始实施。飞行试验获得圆满成功，使我国发展载人航天事业迈出了重要一步。

▲图为我军新一代全自动自行防空高炮（肖平 摄）

中国人民解放军驻澳门部队进驻澳门

1999年12月19日，中国人民解放军驻澳门部队进驻澳门欢送大会在广东珠海隆重举行。

12月19日深夜，中葡两国政府澳门政权交接仪式在澳门新口岸澳门文化中心花园馆隆重举行。12月20日上午，由500余名官兵组成的中国人民解放军驻澳门部队从珠海营区出发。中午12时整，驻澳门部队的第一辆军用吉普车，率先通过珠海拱北口岸海关管理线，驶入澳门土地。13时，驻澳门部队最后一辆吉普车抵达澳门龙成大厦。至此，中国人民解放军驻澳门部队全部准时抵达澳门营区，完成了举世瞩目的和平进驻。

12月21日8时整，驻澳门部队在营地龙成大厦举行中华人民共和国国旗升旗仪式。中国人民解放军驻澳门部队进驻后，依照澳门基本法和驻军法，开始在澳门履行神圣的防务职责。

1989年是新中国成立40周年，按惯例，本应举行国庆大阅兵，但由于当时特殊的原因，未能正常举行。直至1999年，即1984年新中国成立35周年国庆阅兵15年后，举行了庆祝中华人民共和国成立50周年的世纪大阅兵。

庆祝中华人民共和国成立50周年国庆阅兵，是人民解放军继开国大典接受以毛泽东为核心的中共第一代中央领导集体、国庆35周年接受以邓小平为核心的中共第二代中央领导集体两次历史性检阅以后，接受以江泽民为核心的中共第三代中央领导集体的世纪性大检阅，具有重大的政治意义、军事意义和历史意义。

1998年1月，中央军委下发了《关于成立建国50周年国庆首都阅兵组织领导机构问题》的通知，决定成立由总参谋长傅全有任组长的建国50周年国庆阅兵领导小组。继而，阅兵总指挥部成立，拉开了世纪大阅兵准备工作的序幕。

1998年2月6日，阅兵领导小组第一次会议召开，北京军区司令员李新良被任命为此次阅兵的总指挥。经中央军委和阅兵领导小组研究决定，建国50周年阅兵，要体现和展示中国主要武装力量构成的所有成分，体现现代兵种合成、军种联合的特征，近15年来新增加的兵种必须参加受阅。这样，陆军航空兵、海军航空兵、海军陆战队、武装警察特警部队、预备役部队首次参加阅兵，空中梯队由1984年的4个变成10个。

阅兵方案中提出了"展示国威军威、体现时代特点、体现诸军兵种联合受阅、争创世界一流"的四个要求。阅兵方案报经中央军委批准时，江泽民批示，国庆50周年阅兵，要向世界展示我军革命化、现代化、正规化建设的巨大成就，展示我军威武之师、文明之师、胜利之师的崭新风貌，展示我军维护祖国安全与统一、促进世界和平与发展的坚强决心和强大力量，以扬我国威、振我军威，振奋民心、鼓舞士气，进一步鼓舞全党和全国各族人民更加坚定地把建设有中国特色社会主义伟大事业全面推向前进。

1998年4月，开始着手进行受阅部队训练工作。

1999年7月23日，江泽民等党和国家及军队领导人冒着夏日的酷暑，来到京郊的阅兵村，视察了参加中华人民共和国成立50周年国庆首都阅兵的陆、海、空军和第二炮兵、武警、民兵、预备役部队，并发表重要讲话。江泽民指出，搞好国庆50周年庆典活动，政治意义十分重大。通过这次活动，要向世界充分展示新中国成立50年来中国各族人民在党的领导下建设社会主义取得的伟大成就，显示中国人民强大的民族凝聚力，表达中国人民实现跨世纪发展宏伟目标的坚定信心。国庆50周年阅兵，是庆典活动的重要组成部分，希望受阅部队全体官兵，牢记自己肩负的重大使命，以强烈的政治责任感，高标准、高质量地完成国庆阅兵这一重大政治任务。

受阅部队坚决贯彻执行中共中央、中央军委的指示，不负重托，不辱使命，做了大量艰苦细致的工作。

根据中央军委和阅兵总指挥部的指示，参阅的地面部队从1998年4

月15日至19日，在短短的5天就陆续从全国15个省、市，通过铁路、公路、海上和空中运输渠道，向京郊的3个阅兵村集结。

这是一次人员和重装备空前的大集结。各阅兵部队作了充分的准备，对受阅装备进行全面的检修，根据机动方式、行进路线，制定了周密的开进方案，凡重要的装备、重要的路段和装载车站，都有领导现场指挥。各技术保障分队伴随部队一路实施机动保障，确保部队顺利到达。来自陆、海、空军的空中梯队所有受阅战机，于6月3日穿云破雾飞抵华北地区的7个机场。

这样短的时间，所有受阅部队的2.4万官兵、400多台重型武器装备、100多架战机，就全部集结完毕。他们带着全军将士的殷殷重托，开始了艰辛的阅兵训练。

——➤ 中国"巨龙"是如何"走进"天安门广场的 ◄——

举世瞩目的建国50周年国庆阅兵式上，战略导弹方队的赫然亮相，令整个世界为之震惊。为这次阅兵式"压轴"的那几个形如绿色巨龙的庞然大物，是中国远程战略导弹。受阅官兵们戏称它们是"三超牌"：超长，像两节连起来的火车车厢；超高，像座小楼房；超宽，一上路就得占两个车道。因此，凡见到它们的人都有些好奇：这"钢铁巨龙"是如何"走"进北京、"走"进天安门广场的？

"它们的待遇可非同一般，是'坐'着专列来的！"可不，导弹车队一出动，就前有警车开道，后有武装押运，享受这样的待遇，其威风有谁能比？

可是，要把这几位神秘的"旅客"请上专列，还真不容易。您想，它们那硕大的身躯，一个就得占用3节火车车皮，两侧车轮之间的距离几乎与车皮宽度相等，而且中心偏差不能超过1厘米，如此高难度的装运，没有一手驾驶绝活儿谁敢往上开？再说，车上运载的导弹价值连城，万一有个闪失，造成的经济损失不说，那政治影响恐怕让谁听了也得打哆嗦。好在运送人员个个都是驾驶高手，但见他们如履薄冰地一点一点向前移动车辆，用了整整5个小时才让"巨龙"安全地入了"座"。

专列穿山越岭，一路飞奔，押运的官兵们却无心欣赏窗外的美景，始终紧绷着警惕的神经。

押运人员栉风沐雨，一路艰辛。提前到京"打前站"的阅兵指挥人员的心情也一点儿不轻松。随着北京这个现代化都市的高速发展，京城周围的铁路网已四通八达，如何选择一条既安全又保密的进京路线，成为摆在他们面前的当务之急。为了掌握第一手资料，他们与军事交通部门一道，先后12次上路勘察，对沿途的每一座桥梁、每一根电杆、每一棵大树，均进行了认真登记，并请北京公路桥梁设计研究院的专家进行精密计算，最后确定了一条安全系数最大的路线。

由于大型导弹武器负荷重，对运输的环境条件要求特殊，北京市有关部门以高度的政治责任感，为专列进京作了周密部署。其中包括对一座30多米长的铁路桥进行改建加固，为导弹卸载修建了临时顶装站台。

考虑到公路运输情况比较复杂，他们事先对公路隧道、过街天桥的高度，收费站的宽度、公路的弯度以及道路两旁的建筑，一一进行了精确测量，并制定了多套处置方案：隧道高度不够，给轮胎放气减压；收费站宽度不够，拆除路障；某处公路弯度太大，临时修筑了30多米长的简易公路。同时，还对公路两旁的树枝、彩灯、电线进行了修整。至此，万事俱备，只等"东风"。

经过连续几昼夜长途跋涉，这天深夜，中国"巨龙"终于"走出"了神秘的大山，在夜幕中"走进"了火树银花的北京，准备接受祖国和人民的庄严检阅。

▲1999年国庆阅兵式上的中程地地核导弹方队（曹益民 摄）

各级领导把阅兵作为振国威军威、聚民心军心的政治任务，精心准备，精心组织，精心指挥，狠抓落实，表现出了极大的政治热情。广大受阅官兵始终瞄着一流的标准和水平，不怕苦累，不怕困难，严格训练，严格要求，表现出了顽强的拼搏精神。各受阅单位服从命令，听从指挥，互相支持，密切协同，表现出了很强的大局观念。担负阅兵保障任务的人员，不计得失，不图名利，默默无闻，埋头苦干，表现出了过硬的思想作风。

我们的女兵既爱红装，也爱武装

▲1999年国庆阅兵式上的女民兵方阵（陈立人 摄）

当时，女民兵方阵的服装需要尽快确定。阅兵总指挥李新良将军让军需部门设计了6套不同颜色和款型的服装，然后召集阅兵总指挥部的所有人员一起观摩协商。他对大家说："50岁以上的同志先不要发言，让50岁以下的先说。他们年轻人的眼光和我们的不同，更具时代性。"经过一番讨论，他最终倾向于年轻人的意见，选了红色的女民兵服。这时，有人小声说："毛主席说女兵'不爱红装爱武装'，咱们选红装合适吗？"李新良听后哈哈大笑："改革开放这么多年了，我们的女兵既爱红装，也爱武装！"

几百吨汗水浇铸强大方阵

当年参加过国庆50周年阅兵的人都感受是：阅兵训练苦！大寒大暑、大风大雨、大饥大渴全要经历一遍，没有超人的意志，练不出超一流的水平。

1999年夏的北京，偏偏要给受阅官兵的意志上再烧一把火。最热的那段时间，中午随便找块太阳地儿放上温度计，起码50℃！一丝儿树荫都没有的机场跑道像是"铁板烧"。徒步方队在这样的高温条件下训练，头上烈日当空，脚下热气蒸腾，每个人的胳膊都被晒脱了几层皮，上训练场几分钟就汗湿全身，每人每天3套训练服都倒不过来。北京最热的那天，17个徒步方队中有上千名队员中暑晕倒，但他们醒过来继续练。最热的两个月里，全军受阅人员平均每人掉2公斤肉。可就是热成这样，阅兵训练没有一个方队停下，许多方队每天训练达12个小时。

车辆方队训练，热起来另是一番滋味。人进了封闭的导弹车、坦克车、步兵战斗车、自行火炮等钢甲铁壳，就像进了烤箱。有个方队测过里面的最高温度达到72℃！1999年7月12日正午，空军地空导弹方队的30名官兵带着一壶水进了封闭的驾驶室。当时外面温度36℃，里面温度51℃，方向盘、坐垫烫屁股烫手。队领导在外面带救护车观察，透过窗玻璃，看到参训人员脸上的汗直往外冒。"蒸烤"整一个小时后，30名官兵出了"烤箱"，人人都像刚从河里捞出来的，皮靴脱下来就哗哗往外倒水。

许多参训官兵每天喝七八公斤水，却不解小便。阅兵总指挥部派医疗组作出测算，参加受阅训练的官兵在最热的天气里，每人每天平均流掉2公斤汗水。1万多名官兵1天流出的汗水达20多吨。几个月下来，受阅官兵流掉了几百吨汗水。正是这以吨计算的汗水，浇铸了威武雄壮的强大方阵。

6吨铁钉踏出震撼人心的足音

每个受阅军人都要具有标准的军姿，分毫不差的步幅、步速；每个方队的头线、胸线、枪线、臂线、脚线都要是笔直的一条线。为达到这一标准，受阅官兵踢肿了腿、踏肿了脚是家常便饭。

在徒步方队驻的阅兵村，有一支专门负责钉铁掌、鞋钉的小分队，每天从早钉到晚还忙不过来。受阅部队有个统计数字：受阅官兵在5个多月内平均每人踢坏6双皮鞋！买来的6吨铁掌、鞋钉全部用完了。

空降兵方队中有个"黄继光班"，第31任班长叫余国防，他是排面基准兵，排面能否走好，他是关键。为了准确把握好前后75厘米，他每天加班，闭着眼走找感觉，最终练得闭着眼正步走100米，误差不到2厘米。

女兵方队第一排面的高济青，练前后摆臂过分使劲儿，就听"嘎巴"一声，疼得她眼泪哗哗直流。回来一拍X光片子，是骨折。连穿衣服都得别人帮忙，可她打着绷带也上训练场，右臂不行就练左臂，训练一天不落。伤筋动骨100天，战友们担心她正式受阅时上不了场，但小高信心十足。意志创造了奇迹，不久她就完全恢复，又昂首阔步走在了第一排面里。

三军空中大协作

建国50周年国庆阅兵的空中阵容，是由陆、海、空三军9个机种、15种机型、132架飞机编成的。10个梯队从7个机场起飞，梯队全长75公里，要做到1米1秒不差，组织协调难度之大，在我军航空兵训练史上前所未有。

空中梯队设立了中心指挥所，陆、海、空三军航空兵抽调精兵强将组成指挥班子，大家密切协同，齐心合力。

通信是指挥员的耳朵。北京军区空军集中兵力，一个月就为所有受阅空中部队开设了3条通信线路，铺设光缆113公里，形成了四通八达的通信网；同时，在6条航线上，开设了7个对空导航台和4个引导点。

雷达是飞行员的眼睛。空军投入了41部雷达，分布在19个雷达站，提高了低空识别和低空监控能力。

准确的气象资料更是不可缺少。有关单位的气象中心组织力量研制了气象资料远程传输系统、气象资料测报发放系统和气象变化演示系统，随时接收气象卫星提供的云图、测报资料。

联合训练中，各机种性能不一、速度不一、高度不一，队形必须不断调整跟进。各梯队都主动克服困难，不讲条件。

1999年10月1日，走过半个世纪光辉历程的新中国，迎来了她成立50周年的庆典。

10月的神州大地，普天同庆，万众欢腾。金秋的北京，秋高气爽，繁花似锦，处处洋溢着节日的欢乐气氛。修缮一新的天安门城楼金碧辉煌，宏伟壮观。城楼红墙中央，悬挂着人民共和国缔造者毛泽东的彩色画像。人民英雄纪念碑前，竖立着伟大的革命先行者孙中山先生的画像。两侧是红底白字的巨大标牌"庆祝中华人民共和国成立50周年"、"高举邓小平理论伟大旗帜迈向新世纪"。

广场上空飘浮着34个大红灯笼造型的气球。2个直径为7米的气球，悬挂五彩缤纷的花篮，象征50年来我国各项事业发展迅速，硕果累累，欣欣向荣，生机勃勃。其余的32个气球，分布在广场四周，象征全国各省、自治区、直辖市各族人民的团结和统一。广场上林立的彩旗迎风招展，10万名少先队员、青年学生手持花束，组成红底黄字的巨幅"国庆"字样的图案。

首都各界庆祝中华人民共和国成立50周年大会，10月1日上午在北京天安门广场隆重举行。50万各族军民将以盛大的阅兵仪式和群众游行，欢庆伟大祖国的这一盛大节日。

世界的目光聚焦中国的天安门广场，亿万颗心在等待一个庄严的时刻。

1999年10月1日上午9时58分，在欢快的迎宾乐曲声中，党和国家领导人江泽民、李鹏、朱镕基、李瑞环、胡锦涛、尉健行、李岚清来到天安门城楼主席台。

祖国万岁（杨子恒 摄）

▲ 1999年国庆盛典上的解放军联合军乐团（熊知行 摄）

　　10时整，中共中央政治局委员、中共北京市委书记贾庆林宣布庆典开始。在50响的隆隆礼炮声中，200名国旗护卫队官兵组成的方队，以铿锵的脚步从人民英雄纪念碑前沿红色地毯向广场北端的旗杆行进。

　　50响礼炮轰鸣，使人们想起新中国的岁岁年年，50载风风雨雨，50载春华秋实，50载艰苦创业，50载高歌猛进，一切幸福和难忘的记忆都浓缩在这隆隆礼炮声中。这是盛世之声，盛世大典。

　　由1000多人组成的中国人民解放军联合军乐团高奏《中华人民共和国国歌》，全场肃立高唱国歌，鲜艳的五星红旗冉冉升起，高高飘扬在广场上空。

　　10时7分，50响礼炮的回声还在广场上空激荡，"红旗"牌检阅车驶出天安门。中共中央总书记、中华人民共和国主席、中央军委主席江泽民，身着中山装，神采奕奕地站立在检阅车的中央。

　　这是国庆50周年盛典上引人注目的一刻——走过72年辉煌历程的

中国人民解放军，将在这里庄严接受祖国和人民的检阅。

历史不会忘记，1949年3月25日，毛泽东乘吉普车在北平西苑机场检阅了正在夺取全国解放最后胜利的人民解放军；1984年的今天，邓小平乘敞篷轿车在这里检阅了正在现代化征程上阔步迈进的三军部队。

此刻，东长安街上，三军将士军容严整，武警官兵英姿勃勃，民兵和预备役部队意气风发，一辆辆战车排列成行，一门门大炮昂首挺胸，一枚枚导弹威风凛凛。42个方队整齐列阵。

这是1万多名受阅官兵用意志和忠诚筑起的巍峨长城。

这是我军现代化武器装备铸成的钢铁巨阵。

江泽民的检阅车驶过金水桥。阅兵总指挥、北京军区司令员、阅兵总指挥李新良上将驱车迎上前去，军姿严整地报告："主席同志，受阅部队列队完毕，请您检阅！"

"开始！"随着一声令下，1000多名军乐队员高奏激昂的《阅兵曲》。在李新良的陪同下，江泽民乘检阅车徐徐向东驶去。

"同志们好——"

"首长好！"

"同志们辛苦了——"

"为人民服务！"

伴着气势磅礴的军乐，江泽民的亲切问候和受阅官兵的响亮回答，汇成一股股巨大的声浪，响彻十里长街。

这是党的第三代中央领导核心第一次在天安门广场检阅三军部队。

检阅部队后，江泽民重新登上天安门城楼，发表了重要讲话。

▲ 江泽民在1999年国庆盛典上发表重要讲话 （杨子恒 摄）

链 接 LIANJIE

—— 江泽民在庆祝中华人民共和国成立50周年大会上的讲话 ——

全国同胞们，同志们，朋友们：

今天，我们在宏伟的天安门广场，隆重庆祝中华人民共和国成立五十周年。这是全国各族人民的盛大节日，也是检阅我们成就和力量的庄严典礼。

我代表党中央、全国人大、国务院、全国政协和中央军委，向一切为祖国的独立、统一、民主、富强建立了功勋的革命先辈和烈士们，表示深切的怀念！向全国各族人民和海内外爱国同胞，致以热烈的节日祝贺！向关心和支持中国发展的外国友人和世界人民，表示诚挚的感谢！

五十年前的今天，毛泽东主席在这里向世界宣告了新中国的诞生。中国人民从此站起来了，中华民族的发展进入了一个崭新的时代。

十五年前的今天，邓小平同志在这里向世界宣告了中国人民正沿着改革开放的道路阔步前进，中国社会主义建设的航船将乘风破浪地驶向现代化的光辉彼岸。

▲ 1999年国庆阅兵式上，江泽民检阅受阅部队（**韩悟平 摄**）

经过五十年特别是改革开放二十年来艰苦卓绝的奋斗，昔日积贫积弱的中国发生了翻天覆地的历史巨变。勤劳、勇敢、智慧的中国人民在党的领导下，在古老的华夏大地上创造了举世惊叹的人间奇迹。

实践已经充分证明，只有社会主义才能救中国，只有社会主义才能发展中国。实践也充分证明，建设有中国特色社会主义，是实现中国经济繁荣和社会全面进步的康庄大道。

人类又来到一个新的世纪之交和新的千年之交的重要时刻。这是人们回顾过去征程与业绩、展望未来发展与前景的美好时刻。

从上世纪中叶到本世纪中叶，中国人民经过一百年的浴血斗争，终于实现了民族独立和人民解放，根本改变了自己的命运。从本世纪中叶到下世纪中叶，中国人民经过一百年的艰苦创业，将基本实现社会主义现代化。中华民族将以更加强劲的英姿屹立于世界民族之林。

我们伟大的祖国已经走过了五千年的历程。在五千年的历史长河中，中华民族以自己的聪明才智和卓越创造，为世界文明作出了不可磨灭的贡献。在新的千年中，中华民族必将以自己新的灿烂成就，为世界文明作出更大贡献。

我们将继续坚持党的基本理论、基本路线、基本纲领，依靠全国各族人民

的力量，在新的世纪里不断谱写建设有中国特色社会主义的新篇章。

我们将继续坚持"和平统一、一国两制"的方针，在实现香港和澳门顺利回归以后，最终完成台湾与祖国大陆的统一。实现祖国的完全统一和维护祖国的安全，是中华民族伟大复兴的根本基础，也是全体中国人民不可动摇的坚强意志。

我们将继续坚持独立自主的和平外交政策，在和平共处五项原则的基础上发展同所有国家的友好合作关系。中国人民始终同广大发展中国家和世界各国人民站在一起，为反对霸权主义和推进世界多极化，推动建立公正合理的国际政治经济新秩序，促进世界和平与发展的崇高事业而不懈努力。

奋斗就会有艰辛，艰辛孕育新的发展。这是一个普遍规律。中国的未来是无限光明的。让我们高举马克思列宁主义、毛泽东思想、邓小平理论伟大旗帜，朝着辉煌的目标奋勇前进！一个富强民主文明的社会主义现代化中国必将出现在世界的东方。

伟大的中华人民共和国万岁！

伟大的中国共产党万岁！

伟大的中国人民万岁！

江泽民的讲话结束时，全场掌声雷动，广场背景变换成"中华人民共和国万岁"的绚丽图案。

10时36分，阅兵分列式开始。

156双军靴有力地敲击着大地，156支钢枪闪烁着坚毅和威严。人民

参加1999年国庆阅兵式的国防大学方队（曹益民 摄）

共和国三军仪仗队护卫着"八一"军旗，迈步走向天安门。

在鲜红的军旗召唤下，一瞬间，绿色长城变成了绿色铁流。

看，绿色迷彩的陆军方阵，雪白的海军方阵，蓝绿相间的空军方阵，花蓝色海洋迷彩的海军陆战队方阵，花白色城市迷彩的空降兵方阵，戴蓝色头盔的男民兵方阵，佩"红十字"臂章的女兵方阵，戴橄榄绿头盔的武装警察特警方阵，灰绿色的预备役官兵方阵，一身红装的女民兵方阵。不论哪一支队伍，不论你横看、竖看、斜看，每一个排面都整齐如一人，每一条头线、胸线、枪线、臂线、脚线都笔直如刀削。

紧随护旗方队之后，国防大学将校方队走过来了。他们来自全军15个大单位，是人民共和国最高军事学府的学员。全军90%以上的高中级指挥员进过国防大学，在这里学习战略、战役指挥的新理论和新知识，掌握先进的指挥手段，在互联网上排兵布阵，靠知识实现"运筹帷幄，决胜千里"。透过将校方队那矫健的步伐，人们看到了人民解放军高中级指挥员奋进在知识化大道上的豪情壮志。

满怀壮志豪情，一个英姿勃发的青年方阵向我们走来。他们是全军陆军院校的代表——石家庄陆军学院的学员方队。新一代陆军初级指挥员在这里成长。尽

▲ 1999年国庆阅兵式上的海军陆战队方队（曹益民 摄）

管他们毕业后担任的是最基层的指挥员，但他们全都必须接受高等教育，人人掌握3种计算机语言，通过英语等级考试，成为用知识练兵、打仗的新型带兵人。

由海军大连舰艇学院学员组成的海军院校方队通过天安门。这白色的方阵，犹如一艘在大海上劈波斩浪的战舰，展示了海军人才队伍建设的崭新风貌。未来，他们将凭借所学习的高科技知识驾驭现代化战舰劈波斩浪。

空军院校方队走过来了。金色的空军军徽熠熠生辉。蓝色的肩章与天空相映，知识将使这些"蓝天骄子"实现凌云壮志。

身着海洋迷彩服、肩挎新式钢枪，被称为"陆地猛虎、海上蛟龙、空中雄鹰"的海军陆战队方队，是首次参加国庆阅兵，成为祖国50华诞庆典上备受瞩目的一支"新军"。这是人民海军在15年间崛起的新兵种，与水面舰艇、水下潜艇、海军航空兵、岸防部队一起，形成了适应现代海战的海军5大兵种，在祖国300万平方公里的蓝色国土上，共同构筑起立体的"海上长城"。

一个本应叱咤长空的鹰阵，此刻，正迈着坚定步伐接受祖国的检阅。

在1999年国庆阅兵式上首次亮相的我军新型双管高炮（陈立人 摄）

飞行员方阵，群星灿烂，英雄辈出。人们习惯性地把飞行员称作"蓝天骄子"。

在天为雄鹰，落地成猛虎。当身着迷彩服的空降兵方队通过天安门广场时，人们感到了一种锐不可当的气势。

在隆隆驶过天安门广场的钢铁方阵中，又一种国产新型坦克展现在世人面前。

▲1999年国庆阅兵式上的履带式步兵战斗车方队 （骆飞 摄）

驾驶该新型坦克驶过天安门的这支部队，是被中央军委授予"英雄坦克营"荣誉称号的济南军区某"红军师"装甲团第1营。

驾驶新型轮式步兵战斗车的"铁军"开过来了。它的前身是北伐军中著名的"叶挺独立团"，是我们党掌握的第一支武装。

装备着新型自行高炮的"战斗英雄连"开过来了。它曾是中国工农红军第1军第1师第2团警卫连。1927年10月，工农革命军进行"三湾改编"，毛泽东就是在这个连队开始"支部建在连上"的试点，为建设中国共产党领导下的新型人民军队奠定了基础。

驾驶着先进反坦克导弹战车的南京军区某部开过来了。这是在黄麻起义中诞生的红军部队，穿过5次反"围剿"的腥风血雨，跟着党走过了最艰难困苦的岁月。

驾驶履带式步兵战斗车的"红军团"开过来了。这是参加过平江起义的英雄部队，跟着党上井冈山，走长征路，浴血抗战，解放全中国，挥师朝鲜，党指到哪儿，就打到哪儿，战无不胜。今天，他们驾驭着我国自行研制的步兵战斗车，威风凛凛地开过天安门。这些战车是第一次向世人公开亮相，表明中国陆军作战装备又有了新的进步。

这支受阅大军是人民军队英雄群体的历史性大会师，也是人民军

队72年光辉业绩的大展示。他们中间还有"淮海战役大功团"、"上甘岭特功八连"、"黄继光班"、"董存瑞班"、"王杰班"、"王海大队"等英雄集体，有张思德、邱少云的老部队；有击落美制U－2型高空侦察机的"英雄营"，有首次出色完成原子弹试验空投任务的空军某轰炸航空兵师等功勋部队。相当多的官兵在执行重大任务中，立功、受奖、被授予荣誉称号。

多么严整豪迈的阵容，多么震撼人心的足音！天安门城楼上的党和国家领导人、东西两侧观礼台上的来宾，为这宏大的阵容和整齐划一的步调而喜悦、而惊叹，无数双手向着受阅官兵挥舞。花海如潮的广场上，10万名少先队员、中学生、大学生，用花束编织成"政治合格"4个巨幅大字，赞美人民军队坚定的理想、信念和统一的意志、步伐。铮铮足音，传递着一个共同心声：无论过去、现在、未来，无论如何艰险困难，我军都是党和人民最可信赖的力量。

长街震颤，铁流滚滚。新型坦克、步兵战斗车、装甲输送车、自行火炮，各型导弹、战机列阵而来，自豪驰过——钢铁方阵映照出人民解放军现代化建设的壮丽行程。

烟迷长街，声撼大地。陆、海、空三军的25个地面重装备方阵，以排山倒海之势通过天安门前。广场上的花海托起了"军事过硬"4个大字。这是人民解放军战斗力亮相的全新窗口，是人民解放军现代化建设成果的隆重展示。

伴随着雄壮的《战车进行曲》，开来了新型主战坦克方阵。这支有着光荣传统的部队，是人民军队现代化发展的历史见证人。

开国大典，这支部队是披着大决战的风尘，牵着骡马炮、开着"万国牌"走过天安门的。

10年大庆，这支部队又参加了阅兵式。这回，官兵们驾驶的虽是我国自行设计、生产的59式坦克，但行列里依然有传统的榴弹炮、高射炮。

建国35周年时，改革开放的中国，经济迅猛发展，军队的武器装备建设也随之发生了质和量的飞跃。陆军装备不再是坦克、大炮、冲锋枪"三大件"。这支老部队展示在世人面前的，已经是包括国产坦克、装甲车、火箭炮和舟桥装备等在内的9个机械化方阵。

在国庆50周年阅兵式上，这支部队阵容一新。主战坦克更新换代，步兵登上了新式步兵战斗车、新型履带式装甲输送车，队伍里有了防空导弹方队、自行火炮方队。两人操作的一门自行火炮的火力，足以顶上20世纪80年代的一个炮兵连。从新中国成立之初的骡马化，到80年代的摩托化，到90年代的机械化，50年装备变迁，50年发展壮大，用高新技术装备武装起来的人民解放军陆军，已具备从未有过的强大的火力突击、机动作战和防护能力。

伴随着一个又一个钢铁方阵的开进，观礼台上爆发出阵阵热烈掌声。人们惊喜地看到，1999

1999年国庆阅兵式上的新型主战坦克方队（刘建 摄）

年阅兵式上展示的几乎都是首次亮相的新装备。

在欢快的《人民海军向前进》旋律中，蓝白相间的4种型号的海军舰空导弹、舰舰导弹方阵开过来了，它给天安门广场带来大海的清新。这是20世纪90年代我国自行研制、生产的，具有低空反导弹能力的舰空导弹和反舰导弹，它们第一次向世人揭开了人民海军新型舰载武器的面纱，宣告人民海军装备已经跨入了高科技、信息化、电子化的新时代，拥有了空中、海上、水下全方位打击能力。

16台白色导弹发射车、16台深绿色一车四箭新型导弹发射车——空军2个地空导弹方阵，同样引来观礼台上一片惊叹。这些具有当代先进水平的防空武器，与航空兵部队共同构成了保卫人民共和国领空的立体防线。

地面车辆方队的压轴之阵是中国战略导弹部队的巨型战车。隆隆战车载倚天长剑，浩浩东风壮军威国威，中国战略导弹部队又一次向世人揭开神秘的面纱。这是人民共和国的核武装，是人民军队行列中最年轻的军种，是令亿万华夏儿女扬眉吐气的中国"巨龙"。40余载默守深山、艰苦磨砺，我军战略导弹家族已经形成核常兼备，远、中、近配套，高度机动，具有双重威慑、双重打击能力的整体作战力量。

1999年国庆阅兵式上的152毫米自行火炮方队
（刘建 摄）

中南海心系火箭兵

1999年进行世纪大阅兵时，在威武的阅兵方队中，战略导弹部队方队尤为引人注目。人们惊奇地发现：和1984年国庆阅兵时相比，我国的战略导弹家族变大了，个头变小了。这"一大一小"的变化，标志着我国战略导弹部队现代化建设实现了历史性跨越。

"在大漠深山，在战争前沿，我们是英雄的火箭军团。不要以为我们沉默无语，我们要吼一声就威震九天！大国的象征，民族的尊严，只要祖国一声召唤，我们就会伸出无情的铁拳……"

伴随着《我们是英雄的火箭军团》威武雄壮的歌声，中国人民解放军第二炮兵已经走过40余年的辉煌历程。中国战略导弹部队从诞生之日起，就忠诚地履行着神圣的历史使命。

高原大漠磨利剑，戈壁深山筑长城。英雄的火箭兵，为祖国擎起坚不可摧的和平盾牌！

波澜壮阔的40余年间，第二炮兵始终在党中央、中央军委的关怀下成长壮大。

1956年春，毛泽东指出，我们"不但要有更多的飞机和大炮，而且还要有原子弹。在今天的世界上，我们要不受人家欺负，就不能没有这个东西"。

1966年7月1日，经毛泽东批准，周恩来亲自命名的第二炮兵正式组建。担负着维护国家安全、促进世界和平历史使命的中国战略导弹部队，踏上了为人民共和国砺剑铸盾的伟大征程。

1978年5月，一个充满希望的春天。邓小平亲自召见第二炮兵主要领导，对我国战

↑1999年国庆阅兵式上的舰舰导弹方队（**刘建 摄**）

略导弹部队的建设和发展作了重要指示，强调第二炮兵是非常重要的战略部队，政治上要搞得非常可靠。

20世纪90年代，江泽民为第二炮兵题词："加强战略导弹部队建设，保卫祖国安全，维护世界和平。"党中央、中央军委适应世界军事发展浪潮，作出组建某新型导弹部队的重大决策。

进入新世纪新阶段，中共中央总书记、国家主席、中央军委主席胡锦涛明确要求加强第二炮兵全面建设，努力做到在思想政治上非常过硬，在军事技术上非常过硬，在作风纪律上非常过硬，在遂行任务上非常过硬，不断开创第二炮兵科学发展的新局面。

使命，一个神圣的字眼、一份厚重的责任。人民解放军战略导弹部队在党中央、中央军委的关怀下，与使命共生，与使命同在。

经过40余年的建设与发展，中国战略导弹部队的武器装备不断更新，已由单一型号发展为近程、中程、远程和洲际导弹并存，导弹威力不断增大，射击精度大大提高，快速反应能力明显增强。

从北国边陲到南海天涯，从莽莽戈壁到巍巍高原，从大江南北到长城内外，陆、海、空三军的"蓝天骄子"，从祖国四面八方呼啸而

▲1999年国庆阅兵式上的新型
地空导弹（岱天荣 摄）

来。9个机种、15种机型、132架战鹰组成10个梯队——人民共和国阅兵史上从未有过的强大空中阵容。在受阅的长空鹰阵中，不仅有国产的高空高速歼击机、强击机、轰炸机，还有空军航空兵驾驶的、具有世界先进水平的战机和海军航空兵驾驶的、被称为"中国飞豹"的歼击轰炸机。尤其是第

参加1999年国庆阅兵的人民空军10个空中梯队，15个机型、132架作战飞机，编队总长75.637公里，于10月1日上午11时5分20秒至11时12分19秒，依次准确无误地飞越天安门广场上空（贾明祖 摄）

一次出现的加、受油机梯队，更向人们传达了一个新的信息：中国空军远程作战能力有了战略意义上的突破。庄严的天安门请检阅吧：中国人民解放军的"蓝天长城"。

天安门上空铁翼飞旋。陆军航空兵25架武装直升机、勤务攻击直升机，分5个楔队驾长风而来。今天的陆军送走了战马，迎来了战鹰，使地面"猛虎"第一次具备了立体作战能力。

阅兵式上，我们还看到了很多全新面孔：武警特警方队、预备役方队……诸军兵种几乎都有新成员加盟。

随着受阅部队的一批批通过，天安门广场上的组字背景变换出长城、和平鸽等图案和"政治合格、军事过硬、作风优良、纪律严明、保障有力"的字样。天安门城楼上的党和国家领导人、观礼台上的各界代表，看到威武雄壮的受阅部队阵容，一次次热烈鼓掌。当战略导弹方队最后通过时，全场的掌声经久不息。

在庄严的《歌唱祖国》乐曲声中，群众游行队伍紧随受阅部

队，精神抖擞地向广场进发。手持鲜花、彩带的青年海潮似地涌过天安门广场，犹如彩色的画、流动的云、如歌的诗，讲述春天的故事，拂动东方的神韵。我们有理由为自己用汗水和双手织就的锦绣大地而欢呼。

盛世大典，展示着中国蓬勃向上的民心。中国人脸上洋溢着自信和灿烂的笑容。

12时5分，国庆50周年庆典活动结束。在全场热烈的掌声和欢呼声中，江泽民等中央领导同志频频向广场和观礼台上的人们挥手致意。

这次国庆阅兵，在形式和内容上，都有新的发展和变化：

第一，阵容强大。参加受阅的陆、海、空军和第二炮兵、武警、预备役部队以及民兵，都是有战功或光荣历史的精锐之师。正式通过天安门的有1.1万人，地面重装备441台（辆），编成17个徒步方队、25个车辆方队，各种飞机、直升机132架，编成10个空中梯队，代表了中国武装力量构成的所有成分。其中，陆军航空兵、海军航空兵、海军陆战队、特种警察和预备役部队，都是新增加的受阅兵种或部队类型，充分体现了人民解放军现代化兵种合成、军种联合的特征，加上采用多波次、立体化的方式通过天安门广场，这样的阵容在人民共和国历史上是空前的，在世界上也是少有的。

第二，装备精良。受阅的坦克、火炮、导弹、飞机等42种大型装

▲1999年国庆阅兵式上的受阅方队（韩悟平 摄）

备，都是从全军部队中精选或新装备部队的，有40种首次公开亮相，国产装备比例占95%以上。其中，第三代主战坦克、空中加油机、"歼轰七"飞机和第二炮兵新型号的导弹等武器装备，技术含量较高，有的已具有国际先进水平，充分显示了人民解放军新时期现代化建设的新成果。

第三，队形严整。国庆50周年阅兵式上，队伍排列整齐，军姿挺拔，目光炯炯，答词声音洪亮；分列式上，地面部队、空中梯队行动协调，衔接紧密。地面部队条块清晰，横看、竖看、斜看都是一条线，受阅动作棱角分明。徒步方队踢腿、摆臂、劈枪、敬礼整齐如一，车辆方队骑线、卡距、标齐准确无误；空中队形排列有序，通过时间和间隔秒、米不差；军乐团仪表端庄，吹奏协调准确；标兵如塑，站立两个小时纹丝不动。整齐划一的军事素养，充分反映了人民解放军正规化建设的新水平。

第四，气势宏伟。广大受阅官兵精神振奋，斗志昂扬，队列如长城矗立，行进像黄河奔腾，铿锵的脚步声、呼啸的引擎声、雄浑的军乐声此起彼伏，气贯长虹，充分体现了人民军队在中共中央、中央军委领导下，万众一心、勇往直前、排山倒海、压倒一切敌人的豪迈气概。

这次国庆阅兵创下了新中国阅兵史上诸多之最：新中国历次阅兵中兵种最多的一次；装甲阵容由坦克方队、步兵战斗车方队、装甲车方队共100多辆战车组成，是新中国历次阅兵中最大的装甲阵容；战略导弹部队的常规地地导弹、中程地地核导弹、远程地地核导弹等组成的导弹方队，是新中国历次国庆阅兵中第二炮兵导弹亮相最多的一次；25个车辆方队由陆军、海军、空军、第二炮兵4大军种的400多台车辆组成，方队数量和车辆数量都创造了新中国历次国庆阅兵之最，充分展现了我军武器装备领域的丰硕成果。

这次国庆阅兵，对人民解放军革命化、现代化、正规化建设既是

▲ 1999年国庆阅兵式上的常规地地导弹方队（**曹益民 摄**）

一次大检阅，也是一个有力的推动。国庆阅兵是一项重大的政治任务和特殊的军事活动，担负这一光荣任务的各级领导和全体官兵，始终以高度的政治责任感和强烈的使命感，坚决贯彻江泽民"精心准备、精心组织、精心指挥"的指示，围绕实现"三个展示"和"超历史水平，创世界一流"的总体目标和要求，艰苦奋斗，顽强拼搏，攻克了道道难关，一步一步地登上了胜利的高峰。

壮哉，国庆大阅兵！那威严的阵容、雄壮的节奏、整齐的步伐、闪亮的枪炮、春雷般的口号，是新一代子弟兵向祖国汇报全面建设的变化和成就，又是跨世纪的人民军队向全国人民展示威武之师、文明之师、胜利之师的英姿和风貌，同时也向世界宣告我们维护祖国统一、促进世界和平的决心和力量！

中共中央、国务院、中央军委对这次阅兵非常满意，给予高度评价。1999年10月1日，江泽民发布嘉奖令，通令嘉奖参加新中国成立50周年国庆首都阅兵的陆、海、空军和第二炮兵、武装警察部队及民兵、预备役部队全体指战员。

只有中国的大阅兵最出色

国庆50周年阅兵总指挥李新良上将后来回忆说，一位中国驻古巴前大使这样对他说："咱们的国庆50周年大阅兵录相，古巴最高领导人卡斯特罗总统看了两次，每次看过都赞不绝口。卡斯特罗说，他曾多次看过其他国家的阅兵，只有中国的大阅兵最出色！"

【美联社北京1999年10月1日电】中国今天展出了它的一些最新军事装备，突出表明这支世界上最大的军队、270万人的人民解放军的实力在日益增强。这些武器包括：

"东风－31"导弹：这种过去从未展示过、能够运载核武器的大型洲际导弹是在今年8月进行试射的。"东风"导弹的射程为8000公里，能够打到阿拉斯加和夏威夷。美国官员说过，中国不可能在几年内部署这种导弹。不过有一位专家说，今年展示的这种导弹表明，它可能在两年内投入使用。

T－90坦克：这是中国人民解放军武库中重量最重，也是速度最快的坦克，它的速度能超过每小时60公里。在今天的阅兵式中展示的这种3人乘坐的坦克，预计将成为人民解放军的支柱。中国官方的新华社称这种坦克重量轻，但是防弹钢板厚，能够抵御猛烈的炮火。

苏－27战斗机：最近几年，中国投入大笔资金购买了这些俄国制造的喷气式战斗机，并且签订了一份12亿美元的协议，中国自己至少再生产100架。这些配备了重型武器、鼻子像秃鹰的先进的苏－27战斗机，增强了中国的空中力量。

"飞豹"歼击轰炸机：这是中国制造的歼击轰炸机，只在去年的珠海航空展上露过面。"飞豹"的航程为3650公里。这种2座位歼击轰炸机最初是用来攻击舰艇的，但是军方下令进行改造，认为"飞豹"（也称"歼轰七"）的重量太重了。

中国还在阅兵式中展示了自行研制、由轰炸机改造而成的首批空中加油机。空中加油服务使得中国空军能够发动较远距离的攻击。

中国还展示了类似于法国"飞鱼"的海军导弹、反舰艇导弹和中国自己制造的地对空导弹。

↑1999年国庆阅兵式上的导弹方队（**解放军画报社供稿**）

从1999年人民共和国建国50周年，到2009年人民共和国建国60周年的10年，是人民解放军实现跨世纪跨越式发展的重要时期。这一时期，伴随着党和国家各项事业的发展进步，国防和军队建设也迈出了坚实的步伐。全军部队高举邓小平理论和"三个代表"重要思想的伟大旗帜，坚持以科学发展观为重要指导方针，贯彻新时期军事战略方针，紧紧围绕"打得赢"、"不变质"两个历史性课题，保持和发扬"听党指挥，服务人民，英勇善战"的优良传统，忠实履行"三个提供"、"一个发挥"的职能使命，不断深化中国军事改革，使国防和军队建设走上又好又快的发展轨道。

链接 LIANJIE

—— 完成双重历史任务、走跨越式发展道路的提出 ——

中央军委在1999年12月召开的扩大会议上提出，努力完成我军机械化和信息化建设的双重历史任务，争取我军现代化建设的跨越式发展。就是说，适应世界新军事变革发展趋势，从我国的国情和军情出发，走以信息化带动机械化、以机械化促进信息化的跨越式发展道路；通过深化改革，实现军队建设的整体转型，建设一支能够打赢未来信息化战争的，强大的，现代化、正规化、革命化军队。积极推进中国特色军事变革、建设信息化军队、打赢信息化战争，是中共中央和中央军委作出的重大决策，是实现军队建设总目标，解决好打得赢、不变质两个历史性课题的必由之路，也是人民解放军的重大历史任务。

国务院、中央军委决定建立依托普通高等教育培养军队干部制度

2000年5月30日，国务院、中央军委下发《关于建立依托普通高等教育培养军队干部制度的决定》。《决定》强调指出，贯彻实施依托普通高等教育培养军队干部制度，要以邓小平理论和江泽民关于军队建设的一系列重要论述为指导，以国防法、兵役法和高等教育法等法律为依据，以培养高素质新型军事人才为根本目的，按照统筹规划、稳步推进、确保质量的原则，设立专门机构和国防奖学金，建立规章制度，采取多种措施，保证军队有稳定、可靠的高素质人才来源。《决定》确定了从普通高等学校在校生中选拔培养对象、招收国防定向生、直接接收普通高等学校应届毕业生等主要培养方式。条件成熟时，还要采取军地院校联合培养、选送现役干部到普通高等学校学习深造等多种方式培养军队干部。这是20世纪80年代初，中央军委决定实行经军队院校培训和提拔干部制度以来，人民解放军干部培养制度的又一次重大改革。

中美空军飞机在中国南海空域发生撞机事件

2001年4月1日9时7分，美国军用侦察机在中国南海空域撞毁中国军用飞机，中国空军飞行员王伟的跳伞落海。这就是震惊世界的中美撞机事件。

4月20日，中共中央总书记、国家主席、中央军委主席江泽民，在北京人民大会堂会见了"海空卫士"王伟的亲属及其生前所在部队代表。

江泽民指出，王伟为了保卫国家主权和安全，献出了年轻的生命。他的牺牲是很英勇的，他平时的事迹也很突出，值得全军官兵学习。中央军委授予王伟"海空卫士"荣誉称号，是祖国和人民对王伟的最高褒奖，是全军指战员的光荣。江泽民指出，中国人民是爱好和平的人民，中国政府奉行独立自主的和平外交政策。我们历来重视中美关系，一直强调站在战略的高度对待和处理两国关系。我们不希望对抗，但是在涉及国家主权、领土完整和民族尊严的问题上，也绝不会让步。

中吉两国举行联合反恐军事演习

2002年10月10~11日，中华人民共和国与吉尔吉斯斯坦共和国联合反恐军事演习在两国边境地区成功举行。这是上海合作组织框架内的中吉两国首次举行的双边联合军事演习，也是我国军队第一次与外国军队联合举行实兵演习。

为加强中吉两国防务部门在打击恐怖主义、分裂主义与极端主义领域中的相互信任与合作，2002年5月中旬，上海合作组织成员国国防部部长在俄罗斯首都莫斯科举行例行会晤期间，中吉两国国防部部长就举行联合反恐演习事宜达成共识，并于6月上旬在俄罗斯圣彼得堡签署了举行联合演习的备忘录。随后，两国国防部分别成立了军事专家组，就联合演习问题进行了两轮磋商并达成一致意见，签署了《会晤纪要》。这次联合演习，就是两国边防部队根据《会晤纪要》内容具体组织实施的。

联合反恐军事演习是落实上海合作组织各成员国元首达成的共识及《打击恐怖主义、分裂主义和极端主义上海公约》的具体举措，也是上海合作组织成员国相互信任与合作在军事领域的新尝试。演习的成功举行，对于显示中吉两国维护国家安全和统一的决心，震慑、遏制和打击恐怖主义、分裂主义与极端主义"三股势力"，维护地区的安全与稳定，推动上海合作组织军事合作向深层次发展，具有重要意义。

中国女军人首次参加联合国维和行动

2003年4月1日夜，中国参加联合国维和行动的先遣人员从北京首都机场

▲ 参加1999年国庆阅兵的海军方队（曹益民 摄）

乘坐联合国专机，飞往这次行动的目的地刚果（金）。这是继1992～1993年间中国派遣800名军事工程人员参与柬埔寨维和行动后，中国第二次成建制地派部队执行联合国维和使命。自1990年首次参与联合国维和行动以来，中国军队已先后向联合国10个维和任务区派出1450多人参与维和行动。此次中国赴刚果（金）执行维和任务的医疗队中，有13名女军人。这是中国首次派出女军人参加联合国维和行动。这些女军人是来自沈阳军区某部医院的军医和护士。

第三颗"北斗"导航定位卫星发射成功

2003年5月25日凌晨0时34分，我国在西昌卫星发射中心用"长征"三号甲运载火箭，顺利地将第三颗"北斗"一号导航定位卫星送上太空。这标志着我国已自主建成完善的卫星导航定位系统。

我国自主建立的"北斗"卫星导航定位系统，是第一代全天候、全天时提供卫星导航信息的区域导航系统，它由两颗工作星和一颗备份星组成。此次发射的第三颗"北斗"一号是备份卫星，前两颗"北斗"一号卫星分别于2000年10月31日和12月21日发射升空。目前，该系统状态良好，运行稳定。

世界上只有少数发达国家具备自主建设卫星导航定位系统的能力。我国"北斗"卫星导航定位系统运行稳定，功能完善，在定位性能等方面还有所创新。该系统将主要用于国家经济建设，为我国交通运输、气象、石油、海洋、森林防火、灾害预报、通信、公安以及其他特殊行业提供高效的导航定位服务，应用前景十分广阔。

我国首次载人航天飞行圆满成功

2003年10月15日9时9分50秒，我国自行研制的"神舟"五号载人飞船，在酒泉卫星发射中心发射升空，准确进入预定轨道，中国首位航天员杨利伟被顺利送上太空。

10月16日清晨6时23分，杨利伟在内蒙古中部地区安然着陆，我国首次载人航天飞行获得圆满成功。我国载人航天事业取得的这一历史性突破，是我国高科技领域继"两弹一星"之后又一座光辉的里程碑，中国由此成为世界上继俄、美之后第三个有能力将航天员送上太空的国家。

—○ "神舟"六号载人飞船发射成功 ○—

2005年10月12日9时9分52秒，我国自主研制的"神舟"六号载人飞船，在酒泉卫星发射中心发射升空后，准确进入预定轨道。"神舟"六号载人飞船的飞行，是我国第二次进行载人航天飞行，也是我国第一次将两名航天员同时送上太空。

2005年10月17日凌晨4时33分，"神舟"六号载人飞船返回舱在内蒙古主着陆场成功着陆。航天员费俊龙、聂海胜状况良好，自主出舱。我国首次真正意义上有人参与的空间飞行试验获得圆满成功。

—○ 新世纪新阶段人民解放军历史使命的提出 ○—

胡锦涛站在时代发展和战略全局的高度，全面分析人民解放军所处的历史条件和我国安全形势的变化，着眼实现党的三大历史任务，维护国家和民族的根本利益，向全军郑重提出：人民解放军必须坚决履行新世纪新阶段的历史使命，为中国共产党巩固执政地位提供重要的力量保证，为维护国家发展的重要战略机遇期提供坚强的安全保障，为维护国家利益提供有力的战略支撑，为维护世界和平与促进共同发展发挥重要作用。胡锦涛强调，人民解放军的全部工作，都要围绕有效履行这一历史使命来展开，各项建设都要围绕提高履行历史使命的能力来进行。胡锦涛要求全军忠于使命、献身使命、不辱使命，把捍卫国家主权、安全、领土完整，保障国家发展利益和保护人民利益放在高于一切的位置，深入研究新形势下治军特点和规律，全面加强部队建设，抓紧做好军事斗争准备，确保能够有效应对危机、维护和平、遏制战争、打赢战争。胡锦涛关于新世纪新阶段我军历史使命的重要论述，深刻揭示了新的历史条件下国防和军队建设的本质规律，体现了党的历史任务对人民解放军的新要求，适应了我国安全形势的新变化，反映了国家发展战略的新需要，顺应了世界军事发展的新趋势，进一步拓展了人民解放军的职能任务，明确了国防和军队建设的发展目标，提高了军事斗争准备的标准，充实了军事力量运用的指导原则，科学回答了新世纪新阶段国防和军队建设朝什么方向发展、如何科学发展，未来战争需要什么样的军事力量、如何科学运用军事力量的时代课题，实现了人民军队历史使命的与时俱进。

坚持以科学发展观指导国防和军队建设思想的提出

2005年12月，在中央军委召开的扩大会议上，胡锦涛明确提出，科学发展观是推进社会主义经济建设、政治建设、文化建设、社会建设全面发展的指导方针，也是加强国防和军队建设的重要指导方针。在国防和军队建设中贯彻落实科学发展观，总体要求是：坚持党绝对领导下的人民军队的根本性质和宗旨，着眼有效履行新世纪新阶段我军历史使命，以提高信息化条件下的威慑力和实战能力为根本出发点和落脚点，全面加强革命化、现代化、正规化建设，全面落实"五句话"总要求，统筹中国特色军事变革与军事斗争准备，统筹机械化建设与信息化建设，统筹诸军兵种作战力量建设，统筹当前建设与长远发展，统筹主要战略方向与其他战略方向建设，进一步实施科技强军战略，着力推动军事理论创新、军事技术创新、军事组织体制创新和军事管理创新，加快转变战斗力生成模式，充分发挥广大官兵的主体作用，坚持军民结合、寓军于民，实现国防和军队建设全面、协调、可持续发展。

全军军事训练会议进一步明确新世纪新阶段军事训练的指导思想

2006年6月24~27日，全军军事训练会议在北京召开。会议的任务和目的是，深入贯彻胡锦涛关于大抓军事训练的重要指示，全面落实科学发展观，进一步明确新世纪新阶段军事训练的指导思想，理清发展思路，研究对策措施，推

▲1999年国庆阅兵式上的女兵方队（岱天荣 摄）

进军事训练创新发展。会议对新世纪新阶段军事训练创新发展进行全面部署，要求全军从实战需要出发从难从严训练，不断深化科技练兵，持续推进军事训练改革，把军事训练提高到一个新水平。6月27日，胡锦涛在全军军事训练会议上发表重要讲话，强调要深刻认识加强新世纪新阶段军事训练的战略意义和时代要求，推进机械化条件下军事训练向信息化条件下军事训练转变。要切实把军事训练转变作为新世纪新阶段兴训强军的战略任务，作为提高有效履行使命能力的根本途径，在军事训练实践中不断向前推进，促进军事训练又好又快发展。

这次会议，是在人民解放军建设进入机械化与信息化复合发展、加速推进中国特色军事变革和军事斗争准备的关键时期，军事训练处在向信息化条件下训练发展的重要阶段召开的一次重要会议。这是一次在军事训练领域全面贯彻落实科学发展观的战略谋划，是一次紧紧围绕中央军委决策部署、集中全军智慧描绘发展蓝图的战役行动，是一次推进军事训练全面创新发展的战斗总动员。

人民解放军"听党指挥、服务人民、英勇善战"优良传统的提出

2006年10月22日，胡锦涛在纪念红军长征胜利70周年大会上的讲话中指出："红军长征胜利充分说明了一个真理：建设一支听党指挥、服务人民、英勇善战的革命军队，是革命的依托、民族的希望。"胡锦涛把人民解放军的性质、宗旨和职能、使命高度统一起来，精辟概括了人民军队的优良传统，全面深刻地揭示了人民解放军建设的基本经验和根本规律，从历史和时代的高度对军队建设提出了新的要求。

中国成为世界上第四个能同时自主研发先进战斗机、航空发动机和空空导弹的国家

2007年1月5日，中国航空工业第一集团在北京举行新闻发布会宣布：歼—10型飞机、"太行"发动机和新一代空空导弹的研制成功，标志着我国成为世界上第四个能同时自主研发先进战斗机、航空发动机和空空导弹的国家。

中国的自主创新能力迈上新台阶，航空科技成果取得新突破，实现了重点型号的"三大跨越"：以歼—10型系列飞机研制成功并批量装备部队为标志，实现了我国军用战斗机从第二代向第三代的历史性跨越；以"太行"发动机研

制成功为标志，实现了我国军用航空发动机从第二代向第三代的跨越；以新一代空空导弹研制成功并装备部队为标志，实现了我国空空导弹从第三代向第四代的跨越。"三大跨越"的实现和机载系统的升级换代，是我国航空工业具有里程碑意义的重大成果。

── 全军及武警部队换发07式军服 ──

2007年8月1日开始，全军陆续换穿07式军服。此次全军换发的07式军服共有礼服、常服、作训服、标志服饰四大类644个品种。与此同时，武警部队也换发了07式警服，包括礼服、常服、作训服、标志服饰4大类105个品种。全军和武警部队换发07式服装，是中共中央、中央军委和胡锦涛作出的重大决策，是增强部队凝聚力、战斗力的实际举措，也是人民解放军军服史上一次全面、系统的改革。

── "嫦娥"一号卫星发射成功 ──

2007年10月24日晚，中国第一颗绕月探测卫星——"嫦娥"一号卫星发射成功。"嫦娥"一号在地球轨道上经过四次变轨成功后，进入地月转移轨道；到达月球引力范围后，经过一次中途修正和三次近月制动，顺利进入预定工作轨道，全面展开对月球的科学探测。11月7日，传回语音数据和清晰的可见光图片，展现了月球的真实世界。这标志着中国首次探月工程取得圆满成功，是继人造地球卫星和载人航天飞行成功之后中国航天科技事业的第三个里程碑，对于推动中国航天事业在深空领域的发展、提升自主创新能力、促进科学技术进步，具有重要意义。

这次演习是我军历史上第一次派出较大规模的陆、空军部队到境外参加的多国联合军事演习。演习旨在表明上海合作组织成员国共同应对新威胁、新挑战，维护地区安全与稳定，促进共同发展与繁荣的意志，共同打击"三股势力"的坚定决心和行动能力，反映成员国在防务安全领域的合作水平，彰显上海合作组织在维护地区和平与稳定，推动建设和谐世界、和谐欧亚地区中的重要作用。演习由哈萨克斯坦共和国、中华人民共和国、吉尔吉斯斯坦共和国、俄罗斯联邦、塔吉克斯坦共和国、乌兹别克斯坦共和国六国武装力量共同组织实施，不针对其他国家，不涉及成员国以外其他国家利益。

演习于2007年8月9~17日在中国乌鲁木齐和俄罗斯车里雅宾斯克举行，总共有6500名军人和80架战机参加。中方参演兵力为1600人，包括1个陆军战斗群、1个空军战斗群和1个综合保障群。主要参演装备包括轮式步兵战斗车、轮式装甲车、突击炮、运输直升机、武装直升机、歼击轰炸机、运输机及伞兵战斗车等。俄罗斯有2000名军人和36架战机参演，另外还有2700名军人负责后勤保障。

兵力投送是这次演习的组成部分，中方参演部队以铁路、空中转场和空中输送等方式进行。7月20日，中国人民解放军参加联合反恐军事演习部队首批铁路输送的官兵在新疆吐鲁番起程，于7月27日在满洲里换乘

中华人民共和国万岁

世界人民大团结万岁

▲ 1999年10月1日的天安门之夜（俎亭 摄）

俄方提供的专列，开赴俄罗斯境内演习地域车里雅宾斯克州的切巴尔库尔演习场。整个行程5300余公里。7月30日，中方参演部队陆军航空兵分群空中转场第一梯队，从新疆阿勒泰机场起飞，穿越中俄边境海拔4374米的友谊峰西侧山谷，于北京时间7月30日20时10分抵达俄罗斯境内第一个转场机场巴尔瑙尔。在这条航线上，直升机编队经历了大机群机动、跨国境飞行、地形复杂、天气多变的考验，成功地完成了我陆航部队空中转场行动，体现了中国人民解放军维护地区和平与稳定的能力。8月3日，参加"和平使命-2007"联合反恐军事演习的中方部队在演习地域集结完毕。

演习前，参演的各国部队举行三次实兵合练。第一次合练于8月6日下午在车里雅宾斯克举行。正式演习于8月9日开始。演习分战略磋商、联合反恐战役准备与实施两个大的阶段。

第一阶段：战略磋商。于北京时间8月9日9时30分正式开始。哈萨克斯坦国防部第一副部长兼参谋长委员会主席阿尔腾巴耶夫大将、吉尔吉斯斯坦国防部第一副部长兼总参谋长尤加伊少将、俄罗斯国防部第一副部长兼总参谋长巴鲁耶夫斯基大将、塔吉克斯坦国防部第一副部长兼总参谋长纳德罗夫中将、乌兹别克斯坦国防部

▲ 1999年10月1日的天安门之夜（冯凯旋 摄）

联合参谋部副总参谋长乌斯芒别科夫少将、中国人民解放军总参谋长梁光烈上将先后就国际和地区形势，特别是上海合作组织所在地区的安全形势以及各国武装力量以反恐为核心的防务安全合作发表意见。中国人民解放军副总参谋长、"和平使命—2007"联合反恐军事演习联合导演部中方总导演许其亮空军上将，俄罗斯联邦武装力量陆军副总司令、"和平使命—2007"联合反恐军事演习联合导演部俄方总导演莫尔坚斯科伊上将，分别就这次演习的企图立案、演习的准备与实施情况向上海合作组织成员国武装力量总参谋长们作了专题报告。中国人民解放军空军、兰州军区等单位的领导，以及其他五国军队总参谋长代表团主要成员参加了战略磋商。

第二阶段：战役准备与实施阶段。8月11日，联合反恐战役军事演习进入第二阶段。演习正式开始前，六国参演部队举行了隆重的誓师大会。参演部队组成30个方阵，身着迷彩服，头戴钢盔，高呼口号，高举本国国旗，依次经过主席台，接受六方总导演的检阅。紧接着，六国参演部队分别于8月11日和13日举行第二次、第三次演练。经过联合战役准备，当地时间8月17日下午，一场现代化条件下多军兵种联合反恐实兵演习正式拉开战幕。

演习的具体构想是：A国恐怖武装在N国北部边境地区国际恐怖武装的支持下，依托城市和居民点，加紧构筑防御工事，控制交通要道，煽动民众与政府对抗。联合战役指挥部决定：集中使用力量，采取"空地一体、分进合击、聚力围歼"的战法，首先封控边境地区，夺取外围要点，分割包围恐怖武装；多渠道多路突进，分区清剿，歼灭恐怖武装，恢复社会秩序。

按照联合反恐战役进程，实兵演练采取空间浓缩、战场移位的办法，在演习地域构设外围战场、核心战场和纵深战场，重点演练联合反恐战役主要作战行动。演练分为三个阶段：第一阶段，快速展开、立体接敌；第二阶段，围城攻坚、机动打援；第三阶段，空地遮断、追歼逃敌。实兵演练的三项任务是"反恐、护法、救援"。

8月17日下午15时整，经过激战，在中国、俄罗斯、塔吉克斯坦地面部队和空、机降分队协同作战下，"逃窜之敌"被合围聚歼。实兵演练历经120分钟圆满结束。

这次演习进行得非常成功，每个作战行动的演练都体现出了反恐作战的特点，反映了多国部队的训练水平，展示了联合部队反恐作战的能力。六国国家元首观摩了演习。中国国家主席胡锦涛对全体参演部队官兵表示慰问，祝贺他们出色完成了军演任务。中国国务院副总理吴仪，中央军委副主席、国务委员兼国防部部长曹刚川等人参加观摩。演习结束后，六国参演部队举行了结束仪式。

"神舟"七号载人航天飞行圆满成功

2008年9月25日21时10分4秒，"神舟"七号载人飞船载着中国人民解放军航天员大队航天员翟志刚、刘伯明和景海鹏，在酒泉卫星发射中心发射升空，并于28日17时37分成功返回内蒙古主着陆场。在航天飞行中，翟志刚、刘伯明进入飞船轨道舱，着舱外航天服完成出舱活动准备，9月27日16时41分，翟志刚出舱进行太空行走并取得圆满成功。19时24分，飞船搭载的伴随卫星被成功释放。"神舟"七号载人航天飞行首次实施中国航天员第一次空间出舱活动，突破和掌握出舱活动相关技术，同时开展卫星伴飞、卫星数据中继等空间科学和技术试验。"神舟"七号载人航天飞行圆满成功，实现了中国空间技术发展具有里程碑意义的重大跨越，标志着中国成为世界上第三个独立掌握空间出舱关键技术的国家。

当代革命军人核心价值观的提出

2008年12月，胡锦涛在军队一次重要会议上提出：必须始终坚持把思想政治建设摆在军队各项建设的首位，坚持不懈地用中国特色社会主义理论体系武装全军，扎实抓好深入学习实践科学发展观活动，大力倡导和培育"忠诚于党，热爱人民，报效国家，献身使命，崇尚荣誉"的当代革命军人核心价值观。全军迅速兴起了学习、宣传和践行当代革命军人核心价值观的热潮。

2009

15

2009:
新中国
海上阅兵

1949年4月23日，伴随着百万雄师横渡长江的胜利凯歌，人民解放军序列中一个崭新军种——海军，在长江岸边的江苏泰州宣告诞生。

60年前的今天，人民海军从江苏泰州白马庙起航，面对的是荒废的港口、破旧的炮舰，浩瀚的大洋上看不到人民海军的片帆只影。

60年后的今天，人民海军舰艇编队远赴万里之遥的亚丁湾、索马里海域执行护航任务。

60年执著奋斗，60年不懈追求，在战火中蹒跚起步，在改革中阔步前进，在履行新使命中实现跨越。在分别以毛泽东、邓小平、江泽民为核心的党的三代中央领导集体和以胡锦涛为总书记的党中央领导下，人民海军从无到有，从小到大，从弱到强，已建设发展成为一支由水面舰艇部队、潜艇部队、航空兵部队、岸防部队和陆战部队五大兵种组成的战略性、综合性、国际性军种，成为一支能够有效捍卫国家主权和安全、维护我国海洋权益、应对多种安全威胁、完成多样化军事任务的现代海上作战力量。

链接 LIANJIE

◇══════ 中国的海军 ══════◇

2009年1月20日，国务院新闻办公室发表了最新的《2008年中国的国防》白皮书。有关海军的内容如下：

海军是人民解放军的战略军种，是海上作战行动的主体力量，担负着保卫国家海上方向安全、领海主权和维护海洋权益等任务。海军主要由潜艇部队、水面舰艇部队、航空兵、陆战队、岸防部队等兵种组成。

海军成立于1949年4月23日。1949年至1955年，先后组建水面舰艇部队、岸防兵、航空兵、潜艇部队和陆战队，确立了建设一支轻型海上作战力量的目标。1955年至1960年，先后组建了东海、南海和北海舰队。20世纪50年代至70年代，海军的主要任务是在近岸海域实施防御作战。80年代以来，海军实现了向近海防御的战略转变。进入新世纪，海军着眼信息化条件下海上局部战争的特点和规律，全面提高近海综合作战能力、战略威慑与反击能力，逐步发展远海合作与应对非传统安全威胁能力，推动海军建设整体转型。经过近60年建设，海军已初步发展成为一支多兵种合成、具有核常双重作战手段的现代海上作战力量。

海军平时实行作战指挥与建设管理合一的领导体制，由海军机关、舰队、试验基地、院校、装备研究院等构成。海军下辖北海、东海、南海三个舰队。北海舰队机关位于山东青岛，东海舰队机关位于浙江宁波，南海舰队机关位于广东湛江。舰队下辖舰队航空兵、保障基地、舰艇支队、水警区、航空兵师和陆战旅等部队。海军编有海军指挥学院、海军工程大学、海军航空工程学院、海军大连舰艇学院、海军潜艇学院、海军兵种指挥学院、海军飞行学院、海军蚌埠士官学校8所院校。

海军潜艇部队装备战略导弹核潜艇、攻击核潜艇和常规动力潜艇，编有潜艇基地、潜艇支队。水面舰艇部队主要装备驱逐舰、护卫舰、导弹艇、扫雷舰、登陆舰和勤务舰船等，编有驱逐舰、快艇、登陆舰、作战支援舰支队和水警区。航空兵部队主要装备歼击机、歼轰机、轰炸机、侦察机、巡逻机和直升机等，编有航空兵师。陆战队主要由陆战兵、两栖装甲兵、炮兵、工程兵和两栖侦察兵等构成，编有陆战旅。岸防部队主要由岸舰导弹、高射炮兵、海岸炮兵等组成，编有岸导团、高炮团等。

海军按照近海防御战略的要求，坚持把信息化作为现代化建设的发展方向和战略重点，努力建设一支强大的海军。深化训练内容和组训方式改革创新，突出海上一体化联合作战训练，增强在近海遂行海上战役的综合作战能力与核反击能力。科学组织战役训练、战术训练、专业技术训练和共同科目训练，重点抓好信息化条件下联合作战要素集成训练，探索复杂电磁环境下的训练方法。重视开展非战争军事行动训练，积极参加双边、多边联合演练。

发展新型武器装备，优化装备结构。建造新型国产潜艇、驱逐舰、护卫舰和飞机，初步形成以第二代装备为主体、第三代装备为骨干的武器装备体系。潜艇部队具备水下反舰、反潜、布雷和一定的核反击能力。水面舰艇部队形成了以新型导弹驱逐舰、护卫舰为代表的水面打击力量，具备海上侦察、反舰、反潜、防空、布雷等作战能力。航空兵部队形成了以对海攻击飞机为代表的空中打击力量，具备侦察、反舰、反潜、防空作战能力。陆战队形成了以两栖装甲车为代表的两栖作战力量，具备两栖作战能力。岸防部队形成了以新型岸舰导弹为代表的岸防力量，具备海岸防御作战能力。

中国目前还没有海军节

为纪念中国人民解放军海军的诞生，中央军委于1989年2月17日批准，1949年4月23日成立华东军区海军的日期为中国人民解放军海军的成立日期。从此，每年的4月23日为人民海军诞生的纪念日。世界上不少国家的海军都是有节日和纪念日的。中国海军现在只有海军成立纪念日，没有海军节，因为要称作节日是要经过国家立法规定的。

回眸历史，大海，曾经给中华民族带来过多少灾难。从1840年到新中国成立前，帝国主义列强从海上入侵中国达80余次，入侵舰艇超过1800艘。侵略者的军舰甚至在中国内陆江河横行无忌。

屈辱，始自于海洋；振兴，需要依靠海洋。中国共产党人为中国有海无防的历史画上了有力的句号！

在人民海军迎来60华诞之际，来自5大洲29个国家的海军代表团和14个国家的21艘舰艇，相继抵达"海军城"青岛，参加庆祝人民海军成立60周年多国海军活动。2009年4月20日，在多国海军活动开幕式上，中国海军司令员吴胜利海军上将发出"坚持交流合作，建设和谐共处的海洋"的倡议。他表示："海洋是世界各国海军共有的家园，维护海洋安全，营造和平、和谐的海洋环境是各国海军义不容辞的责任。"中国海军愿借多国海军活动的机会，与各国海军促进交流、加强合作，共同维护海洋安全。

在此后的几天里，围绕"和平、和谐、合作"的主题，29个国家的海军代表团和来访舰艇官兵举行了高层研讨会、专业交流、双边会谈和舢板比赛、篮球比赛、军乐联合演出等文体活动，并互相参观了各国舰艇。

2009年4月23日，中共中央总书记、国家主席、中央军委主席胡锦涛来到海滨城市青岛，出席庆祝人民海军成立60周年海上阅兵活动。

4月23日上午，胡锦涛在青岛会见了应邀前来参加中国人民解放军海军成立60周年庆典活动的巴西等29国海军代表团团长，代表中国政府和军队向参加庆典活动的各国海军官兵表示热烈欢迎。

胡锦涛说，推动建设和谐海洋，是建设持久和平、共同繁荣的和谐世界的重要组成部分，是世界各国人民的美好愿望和共同追求。加强各国海军之间的交流，开展国际海上安全合作，对建设和谐海洋具有重要意义。中国人民解放军海军将本着更加开放、务实、合作的精神，积极参与国际海上安全合作，为实现和谐海洋这一崇高目标而不懈努力。

胡锦涛表示，中国将坚定不移地走和平发展道路，不论现在还是将来，不论发展到什么程

度，中国都永远不称霸，不搞军事扩张和军备竞赛，不会对任何国家构成军事威胁。包括中国人民解放军海军在内的中国军队，永远是维护世界和平、促进共同发展的重要力量。

外国海军代表团代表、巴西海军司令莫拉上将对胡锦涛的会见表示感谢，对中国人民解放军海军成立60周年表示祝贺，对中国政府和军队为建设和谐海洋作出的不懈努力表示赞赏。

空中银鹰呼啸，海面战舰驰骋，水中蓝鲸蹈海……

2009年4月23日，一场展示各国海军共同构建和谐海洋决心的海上大阅兵，在青岛附近的黄海海域展开。这是中国第一次举办多国海军检阅活动，也是人民海军历史上最大规模的海上阅兵。

链接 LIANJIE

—— 海上阅兵今昔 ——

举办俗称"观舰式"的海上检阅仪式，是海洋大国的传统。世界上最早的海上阅兵，可以追溯到1342年，距今已600多年，当时的英国国王爱德华三世对英国舰队进行了首次检阅。从此，海上阅兵作为一种彰显国威、军威，增进相

互交流的海军传统的庆典仪式，逐渐在各国海军中风靡开来。现在，海上阅兵已经成为各国海军在重大节日举行庆典仪式时的一个重要项目，也是许多国家阅兵计划中的一个重要组成部分。邀请外国军舰参加本国海上阅兵，是很多国家海军的流行做法。英国从19世纪开始，就不断邀请邻近的法国等国家海军参加本国的海上阅兵。从各国海军来看，举办海上大阅兵有着悠久的历史，进入新世纪以来，尤其频繁。印度海军率先拉开了21世纪海上阅兵的帷幕。2001年2月15日，来自19个国家的25艘军舰齐集印度孟买港，和印度海军的95艘军舰一起参加了印度举办的首届国际海军观舰式；2005年6月，为纪念特拉法尔加海战200周年，近40个国家的上百艘船只在英国参加了主题海上阅兵式，这是21世纪以来规模最大的海上阅兵，中国海军舰艇也受邀参加了这次国际观舰式；2006年10月29日，日本海上自卫队自行组织了一次包括48艘舰艇、9架飞机、7900余名官兵的海上阅兵式；2008年10月7日，韩国举办国际观舰式，11个国家的21艘舰船参加了海上阅兵。

人民海军历史上的四次海上阅兵

新中国成立60年了，人民海军举行的海上阅兵确实是屈指可数。在天安门广场阅兵已经举行了13次，而海上阅兵可以说是不多的，总共只有4次。

· 1957年第一次海上阅兵 ·

1957年是中国人民解放军建军30周年的大庆年。5月，在北京举行的庆祝

建军30周年筹备会上，中共中央军委作出决定：8月在青岛举行海上阅兵式。

成军仅8年的人民海军第一次以水兵徒步方阵之外的形式，接受人民共和国最高领导人的检阅。在青岛海上阅兵之前，海军徒步方阵已经5次在国庆大阅兵中走过天安门广场。但，徒步方阵的象征意义大于实际意义，只有海上分列式才是真正属于海军的力量展示，尽管这一力量在当时还算不上强大。

而青岛则以这样一种荣耀的方式走进了人民海军的历史。

阅兵的地点选在青岛，除了因为7月间毛泽东主席和周恩来总理都将在青岛出席一系列会务活动外，更重要的是青岛在人民海军基地体系中具有特殊的地位。

作为北方的第一大港，青岛基地海军部队担负着保卫山东半岛，呼应旅顺，控制黄海、渤海，拱卫京畿的重任。其战略地位之突出，从一件事便可窥知。

1953年，为加快海军现代化、正规化建设步伐，党中央从极为紧张的国防经费中拨出价值2亿卢布的专款，从苏联订购了4艘自豪级驱逐舰（当时称为雷击舰，国内工程标号6607型，所以又叫07型驱逐舰）。为了接受这4艘"大舰"，当时海军的主力作战部队——华东第6舰队的

骨干和精英几乎被抽调一空。1954年和1955年，4艘驱逐舰被相继交付人民海军，并分别被命名为"鞍山"号（舷号101）、"抚顺"号（舷号102）、"长春"号（舷号103）和"太原"号（舷号104）。这4艘驱逐舰是当时人民海军吨位最大、战斗力最强的主力舰只，它们组成第1驱逐舰支队，基地就在青岛。

为了迎接这次海上大阅兵，青岛海军基地几乎进行了总动员。毫无疑问，在此次海上阅兵中担当主角的将是第1驱逐舰支队的"四大金刚"。为全面、直观地展示海军实力，东海舰队司令员陶勇还率领我国自行装配的护卫舰"昆明"号和另一艘军舰由上海赶来参加阅兵。海军司令员萧劲光海军大将与青岛基地司令部一起研究拟定了阅兵方案，青岛基地司令员马忠全少将被任命为阅兵总指挥。

7月17日，海军兵力海上检阅计划在青岛基地正式部署实施。青岛基地首长和各编队领导听说毛泽东主席要来检阅部队，都异常兴奋。7月24日、29日，部队先后进行了两次预演，反复修改、完善阅兵计划。根据气象条件，毛泽东检阅海军部队的时间定在8月4日。

为确保万无一失，8月1日上午，萧劲光又按照检阅预案，分别在陆上、海上进行了演练。

8月4日，一直期待着能检阅新中

国海上力量的毛泽东主席却没有出现在青岛基地的码头上。代替他的是周恩来总理。于是，1957年的青岛海上大阅兵成为少见的、国家元首缺席的检阅礼。

时任海军副司令员的刘道生将军后来回忆道："阅兵前，我跟萧劲光司令员去向主席汇报工作。不知毛主席从炎热的南京来不适应青岛的阴雨气候，还是游泳时着了凉，结果感冒了，头晕、恶心、咳嗽。中央考虑毛主席的身体状况，怕主席在海上检阅中再受海风的侵袭病情加重，因此，委托周总理代表毛主席和党中央检阅人民海军。"

8月4日上午9时许，萧劲光陪同周恩来到了海军码头，随同前来的还有国务院副总理乌兰夫、最高人民检察院检察长张鼎丞、公安部部长罗瑞卿以及副总参谋长韩先楚、空军司令员刘亚楼、武汉军区司令员陈再道等解放军高级将领。

周恩来到海军码头后，马忠全向他报告并请他检阅军官队伍。这时，乐队高奏《中国人民解放军进行曲》。海军驻青岛部队、机关、军校的军官们排成庄严整齐的队形接受检阅，"总理好！"的问候声响彻云霄。

检阅完军官方队，周恩来等人登上一艘木壳鱼雷快艇驶出青岛军港。此时，胶州湾海面上，一艘艘舰艇和潜艇整整齐齐地排列着，所有舰艇全

部挂满旗致敬。指战员列队立正，接受周恩来的检阅。

周恩来登上旗舰"鞍山"号并致辞：

海军司令员萧劲光大将同志，全体同志们：

中国人民解放军建军三十年了。三十年来，人民解放军在党的领导下经历了英勇艰苦的斗争，保证了我国新民主主义革命和社会主义革命的胜利，并且正在保卫着我国社会主义建设事业的胜利进行。目前，我们国家正处在新的历史时期，在过去各个革命战争时期，我国依靠这支队伍打败了国内外敌人。在现在社会主义革命和建设时期，我国人民还必须依靠这支队伍保卫祖国安全。中国人民解放军海军同志们，你们在建设海上武装力量上，在保卫海疆和保卫社会主义建设上，已经取得了一定的成绩。我祝贺你们！但是，你们知道我国的海岸线很长，美帝国主义还霸占着我国领土台湾，你们必须继续努力，为建设一支坚强的足以自卫的海军力量，保卫祖国、保卫亚洲和世界和平而奋斗！

随后，海上分列式正式开始：两架水上飞机从旗舰右侧滑翔而起，并摇摆着机翼向周恩来致敬。接着，潜艇编队、猎潜艇编队、快速炮艇编

队、鱼雷快艇编队依次驶过，海军航空兵的歼击机群和轰炸机编队越过旗舰上空。最后，又进行了潜艇表演和航空兵跳伞表演。

海上阅兵式历时两个多小时圆满结束。得知海上阅兵大获成功，毛泽东也心情大悦，临时接见了青岛基地大尉以上全体军官，并和大家一起合影留念。

1957年的海上大阅兵，不仅是人民共和国最高领导人对人民海军现代化、正规化建设阶段性成果的检验，更是中国海上力量的一次宣示。它宣告中国正式结束了百年间有海无防的历史，并宣告一支全新的、将改变世界海洋实力版图的舰队出现在了西太平洋的洋面上。

·1995年第二次海上阅兵·

1995年10月19日，人民海军北海舰队在黄海某海域举行了新中国成立以来规模最大的海上联合军事演习。

上午9点30分，一艘艘新型导弹驱逐舰、护卫舰、潜艇迅即驶入演习海区。一时间，天空战鹰呼啸，水上战舰驰骋，水下"蛟龙"蹈海，导弹腾飞，火炮轰鸣，鱼雷齐射，海面水柱冲天、烟雾腾腾。电子战贯穿了演习的全过程，舰机协同、编队协同，舰空对抗、潜舰对抗，登陆作战……一场高技术现代海战的缩影，呈现在中央军委领导面前。这次演习显示了人民海军装备质量有了新的发展，海上作战能力有了新的提高。

海上演习结束后，举行了海上分列式。中共中央总书记、国家主席、中央军委主席江泽民，中共中央政治局常委、中央军委副主席刘华清，中央军委副主席张震、张万年、迟浩田和中央军委委员傅全有、于永波、王克等人，视察了人民海军舰艇和飞行部队，观看了海上演习，检阅了海上分列式。以核潜艇、常规潜艇、导弹驱逐舰、导弹护卫舰、导弹护卫艇和直升机、水上飞机、侦察机、歼击战斗机、歼击轰炸机组成的舰艇、飞机编队，依次通过海上观礼台接受检阅。这是人民解放军建军和新中国成立以来，动用舰艇和飞机种类最全、数量最多的一次海上大阅兵，人民海军充分展示了严整的阵容和崭新的风貌。江泽民在指挥舰上发表了重要讲话。他指出，新的形势对海军建设提出了新的、更高的要求。我们必须把海军建设摆在重要地位，加快海军现代化建设步伐，确保我国海防安全，促进祖国统一大业的完成。

·2005年第三次海上阅兵·

2005年8月18日，中俄两军首次在青岛、山东半岛东南海域、胶南琅琊台和潍北地区举行代号为"和平使命——2005"的中俄联合军事演习。中央军委副主席兼国防部部长曹刚川上将和俄罗斯联邦国防部部长伊万诺夫亲临现场，观摩指导。总参谋长梁光烈上将、海军司令员张定发海军上将、第二炮兵司令员靖志远上将等解放军军事决策层重要成员，也观摩了演习。

8月23日，在山东半岛东南海域举行了海上封锁作战实兵演习。演习包括4个内容：航空兵夺取和保持局部海区制空权，协同反潜，潜艇、航空兵、水面舰艇合同打击"敌"舰艇编队，水面舰艇编队对空防御。参加演习的兵力有中国海军驱逐舰3艘、护卫舰3艘、潜艇2艘、各型飞机20架，俄海军太平洋舰队大型反潜舰"沙波什尼科夫海军元帅"号、卡—27型舰载直升机及A—50型预警机等。海军北海舰队司令员张展南海军中将、俄海军太平洋舰队司令费奥多罗夫海军上将指挥演习。

8月23日下午，海风阵阵，军旗猎猎。山东半岛东南海域，海上战舰列阵，空中战鹰轰鸣。参加了海上封锁作战演练的中俄两国海、空军部队，正翘首待命，准备举行隆重的海上分列式。

下午2时整，海军北海舰队司令员、海上分列式中方总指挥张展南海军中将，俄海军太平洋舰队司令、海上分列式俄方总指挥费奥多罗夫海军上将，分别向梁光烈上将和莫尔坚斯科伊上将报告："海上受阅方队准备完毕，请您检阅。"

2时零5分，海上分列式正式开始。由中方参演的导弹驱逐舰、护卫舰、扫雷舰、潜艇和俄方参演的"沙波什尼科夫海军元帅"号大型反潜舰、"激烈"号导弹驱逐舰组成的海上舰艇编队破浪而来，与中俄双方参演的舰载直升机、警戒机、轰炸机、歼击机、歼轰机组成的空中飞行梯队一起，依次通过海上观摩舰，接受检阅。

2时18分，海上分列式结束。分列式上，接受检阅的共有舰艇10艘、飞机22架。

参加中俄海上联合分列式的舰艇并不多，规模也不算大，却具备了国际性特色。同时，人民海军三大舰队精锐尽出——112"哈尔滨"号导弹驱逐舰是北海舰队的旗舰，参加过1995年海上大阅兵；隶属东海舰队的136"杭州"号导弹驱逐舰，是20世纪90年代末从俄罗斯引进的4艘现代级驱逐舰的第一艘；168"广州"号导弹驱逐舰以及564"宜昌"号导弹护卫舰来自南海舰队，其中的168舰是中国新一代通用型导弹驱逐舰的代表。此外，潜艇舰队的先进柴电潜艇也赫然在列，堪称是中国海军三大舰队现代化成果的集中展示。

·2008年第四次海上阅兵·

　　2008年4月9日，中共中央总书记、国家主席、中央军委主席胡锦涛考察了南海舰队驻三亚的部队。数千名海军官兵身着07式新式海军军服，在舰艇上分区列队，以严整的军容和水兵特有的风姿，接受检阅。胡锦涛不时地向海军官兵致以亲切问候。检阅结束后，胡锦涛兴致勃勃地登上了"海口"号导弹驱逐舰和"昆仑山"号两栖船坞登陆舰参观。他攀舷梯、下舱室、上甲板，察看武器装备，和官兵亲切交谈。

　　上午10时40分，胡锦涛来到驱逐舰某支队礼堂，会见海军南海舰队驻三亚部队师以上领导干部。在听取中央军委委员、海军司令员吴胜利的有关情况汇报后，胡锦涛发表了重要讲话。他说，海军是一个战略性、综合性、国际性军种，在维护国家主权、安全、领土完整，维护国家海洋权益与发展利益中具有重要地位和作用。胡锦涛要求，要以具备打赢信息化条件下海上局部战争的能力作为核心，着力深化军事斗争准备，不断增强应对多种安全威胁、完成多样化海上军事任务的能力。

　　胡锦涛这次检阅南海舰队并且发表重要讲话，被西方媒体解读为中国大陆迈向"大海军"时代的象征。美国的年度报告说，中国海军达到了令人惊叹的发展速度和高度。英国《简氏防务周刊》则认为，中国大陆正在积极推进建设"大海军"，完全不同于"蓝水海军"或者防御性的海军。

　　港城花团锦簇，黄海波飞浪卷。中国人民解放军海军一艘艘战舰整齐列阵，官兵雄姿英发，迎候胡锦涛的检阅。来自5大洲29个国家的海军代表团，以及悬挂满旗、来自14国海军的21艘舰艇汇聚黄海，共贺新中国海军60华诞。

链接 LIANJIE

——海上阅兵式上的"满旗"、"满灯"

　　所谓的"满旗"，是海军一种特殊的礼仪，各种花花绿绿的信号旗挂满军

舰，就像给军舰穿上了节日的盛装一样。所谓"满灯"，就是用灯光把军舰的轮廓勾勒出来，这也是国际通行的一个礼仪。遇到重大庆典的时候，军舰在白天挂满旗，晚上也要亮满灯。

2009年4月23日12时许，胡锦涛在中共中央政治局委员、中央军委副主席郭伯雄，中央军委委员、国务委员兼国防部部长梁光烈，中央军委委员、总参谋长陈炳德等人陪同下，来到青岛奥帆中心码头。

停靠在码头的"石家庄"号阅兵舰，按照海军最高礼仪悬挂满旗。国旗、军旗迎风飘扬，身着洁白礼服的全舰官兵在甲板整齐列队。12时10分，胡锦涛在检阅海军仪仗队后登上阅兵舰。

12时15分，阅兵舰犁开银白色的航迹，驶向大海⋯⋯

此刻，接受检阅的25艘中国海军舰艇在阅兵海域编队完毕，31架中国海军的各型战机在跑道上振翅欲飞⋯⋯

14时20分，胡锦涛等人在中央军委委员、海军司令员吴胜利，海

军政治委员刘晓江的陪同下，登上检阅台。海上阅兵总指挥吴胜利报告："主席同志，受阅部队准备完毕，请您检阅！"

"开始——"

胡锦涛一声令下，《分列式进行曲》的激昂旋律在"石家庄"号阅兵舰上响起。阅兵舰舰首左前方，随即出现了一条一眼望不到头的"巨舰长龙"——由25艘潜艇、驱逐舰、护卫舰和导弹快艇组成的中国海军受阅舰艇编队劈波而来。在"向首长致敬"和"为人民服务"的旗语下，数千名人民海军官兵分区列位。

这是人民海军用意志和忠诚筑起的海上长城。

建设一支强大的海军，是中华民族的百年夙愿。

链接 LIANJIE

—— 经略海洋：党中央、中央军委为人民海军建设和发展指明方向 ——

1949年1月，在西柏坡指挥全国解放战争的毛泽东，作出一项历史性的决定：应当组成一支保卫沿海沿江的海军。1949年4月23日，也就是南京国民党"总统府"楼顶的"青天白日旗"黯然落地的这一天，中国人民解放军华东军区海军在江苏泰州白马庙宣告诞生。

1950年，中央人民政府、中央人民革命军事委员会以"井冈山"、"南昌"、"遵义"、"瑞金"、"延安"等革命圣地的地名，命名了人民海军的第一批舰艇，对它们寄予殷切期望。

就在这一年，毛泽东从苏联的3亿美元贷款中批给海军1.5亿美元，购置舰艇、飞机等海军装备，而当时国家的财政收入只有22.27亿美元！

1953年2月19日，毛泽东乘坐人民海军军舰从武汉顺江而下。航行中，毛泽东语重心长地对水兵们说，近代中国有海无防，帝国主义从海上破门而入，侵略我们国家。现在，太平洋还不太平，中国人民一定要建设一支强大的海军。

4天3夜的航程中，毛泽东为"长江"、"洛阳"、"广州"、"南昌"、"黄河"5艘军舰题词："为了反对帝国主义的侵略，我们一定要建立强大的海军！"

风起潮涌，年轻的人民海军迅速发展壮大，并经受了一次次战火的洗礼和考验。在1200余次对敌作战中，人民海军共击沉、击伤和俘获敌舰400余艘，击落、击伤敌机500余架，创造了"小艇打大舰"、"近战、夜战"、"以劣势装备战胜优势装备之敌"等诸多经典战例。

1950年5月25日，人民海军16艘舰艇向万山群岛守敌发起攻击，在历时71天的作战中，战胜了总吨位超过自己数十倍的国民党军舰艇部队，一举解放了万山群岛和广东沿海的全部岛屿。

1955年1月18日，人民海军148艘舰、艇、船组成的4个登陆运输大队，46艘护卫舰、炮舰和护卫艇组成的战斗舰艇编队，在兄弟军兵种的配合下，一举攻克一江山岛。这是人民解放军历史上首次三军联合作战，为人民解放军战略战术宝库增加了三军协同作战的新范例。之后，人民海军又以摧枯拉朽之势，一举解放了除台湾、澎湖、金门、马祖、东沙和南沙部分岛礁外我国海疆内的全部岛屿。

此外，海军航空兵在国土防空作战中也屡建奇功。1953年3月，诞生仅9个月的海军航空兵不畏强敌，击落敌机13架，圆满完成保卫鸭绿江大桥的防空作战任务。1954年至1955年，在解放一江山岛战役中，海军航空兵出动飞机289架次，顺利完成夺取制空权任务。1965年至1968年，海军航空兵在海南岛上空先后击落入侵敌机7架，击伤1架，创造了"8比0"的佳绩。

20世纪70年代，世界军事革命惊涛拍岸。刚从逆境中复出的邓小平，对我国海洋主权和海军建设十分关注。1979年7月29日，邓小平在青岛接见海军党委常委扩大会议代表时指出："巩固强大的海防，是事关国家和民族命运的大事。"随后，他健步登上国产第一艘导弹驱逐舰"济南"舰，开始了长达6个小时的海防视察。航行中，邓小平不时拿起望远镜，或举目远望，或凝眉沉思。在军舰会议室，他挥笔写下"建立一支强大的具有现代战斗能力的海军"18个遒劲有力的大字。他深情地嘱托海军官兵，当前世界各国都把科技重点、经济发展的重点、战略威慑的重点转向海洋，我们不可掉以轻心。沿海要改革开放，中国要改革开放，海军要成为坚强后盾。

海洋主权和权益，是国家的根本利益所在，关系到国家和民族的兴衰存亡。

保卫辽阔的蓝色国土，是党和人民赋予人民海军的神圣使命。江泽民就任中央军委主席后，对加强海军建设给予了高度重视。他在视察海军部队时指出："我们一定要从战略的高度认识海洋，增强全民族的海洋观念。"由此，

他进一步提出："我们必须把海军建设摆在重要地位。"

1991年10月，江泽民在舟山定海视察时对在场的海军官兵说，海军是海洋战略的支柱和后盾。没有强大的海军，蓝色国土、蓝色宝库都会失去。他指出，中国作为太平洋区域的一个主要濒海大国，作为百余年来对帝国主义从海上入侵有着切肤之痛的发展中国家，理所当然地要建立一支与本国地位相称的强大海军。在人民海军成立50周年之际，江泽民挥笔写下"为建设具有强大综合作战能力的现代化海军而奋斗"的题词。

21世纪是海洋世纪，海洋成为国家综合国力竞争的重要制高点。以胡锦涛为总书记的党中央，高度关注我国海洋安全和海军建设。

2008年4月9日，胡锦涛在视察海军部队时，要求海军在新的起点上又好又快地发展，为建设一支与履行新世纪新阶段我军历史使命要求相适应的、强大的人民海军而努力奋斗。这个战略目标的提出，为人民海军的世纪远航，描绘了新的宏伟蓝图。

似巨鲸冲开碧波，如蛟龙腾出水面。首先接受检阅的是"长征"6号核动力潜艇。在它的带领下，曾创造潜行时间最长世界纪录的"长征"3号核动力潜艇和"长城"218号、"长城"177号常规动力潜艇，以水面航行状态逐一通过阅兵舰。

——— 中国海军舰艇是如何命名的 ———

根据《海军舰艇命名条例》，中国海军舰艇命名总的原则是：区别于国际上其他国家和地区的舰艇命名；区别于国内地方船名；条理性强，便于记忆；字音清楚，不易相互混淆；名称响亮，有意义，能够体现祖国的尊严，表现出中国的悠久历史和文化；能够经得起历史的考验，使用长久，在相当长时间内，能够满足装备发展的需要。具体命名规定简要如下：巡洋舰以行政省（区、市）或词组命名，驱逐舰、护卫舰以大、中城市命名，核潜艇以"长征"加序号命名，猎潜艇以"县"命名，船坞登陆舰、坦克登陆舰均以"山"命名，步兵登陆舰以"河"命名，补给舰以"湖泊"命名。

在中国海军的舰艇方阵中，有两艘战舰是用人名命名的：一艘是远洋航海训练舰"郑和"舰，另一艘是大型国防动员舰"世昌"舰。

尽管中国军舰都有自己的舰名，但并不把舰名漆到船舷上，而是根据国际惯例涂上自己的舷号。很多外国媒体把中国海军舰艇命名为"夏"级导弹核潜艇、"中华神盾"驱逐舰等，这是国外军事组织对中国海军舰艇的命名方式，是不正确的。

大洋深处起惊雷。今天，中国潜艇部队已发展成为包括常规动力潜艇及核动力潜艇在内的强大水下突击力量，数量和总吨位比初建时期增长了数十倍，实现了由数量规模型向质量效能型的转变。

耕波犁浪，气势如虹。由"沈阳"号导弹驱逐舰等5艘舰艇组成的驱逐舰兵力群、由"舟山"号导弹护卫舰等7艘舰艇组成的护卫舰兵力群，先后通过阅兵舰。这次海上阅兵展示的中国海军舰艇和武器，全部为国产装备。

水兵飘带迎风飞扬，海洋迷彩辉波映浪，礼服洁白，军威雄壮。

"同志们好——"

"首长好！"

"同志们辛苦了——"

"为人民服务！"

阵阵军乐相随，万里涛声作和。人民军队最高统帅的问候声和受阅官兵的口号声，汇成一股股声浪，响彻碧海蓝天。庄严的检阅、殷切的期望，化成巨大的力量，在水兵胸中激荡。

改革开放以来，海军水面舰艇部队进入飞速发展阶段，第二、三代导弹驱逐舰和护卫舰、新型导弹快艇、大型登陆舰、扫雷舰、远洋综合补给舰相继装备部队。

大海滔滔，它托举着人民海军走出国门、走向远洋——20多年

来，人民海军已先后派出40多艘次舰艇出访30多个国家。在跨海越洋传递友谊的同时，人民海军敞开胸襟，接待了30多个国家的200余艘次舰艇访华，与外军举行了37次联合海上军事演习。

友谊的使者，和平的象征

改革开放30年间，中国海军导弹驱逐舰第一次走出国门，第一次横渡大洋走世界，第一次走遍五大洲四大洋，成为友谊的使者、和平的象征。

1980年，海军第一次组织6艘导弹驱逐舰参加由18艘舰船组成的特混编队驶向太平洋，担负我国第一枚运载火箭发射试验的护航警戒任务。这是海军导弹驱逐舰首次登上大洋的"舞台"，向世界展示中国人民海军导弹驱逐舰已开始具备了远洋航海和远海作战能力。

战舰是流动的国土。海军是能够执行军事外交任务的军种。在和平时期，战舰是友谊的使者、和平的使者，可以代表国家和军队访问其他国家，促进两国和两军的交往、交流与合作，维护世界和平。中国海军每次出访别国，都是以导弹驱逐舰为主组成舰艇编队。

2003年，中国海军2艘导弹驱逐舰和1艘大型综合补给船组成编队首次出访美洲4国，首次访问美国本土，首次开通中美两国海军友好交往的新航线，创造了人民海军对外交往史上的"四个之最"，即：航程最远、出访时间最长、访问国家和港口最多、出访官兵最多，在人民海军友好交往史上写下了浓墨重彩的一笔。

2002年5月15日到9月23日的132天，是新中国海军历史上不平凡的132天。人民海军506名官兵驾驶国产新型导弹驱逐舰"青岛"舰和国产大型综合补给舰"太仓"舰，横跨太平洋、印度洋和大西洋，穿越15个海洋和海湾，通过14个海峡和苏伊士、巴拿马运河，访问5大洲10个国家和地区，航行3万海里，完成了人民海军的首次环球航行，在世界航海史上写下了光辉的篇章。

从2007年起，中国海军新型导弹驱逐舰的出访频率明显增加，出访航迹遍及3大洋。这一年中国海军导弹驱逐舰最有影响的出访，当属"广州"号导弹驱逐舰访问欧洲4国。这是一次实现历史性突破的新航程。由"广州"号导弹驱逐舰和"微山湖"号综合补给舰组成的中国海军出访编队，于2007年7月24日从海南三亚起航，前往俄罗斯、英国、西班牙、法国进行友好访问。在这次长达86天、22968海里的航程中，中国海军舰艇编队横跨太平洋、印度洋、北大西洋3大洋，穿越南海、阿拉伯海、红海、地中海、北海、波罗的海6个海区，创造了中国海军出访的多项第一：这是我国自主研制的第三代导弹驱逐舰首次执行编队出访任务，首次访问了俄罗斯圣彼得堡港、西班牙加的斯港和法国土伦港，首次在俄罗斯代表国家参加"中国年"活动。

2007年11月21日，中国海军南海舰队"深圳"号导弹驱逐舰离开湛江起程赴日本，开始中日海军半个多世纪以来的首次互访。此次出访虽然只去一国，却引起了世界的广泛关注，因为这是人民海军第一次访问日本，也是新中国军舰第一次驶入日本港口。与"广州"号出访欧洲不同，"深圳"号出访日本没有与日本海上自卫队举行任何形式的联合演习。"深圳"号访日是一次"破冰"之旅，目的在于加深中日两国人民、两国防务部门，特别是中国海军与日本海上自卫队之间的相互了解、相互信任，促进中日友好关系的发展。此次"深圳"号新型导弹驱逐舰实现对日访问，落实了双方领导人的共识，朝

▲ 2009年4月23日，胡锦涛与中央军委其他领导同海军"石家庄"号阅兵舰全体官兵合影（冯凯旋 摄）

着中日防务领域的交流与互信迈出了积极的一步，对促进两国战略互惠关系向前发展意义重大。

海上的精彩还在继续，空中的乐章已经奏响。就在水面舰艇接受检阅的同时，"运八"型警戒机和"运八"型电子侦察机呼啸临空。10架"歼轰七"型战机和8架"歼八"型战机分别组成两个编队，以严整的队形从舰艇编队上空飞过。紧随其后的，是两个反潜直升机编队和一个救护直升机编队。

没有制空权，就没有制海权。20世纪90年代以来，歼击轰炸机、电子侦察机、反潜机、预警巡逻机、空中加油机的陆续列装，拓展了人民海军航空兵的活动范围，并为水面舰艇部队夺取制海权奠定了全方位的支撑。

各型战机和水面舰艇的轰鸣声交汇成一曲雄浑的海天交响乐，叩击着人们的心弦。歼击轰炸机发射出72枚红外干扰弹，如同节日的礼花在海空绽放；救护直升机拉出红、黄、蓝三色彩带凌空飞舞，把海上分列式推向高潮。

搭载着260名海军陆战队员和两架直升机的"昆仑山"号船坞登陆舰，宛如一座移动的海上城堡劈波前行。身披海洋迷彩的8艘导弹快艇犁开朵朵浪花。天空战鹰呼啸，海上战舰驰骋，水中蓝鲸蹈海……波澜壮阔的海上分列式，充分展示了人民海军和平之师、威武之师、文明之师的时代风采和致力于建设和谐海洋的坚强决心。

大海滔滔，它见证了人民海军创立之初的历史画卷——1957年在青岛举行的新中国首次海上阅兵式上，我军主力驱逐舰全部购自苏联；52年后，同样在青岛上演的这次检阅中，人民海军的武器装备，从新型核潜艇到最先进的水面舰艇，从空中警戒机到歼击轰炸机、直升机……它们全部是中国自主研制的装备，其中的核动力潜艇、"兰州"号导弹驱逐舰等舰艇是中国海军的最新型装备。

进入人们视野的这一切，都向世人传递着这样一个信息——"中国制造"成为此次中国舰艇编队的最大亮点。

可以说，这是一次对中国海军装备建设水平的检阅。

从60年前靠木帆船和破旧舰艇起步，由小到大、由弱到强的人民海军，依靠自力更生的精神，开出了一条艰难的航道。回眸中国近代史，我们更加为看到国产先进海军装备列队大海而欣喜。

一艘艘舰艇驶过检阅舰，一列列受阅官兵向阅兵舰行礼致敬……

14时45分，海上阅兵式开始。

远涉重洋前来参加庆典的俄罗斯、美国、印度、韩国、巴基斯坦、新西兰、新加坡、泰国、法国、孟加拉国、澳大利亚、巴西、加拿大、墨西哥14国的21艘军舰悬挂满旗，以作战舰艇、登陆舰艇、辅助船、训练舰的先后顺序，按吨位大小，以中国海军"西宁"号导弹驱逐舰为基准，锚泊成一列，不同肤色的各国海军官兵在各自舰艇左舷列队站坡。

舰旗猎猎，阅兵舰缓缓前行。

俄罗斯太平洋舰队旗舰"瓦良格"号导弹巡洋舰第一个接受检阅。

美国"菲茨杰拉德"号导弹驱逐舰、印度"孟买"号导弹驱逐舰、韩国"姜邯赞"号导弹驱逐舰、巴基斯坦"巴达尔"号导弹驱逐舰、新西兰"特马纳"号导弹护卫舰、新加坡"可畏"号导弹护卫舰……蔚蓝的大海上，各国舰艇组成了一幕壮丽的风景。

国际舰队检阅，是海军这一国际性军种特有的海上礼仪活动。参加此次海上检阅的14国的21艘舰艇中，有将近一半曾访问过中国，有的还曾与中国海军进行过联合军事演习。它们见证了中国海军致力推动建设和谐海洋的不懈努力。

阅兵舰驶过，值更官的哨声响起，各国海军军官整齐地向阅兵舰举手敬礼，水兵们同时向阅兵舰行注目礼。

阅兵舰鸣笛还礼，胡锦涛和各国海军代表团团长热情地向受阅各国舰艇官兵挥手致意。随舰采访的各国记者纷纷按下快门，记录下人民海军首次国际阅兵的经典瞬间。

大海滔滔，它倾诉着多少饮恨海洋的生命绝唱——1895年，中国第一支近代海军——北洋水师，就在今天的阅兵海域不远处，覆没于入侵者的炮火中。

屈辱，来自于海；抗争，起自于海。人民海军的建立，为中国百年来有海无防的历史画上了句号。目睹各国舰艇共聚一湾的情景，中国海军副司令员丁一平海军中将感慨万千："没有国家的发展、民族的强盛、海军的强大，我们就不可能有举办多国海上检阅的资格。"

15时10分，阅兵舰缓缓驶过墨西哥海军"夸乌特莫克"号风帆训练舰……在《友谊地久天长》的悠扬乐曲声中，气势宏大的海上阅兵圆满结束。

这是一次友谊的盛会。

从中国海军的军舰、战机到来自5大洲的21艘外国军舰，从难得一见的古老风帆舰到现代化的潜艇、巡洋舰、驱逐舰、护卫舰，从体形庞大的两栖攻击舰到海上补给舰……不同国家的战舰比肩受阅，让人们感受到了各国海军与中国海军之间深厚的友谊。墨西哥海军"夸乌特莫克"号风帆训练舰历经61天航行来到中国，法国海军"葡月"号导弹护卫舰第7次访问中国……据中国海军副司令员丁一平说，为了参加这次活动，各国海军都尽了最大努力，千方百计争取预算和经费。许多国家的海军领导人还专门向中国海军司令员吴胜利致信表示对邀请他们来访的感谢，及对新中国海军成立60周年的祝愿。

这是一次着眼合作与和谐的聚会。

海洋是世界各国海军共有的家园。维护海洋安全，营造和平、和谐的海洋环境，是各国海军义不容辞的责任。在此次多国海军活动中，29个国家的海军代表团在以"和谐海洋"为主题的研讨中，向外界发出的是"海洋需要和谐,海军需要合作"的声音。

世界并不太平,海洋也不安宁。海洋利益纠纷、海盗活动、海上犯罪、海上恐怖行为等,都在严重威胁着海上和平与安全。就在此时,包括中国海军在内的十几个国家的海军舰艇和官兵,正在亚丁湾和索马里海域保护着各国商船的安全。

600年前,郑和率领2.7万余人,驾驶着当时世界上最大的宝船,从江苏太仓刘家港出发,浩浩荡荡扬帆驶向大海,跨越9万里广袤大洋,揭开了历史性大航海的序幕,开辟了世界航海史上的新纪元,开创了中国人向海洋进军的新时代。

郑和下西洋前夕,东南亚海盗活动猖獗,形成相当规模,经常袭击、抢劫商船,严重干扰了正常的海上贸易。郑和船队沉重打击了海盗活动,一举剿灭了海盗500余人,成功制服当时世界上最大的海盗集

▲ 2009年4月23日,参加海上阅兵式的中国海军直升机编队,拉出五彩缤纷的彩带(冯凯旋 摄)

团，维护了南海交通要道的安定和畅通。

600年后，中国当代海军的军舰为护航商船驶到了更加遥远的索马里海域，有效地维护了海上运输线的安全。

从亚丁湾到胶州湾，传出的是同样的信息：维护和平。

外媒评2009年海上阅兵：中国海军展示力量

2009年4月23日，中国人民海军举行了历史上最大规模的海上阅兵，来自14个国家的21艘舰艇同时接受检阅。包括中国海军核潜艇在内的一系列战略舰艇亮相阅兵式，让国外媒体惊呼不已。"中国展示了海军现代化的发展"这样的形容，纷纷见诸外媒的报道中。

美国《中华商报》在4月24日发表社论说，中国历史上最大规模的海上阅兵表明中国正以开放姿态推进海军战略转型，充分展现了中国自信、开放的政治姿态，充分展现了中国海军从"浅蓝"驶向"深蓝"海域的决心。

英国天空电视台说，两艘深色船体的中国攻击型核潜艇在薄雾中浮出水面，这是在此次阅兵式中展示的"复活的中国海军最强有力的武器"，显示了"前所未有的现代海上实力"。英国路透社称，中国海军在4月23日的阅兵仪式上首次公开展示中国的两艘核动力潜艇——"长征"6号、"长征"3号，显示了中国海军走出中国周边海域，从"浅蓝色"迈向 "深蓝色"的决心。英国《金融时报》在题为"中国在海上显示新经济实力"的社评中说，人民海军在青岛的海上大阅兵是中国经济复兴不可避免的产物。中国在历经数百年的闭关锁国之后，现在将目光投向大海。忽视人民海军的强大是中国日益融入全球经济的必然结果的观点，是不明智的。从这个意义上讲，人民海军的崛起实际上是件好事，值得欢迎。

德国《商报》于4月24日刊登其驻华记者撰写的《"和谐海洋"行动》一文。文章说，中国海军"以其最机密的舰队展现出新海洋强国的面貌"，"根据一位军事专家的观点，北京展示其最现代化的舰队，意味着中国海军对在全球执行任务而言已经成熟"。

澳大利亚《澳大利亚人报》报道说，展示军事实力是新中国2009年建国60周年大庆的第一个主要庆祝活动，中国希望向世界展示一支更加现代化的军队，并在4月23日的阅兵中公开展示了核潜艇。这次由14国海军舰艇参加的检阅，是中国不断发展的海军实力的一次最大展示。

卡塔尔半岛电视台报道说，中国在军舰与核潜艇参加的阅兵活动中展示了其海上实力，核动力潜艇在4月23日的人民海军成立60周年庆祝活动上首次在公众面前亮相，这是新中国第一次如此大规模和国际性的阅兵活动。

日本《读卖新闻》和日本广播协会电视台等主要媒体，对中国海上阅兵进行了专题或特辑报道。报道援引胡锦涛的讲话说，中国永远不称霸，不搞军备竞赛，不对任何国家造成威胁。报道指出，海上阅兵仪式上还首次公开了以往被视为机密的核潜艇，展示了大批国产舰艇。日本媒体认为，此次盛大的海上阅兵展示了中国海军建设的成就，表明了中国的自信和开放姿态，强调国际合作。

韩国联合通讯社详细报道了在青岛海上举行大阅兵的全过程。报道说，这次大规模海上阅兵首次对外公开了中国自主建造的核潜艇。韩联社还在报道胡锦涛主席会见各国海军代表团团长的消息时说，胡锦涛强调，

"中国永远不称霸"，"不搞军事扩张和军备竞赛"。韩国《东亚日报》报道说，这是中国历史上最大规模的海上阅兵，包括核潜艇在内有数十艘舰艇参加。全亚洲最大的运输舰、韩国"独岛"号和最新型驱逐舰"姜邯赞"号也参加了此次"舰艇奥运会"。韩国《中央日报》在报道中还突出了"护卫舰所有的装备和武器都是由中国自主研发的"。韩国《朝鲜日报》以"中国海上大阅兵尽显海洋大国风貌"为题，援引新华社消息详细报道了这次海上大阅兵的过程。

台湾《中国时报》刊文说，这场以"和谐海洋"为主题的阅兵旨在加强国际海上安全合作，共创和谐海洋环境。由于海上阅兵区域系第29届奥林匹克运动会和第13届残奥会举行帆船比赛的海区，外界又称这次海上阅兵为海上"军事奥运会"。

中国版图不是雄鸡型。960万平方公里的陆地之外，中国还有300多万平方公里的海上国土。21世纪是海洋的世纪。海洋不是护城河，中国要富强必须面向世界、面向海洋。在中国海洋权益和岛礁主权仍不断遭受侵犯的今天，对国民进行普及海洋知识、加强海洋权益的教育，具有

长远的战略意义。从这个意义上来说，海上大阅兵，或许会令中国人的海洋观更加清晰。也由此，它不仅是一个历史的节点，而且是一个历史的起点。而今的中国海军，已不再蜗居于"黄水"的江河和"绿水"的近岸，挣脱几千年来以传统陆权为主的国防思想的坚壳重负，走向"深蓝"。

在捍卫中国300多万平方公里海上国土的安全时，中国海军发出了"中国有能力建造航空母舰"的誓言，人民海军正在实现自我的跨越。

中国不能永远没有航空母舰

2009年3月20日，中国国务委员兼国防部部长梁光烈在会见日本防卫大臣滨田靖一时表示，在大国当中没有航母的只有中国，中国不能永远没有航母。这短短的10个字，是中国军方高层就航母问题首次公开正式作的表态。

在3天后中国国防部举行的新闻发布会上，国防部新闻发言人黄雪平称，中国政府将综合各方面的因素，认真研究中国是否会建造航空母舰。

这两则言论一出，立刻成为各方广为关注的话题。

航空母舰不仅是水上飞机场，而且是海上流动的后勤保障基地，具有三大能力：运载能力、远洋能力、战场支援能力。航母被认为是军事大国必须拥有的装备，也是现代海军水面战斗舰艇中的最大舰种和作战能力最强舰种，素有"海上巨无霸"和"海上巨兽"的美誉。

目前，世界上有10个国家拥有航母，分别是美国、英国、俄罗斯、法国、意大利、西班牙、阿根廷、巴西、印度、泰国。其中，美国拥有世界上最多的11艘航母。而在这10个国家中，又只有美国、俄罗斯、英国、法国、意大利、西班牙6个国家能够自主建造航空母舰。

中国的航母梦想由来已久，中央军委原副主席刘华清在他的回忆录中曾经透露，人民海军早在1970年就开始论证建造航母。周恩来总理更是曾表示，看

不到中国的航空母舰不甘心。于是，拥有自己国家的航母已经成为许多年来无数中国人的梦想和追求。

甲子，往往意味着轮回。但，走过60年光辉历程的人民海军，正在迎来一个新的起点，正与强大的祖国一起，在洒满阳光的航道上乘风破浪、扬帆远航！

2009：举世瞩目，充满期待

党中央、中央军委已经作出了在2009年10月1日庆祝新中国成立60周年之际，举行首都阅兵的重大战略决策。

2009年2月10日，《解放军报》刊载了中国人民解放军总政治部印发的《向共和国60华诞献礼，为八一军旗增光添彩——庆祝新中国成立60周年首都阅兵宣传教育提纲》。它是人民共和国60华诞国庆大阅兵的宣言书，更是动员令。《提纲》指出：

党中央、中央军委决定，在2009年10月1日庆祝新中国成立60周年之际举行首都阅兵。这是党中央、中央军委和胡锦涛主席作出的重大战略决策，是新中国成立60周年盛大庆典活动的重要组成部分，是全党、全军、全国各族人民政治生活中的一件大事。参阅部队全体指战员要坚决贯彻落实党中央、中央军委和胡锦涛主席的决策部署，深刻认识这次阅兵的重大意义和任务要求，以对党、对国家、对人民、对军队高度负责的精神，顾全大局，顽强拼搏，严守纪律，争创一流，切实以中国特色武装力量精锐之师的良好形象接受党和人民检阅。

这次国庆首都阅兵，是在我们党领导全国人民深入贯彻党的十七大精神、全面落实科学发展观、推进中国特色社会主义伟大事业进入关键阶段的大背景下举行的，是我国改革开放巨大历史成就的集中展示，是富国与强军协调发展重大成果的集中展示，也是我军弘扬听党指挥、服务人民、英勇善战优良传统的崭新精神风貌的集中展示，意义重大，影响深远。

这次阅兵是我们党执政能力和综合国力的充分展示，对于进一步坚信党的领导、坚定中国特色社会主义信念具有重大政治意义。1949年新中国成立以来，我国先后举行过13次阅兵。像开国大典阅兵，是新中国成立后的第一次盛大阅兵，是党领导人民推翻"三座大山"、中国人民以崭新精神面貌站起来的庄严宣示；国庆35周年阅兵，是在我国进入新的历史时期举行的一次盛大阅兵，是党领导人民加快推进社会主义现代化建设，在改革开放伟大征程上阔步前进的政治昭示；国庆50周年阅兵，是在世纪之交我国举行的一次盛大阅兵，是党领导人民继往开来、与时俱进，把建设中国特色社会主义事业全面推向21世纪的重要象征。

这次国庆60周年阅兵，是新世纪新阶段我国举行的盛大阅兵，是党领导人民为夺取全面建设小康社会新胜利、实现中华民族伟大复兴而不懈奋斗的重要体现。搞好这次阅兵，对于唱响共产党好、社会主义好、改革开放好、伟大祖国好的时代主旋律具有十分重要的作用，必将激励全党、全军、全国各族人民更加紧密地团结在以胡锦涛为总书记的党中央周围，始终做到高举中国特色社会主义伟大旗帜不动摇、坚持中国特色社会主义道路不动摇、坚持中国特色社会主义理论体系不动摇。

这次阅兵是对我军现代化建设伟大成就的全面检阅，对于彰显我军有效履行历史使命能力具有重要军事意义。改革开放以来，我军在党的坚强领导下，积极适应国际、国内环境深刻变化和世界新军事变革深入发展，坚定不移地走中国特色强军之路，不断开创国防和军队现代化建设新局面。进入新世纪新阶段，以胡锦涛为总书记的党中央，深刻把握我国安全形势新变化和世界军事发展新趋势，明确提出新世纪新阶段我军历史使命，把科学发展观作为国防和军队建设的重要指导方针，扎实推进中国特色军事变革和军事斗争准备，使我军建设步入科学发展的轨道，取得了历史性成就。

这次阅兵涉及陆、海、空、二炮各军兵种部队，反映这些年军队武器装备建设的成果，同时，注重选择具有光荣传统和参与完成重大任务的部队，安排有突出贡献的先进集体和典型个人参加阅兵。通过这次阅兵，将集中展示我军现代化建设的巨大成就，充分彰显我军有效履行历史使命的能力，进一步树立我军威武之师、文明之师的良好形象，对于扬我国威军威、振奋军心士气，具有特殊重要的意义。

　　这次阅兵是振奋民族精神、激发爱国热情的重大举措，对于鼓舞和激励全国各族人民团结奋斗、开创美好未来具有深远历史意义。2008年，我国接连经历了一些难以预料、历史罕见的重大挑战和考验。面对严峻形势，我们党团结带领全国各族人民同心同德、顽强拼搏，成功夺取抗击低温雨雪冰冻灾害和抗震救灾斗争重大胜利，成功举办北京奥运会、残奥会，成功完成"神舟"七号载人航天飞行任务，社会主义各项建设事业取得新的显著成就。当前，国际、国内环境继续发生深刻变化，意识形态领域的斗争尖锐复杂，国际金融危机继续扩散和蔓延，国际环境中的不稳定、不确定因素增多，我国改革、发展正处于关键阶段，国内经济运行中还存在一些突出矛盾和问题。2009年可能是进入新世纪以来我国经济发展最为困难的一年，也是蕴涵重大机遇的一年。在这样的时机举行国庆首都阅兵，对于进一步增强民族自尊心、自信心和自豪感，鼓舞全国人民深入贯彻落实党的十七大和十七届三中全会精神，继续解放思想，坚持改革开放，推动科学发展，促进社会和谐，以极大的热情投身社会主义现代化建设事业，推动我国经济社会又好又快发展，必将产生重大而深远的影响。

　　中央军委明确指出，这次阅兵总的指导思想是：坚持以党中央、中央军委和胡锦涛主席的决策指示为指导，以展示国威军威、振奋民族精神、激发爱国热情为主题，着重体现新时期国防和军队建设成就，体现我军维护世界和平和地区稳定的军事实力，体现人民军队的良好精神风貌。参阅部队全体官兵要深刻理解阅兵工作的指导思想，正确认识与把握这次阅兵的任务、特点和要求，自觉贯彻落实到整个阅兵准备与实施的全过程。

　　一是政治性强，直接关系党、国家发展大局和军队良好形象。

　　庆祝新中国成立60周年首都阅兵，既是一项重大军事任务，又是一项重大政治任务，举世瞩目、举国关注。党中央和胡锦涛主席对军队寄予厚望，全国人民充满期待。特别是随着我国国际地位和国际影响力进一步提高，国际社会对我国更加关注，参阅部队官兵的一举一动、一言一行，不仅关系阅兵活动能否圆满成功，而且与党、国家和军队的形象紧密相连。搞好这次阅兵，既是对参阅部队政治意识、大局意识、责任意识的一次全面检验，也是对参阅官兵思想政治觉悟和组织纪律观念的一次综合考验。

二是标准要求高，必须努力做到"四个一流"。

这次阅兵，是以胡锦涛为总书记的党中央对我军的一次全面检阅。中央军委明确要求，要以一流的组织领导、一流的武器装备、一流的训练成果和一流的精神面貌，展示人民军队蓬勃向上、开拓奋进的良好形象。这就要求参阅部队官兵必须始终以最高的标准要求、最好的精神状态、最实的工作作风、最有力的措施办法，投入到阅兵训练和工作的全过程，充分展示部队全面建设、发展的水平，展示官兵良好的综合素质，向党和人民交出一份合格的答卷。

三是组织实施难度大，参阅要素更加齐全、装备类型更加多样、兵种专业更加全面。

这次阅兵编队多，展示武器装备多，是对中国特色武装力量精锐之师的一次庄严检阅。参阅部队从有关大单位以及总部有关直属单位抽组。陆军涵盖主要兵种专业，海军、空军、二炮将展示一些新型武器装备。为体现我国武装力量体系的完整性，安排武警装备方队参阅，还安排少量民兵和预备役方队。可以说，这次阅兵参阅要素之全、装备之多、兵种专业之广，都是以往历次阅兵没有的，人员抽组、阅兵训练、各项保障等任务艰巨繁重。

四是筹备时间十分紧迫，从展开训练到接受检阅只有不到一年时间。

高标准完成阅兵任务，必须经过一定时间的系统严格训练和精心排练。这次阅兵准备时间短，任务相当繁重。这要求我们必须按照中央军委、阅兵领导小组和阅兵联合指挥部的部署要求，科学筹划，严密组织，以时不我待、只争朝夕的精神投入到工作中，严格按职责分工抓好落实，按时间节点扎实推进。

参加庆祝新中国成立60周年首都阅兵，使命崇高而神圣，责任重大而光荣。参阅部队官兵要坚持在这一重大军事任务中锤炼摔打、提高素质，始终保持高昂的政治热情和旺盛的战斗士气，以强烈的责任感、使命感，高标准完成阅兵任务，以优异的成绩接受党和人民的检阅，向全社会奉献一场精彩的阅兵盛典。

切实用党中央、中央军委和胡锦涛主席的决策指示统一思想，全身心地投入到阅兵工作中。

　　党中央、中央军委对这次国庆首都阅兵高度重视，胡锦涛主席亲自审阅方案，作出重要决策。中央军委明确提出，要把阅兵活动作为2009年全军工作的一项重要任务，坚持高标准、严格责任制、抓紧向前赶。这都为我们搞好这次阅兵提出了很高要求。每个参加阅兵的同志，要认真学习领会党中央、中央军委和胡锦涛主席的指示精神，自觉站在实现中华民族伟大复兴的历史高度，站在我们党鼓舞和激励全国人民团结奋斗、开创美好未来的时代高度，站在推进国防和军队现代化建设的战略高度，充分认清肩负的重大责任和神圣使命，高度自觉地做好阅兵各项工作。

　　增强组织纪律观念，坚决服从命令、听从指挥。这是完成阅兵任务的重要保证。

　　从现在起到阅兵结束，参阅的每个单位、每个同志都要严明纪律、严格要求，一切行动听从阅兵联合指挥部的指挥，一切工作都要符合阅兵联合指挥部的要求，任何单位和个人都不能各行其是，切实做到令行禁止、整齐划一。严格遵守阅兵中的各项规章制度，不打折扣，不讲价钱。对违反组织纪律的人和事，要及时追查，严肃处理。各参阅单位要广泛开展"争做遵章守纪模范"活动，真正使受阅部队成为全军部队正规化建设的标杆和样板，使参阅官兵的言行切实体现出军队铁的纪律和过硬素质，充分展现我军无愧于时代、无愧于使命的威武之师、文明之师的良好形象。

　　牢固树立"一盘棋"思想，主动配合、密切协作。

　　这次阅兵涉及单位多、部门多、兵力多，工作千头万绪，组织协同十分复杂。搞好阅兵离不开部队之间、官兵之间的团结协作，离不开军政、军民之间的密切配合。我们要切实强化全局观念，重团结、讲配合、多沟通，真正形成阅兵工作的合力。所有参阅部队和官兵，要互相学习，互相支援，互相谦让，彼此尊重，把方便让给别人，把困难留给自己。要尊重地方各级党委和政府，模范执行北京市的各项法令法规，遵守群众纪律，爱护首都一草一木。在可能的情况下，多参加驻地的一些社会主义精神文明创建活动，为群众多做好事，进一步密切军政、军民关系。

　　坚持最高的标准和最严的要求，努力实现历次国庆阅兵的最高水平。

这次国庆首都阅兵，是新世纪新阶段我国经济社会发展进程中具有标志性意义的重大活动，必将载入国家和军队建设发展史册。我们必须树立最高的标准和要求，所有参阅人员选拔和武器装备配备都要严格条件、严格把关，所有保障都要严密精细、周全到位，所有环节和步骤都要紧密衔接、准确无误。坚持从难从严训练，自觉经受酷暑炎热、条件艰苦、训练强度高等各种考验，克服怕苦怕累、急躁厌倦等思想情绪，努力练就历次国庆阅兵最高水平，以精准的动作、饱满的精神、严整的军容，向全世界奉献一场最精彩、最具特色的阅兵盛典。

　　严守安全保密各项制度规定，确保阅兵工作安全顺利。

　　这次阅兵规模大，动用武器装备多，涉及面广。参阅官兵都要强化安全意识和保密观念，严格落实阅兵各项安全保密制度措施，确保不发生任何失、泄密问题和重大责任事故，确保整个阅兵工作安全、顺利、圆满。全体参阅部队官兵要时刻牢记党和人民的重托，全力以赴、团结奋斗，开拓创新、奋发进取，以崭新的精神风貌和过硬的军政素质，高标准、高质量地完成好阅兵任务，向新中国成立60周年献礼，为"八一"军旗添彩。

　　2008年的北京奥运会向世界展示了中华民族的魅力！2009年的大阅兵必将向世界展示中国的国防现代化！

　　新中国成立60年，是人民共和国走向成熟的年代，是收获改革开放30年硕果的季节。翻开尘封的历史，震惊世界的阅兵故事，将让人们对2009年国庆盛大阅兵充满期待！

主要参考文献

军事科学院军事历史研究所编著：《中国人民解放军的八十年》，军事科学出版社2007年版。

军事科学院军事历史研究所：《中国人民解放军改革发展30年》，军事科学出版社2008年版。

军事科学院军事历史研究所编著：《中国人民解放军八十年大事记》，军事科学出版社2007年版。

张驭涛主编：《新中国军事大事纪要》，军事科学出版社1998年版。

张爱萍主编：《中国人民解放军》，中国社会科学出版社1994年版。

《当代中国》丛书编辑委员会：《当代中国军队的军事工作》，中国社会科学出版社1989年版。

杨贵华、陈传刚编著：《共和国军队回眸》，军事科学出版社1999年版。

谢国钧主编：《军旗飘飘——新中国50年军事大事述实》（上、下册），解放军出版社1999年版。

许农合编著：《1949—1999国庆大阅兵》，中国青年出版社1999年版。

《毛泽东军事文集》第六卷，军事科学出版社、中央文献出版社1993年版。

《建国以来毛泽东文稿》第3册，中央文献出版社1989年版。

《邓小平文选》第二卷，人民出版社1994年版。

《邓小平文选》第三卷，人民出版社1993年版。

《邓小平关于新时期军队建设论述选编》，八一出版社1993年版。

江泽民：《论国防和军队建设》，解放军出版社2003年版。

《江泽民文选》第一卷，人民出版社2006年版。

《张震回忆录》，解放军出版社2003年版。

《胡乔木回忆毛泽东》，人民出版社1994年版。

《百年潮》，2009年第4期。

《人民日报》有关报道和资料。

《解放军报》有关报道和资料。

后　记

　　在本书即将付印之际，我有几句话需要补充，算是后记吧。

　　我从事军事历史研究20余年，参加过国家和军队许多重要课题的研究与编写，但很少有个人著述。这次应人民出版社之约，冒昧承担《共和国阅兵纪事》这一重要课题的文字撰写工作，深感压力巨大。一是《共和国阅兵纪事》是人民出版社向中华人民共和国60华诞的献礼之作，其分量可想而知；二是撰稿时间十分紧张，我深感自身的积累和研究远远不够。经过数月的艰苦鏖战，终于完成了任务，主要得益于中国人民解放军军事科学院军事历史研究所几代人的积累和深入研究，本书借鉴和运用了军事科学院军事历史研究所已有的研究成果。可以说，这本书的出版，是军事科学院军事历史研究所几代人集体智慧的结晶，我只是其中的一分子而已。

　　由于某些特殊原因和需要，书中较多利用了《人民日报》和《解放军报》的有关报道与资料，在此特致声明并表示衷心的感谢。

　　同时，我要感谢人民出版社领导对我的信任，感谢为此书出版付出艰辛劳动的策划、编辑和工作人员。

彭　玉　龙

二〇〇九年八月二十五日